21世纪经济管理新形态教材·工商管理系列

商业计划书
写作指导与实战案例

辛 冲 孙新波 王 斐 ◎ 编著

清华大学出版社
北京

内容简介

本书系统介绍了商业计划书的写作、实战案例与通用模板，共分为13章，主要由导论、商业计划书的基本理论与应用、商业计划书的演示与路演、综合案例与分析四部分组成。导论初步介绍了商业计划书的基础知识，从六个角度回答了关于商业计划书的基本问题。商业计划书的基本理论与应用部分讲解了撰写商业计划书的各个要素所涉及的知识点。本书还为如何撰写商业计划书的摘要与附录设计了独立章节，并总结了复盘注意点与升华亮点。商业计划书的演示与路演部分重点剖析了演示制作与路演要点。附录设有两个实用案例，为读者提供极具借鉴意义的写作模板，启发读者的创新思维，且有实用性。本书配有课后习题，帮助读者巩固所学知识。本书可作为大专生、本科生、研究生的教材，也可作为企业管理人员的参考书。

本书封面贴有清华大学出版社防伪标签，无标签者不得销售。
版权所有，侵权必究。举报：010-62782989，beiqinquan@tup.tsinghua.edu.cn

图书在版编目（CIP）数据

商业计划书：写作指导与实战案例/辛冲，孙新波，王斐编著.—北京：清华大学出版社，2024.3
（2025.1重印）
21世纪经济管理新形态教材.工商管理系列
ISBN 978-7-302-65345-5

Ⅰ.①商… Ⅱ.①辛… ②孙… ③王… Ⅲ.①商业计划－文书－写作－高等学校－教材 Ⅳ.①F712.1

中国国家版本馆CIP数据核字(2024)第018853号

责任编辑：付潭娇
封面设计：汉风唐韵
责任校对：王荣静
责任印制：丛怀宇

出版发行：清华大学出版社
    网　　址：https://www.tup.com.cn，https://www.wqxuetang.com
    地　　址：北京清华大学学研大厦A座　　邮　编：100084
    社 总 机：010-83470000　　邮　购：010-62786544
    投稿与读者服务：010-62776969，c-service@tup.tsinghua.edu.cn
    质 量 反 馈：010-62772015，zhiliang@tup.tsinghua.edu.cn
    课 件 下 载：https://www.tup.com.cn，010-83470332
印 装 者：天津安泰印刷有限公司
经　　销：全国新华书店
开　　本：185mm×260mm　　印　张：13.5　　字　数：306千字
版　　次：2024年3月第1版　　印　次：2025年1月第2次印刷
定　　价：49.00元

产品编号：104607-01

序 言

商业，是社会发展的引擎，也是人类追逐梦想的舞台。创业，是对未知的勇敢探索，更是对自己的深刻挑战。在这充满机遇和挑战的时代，一本优秀的商业计划书撰写指导教材可以为读者打开创业之门，为读者的商业梦想插上翅膀。本书为"国家级一流本科专业建设点配套教材"，同时也是"辽宁省一流本科课程配套教材"。本书强调的不仅是理论知识，更是如何将这些知识转化为创业实践的关键技能。本书既是一本传授知识的图书，更是一本启发思考、激发创意、培养实践技能的宝典。

本书最显著的特点之一是适用性广泛。无论是刚刚踏入创业领域的初学者，还是已经在商界拥有丰富经验的高级管理者，都能从这本教材中获得有益的指导和建议。我们特别注重教材内容的实用性，帮助读者在实际工作中灵活运用所学知识，迎接现实挑战。本教材涵盖了商业计划书的各个关键要素，从市场分析、竞争分析、财务规划到风险管理，无一不在其列。通过深入浅出的讲解和丰富的案例分析，我们致力于帮助读者掌握制定完善商业计划书的技能，无论读者的目标是争取投资、拓展市场，还是持续改进经营策略。

因此，对于项目团队、参赛学生而言，重塑对商业计划书的认识、学习撰写一份优质的商业计划书、掌握高效地面向投资人演示商业计划的能力，对创业项目获得融资、实现项目落地具有重要作用。然而，很多读者对商业计划书撰写与演示的方法了解不够深入，导致尽管创业项目很有前景但未能获得投资的尴尬局面。鉴于此，本书致力于打造一本既系统全面又通俗易懂的商业计划书写作指导教材，为读者提供专业的理论知识、优质的实战案例、高效的通用模板、完美的路演技巧等内容，旨在为读者撰写一份能够吸引投资人的优质商业计划书并成功获得投资提供帮助。

本书在一定程度上弥补了现有部分商业计划书指导类教材的不足。首先，本书注重理论与实践相结合，每章在介绍理论的基础上提出撰写指导建议；其次，本书突出了对商业计划书重点构成要素的讲解和指导，并辅以案例解释；最后，本书的指导意义不仅限于商业计划书的撰写，还对商业计划的演示与路演技巧也进行了详细的介绍。

本书内容共分为四部分：

第一部分初步介绍商业计划书的基础知识。从 what、why、who、where、when、how 六个角度回答了关于商业计划书的基本问题，帮助读者初步了解商业计划书的有关知识。

第二部分系统讲解撰写商业计划书的各个要素所涉及的知识点，包括公司管理、行业与市场、竞争分析、产品与服务、营销与商业模式、运营管理、财务分析与融资规划、风险管控与资本退出战略等内容。另外，根据心理学中的近因效应，本书为如何撰写商业计划书的摘要与附录设计了独立章节，并总结了八项复盘注意点与五大升华亮点，供读者自查时参考。

第三部分重点剖析商业计划书的演示制作与路演要点,为读者在利用媒介优势、制作路演讲稿、实现完美路演等方面提供灵感启发与实战经验储备。

第四部分设有两个实用案例,提供第十二届"挑战杯"中国大学生创业计划竞赛金奖(舞指科技商业计划书)和首届互联网+国赛金奖(沈阳森之高科科技有限公司商业计划书)两份作品供读者阅读与学习,为读者提供极具借鉴意义的写作模板,启发读者的创新思维,突出实用性。

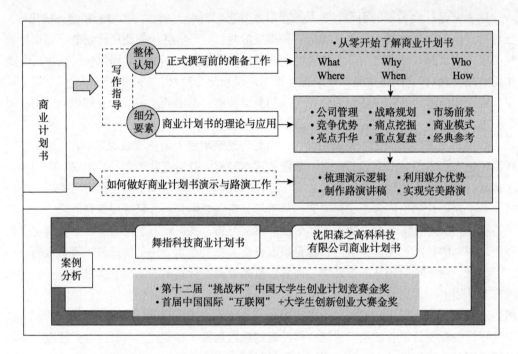

本书框架图

本书具备以下四大特色:

第一,追因溯果,理论先行指导实践。本书提供了商业计划书撰写和演示所需的基本原理和重要知识,内容系统翔实,覆盖领域广泛,能够帮助读者建立科学全面的知识结构基础,更好地理解商业计划书的核心思想。此外,本书在编写过程中贯彻以读者为中心的原则,对各章节的理论知识和逻辑架构反复推敲,语言表达简洁明了、通俗易懂,希望为读者提供更为精细、专业的指导。

第二,直击人心,展示路演实战要素。本书基于投资人的关注要点,梳理商业计划演示逻辑,提炼演示 PPT 等材料要点,使读者更系统地掌握 PPT 制作的关键内容,为其制造满分演示 PPT 提供有力的指导。通过收集整理大量材料,本书总结出适用于各种路演形式的技巧与方法,希望读者能从中获得更多的路演实战技巧,以便在路演实践中将创业项目完美地呈现出来。

第三,把握要点,辅以图表案例分析。本书充分利用图表优势,诠释各种抽象原理及不同专业术语之间的内在联系,使读者更清晰准确地理解全书的精粹内容。此外,本书结合各章的核心知识点对链接案例进行分析，能够帮助读者加深对书中理论概念、分析框架和写作指导等内容的理解。

第四，案例实用，提供优秀写作模板。本书提供两份国家级奖项作品供读者阅读与学习，为读者提供极具借鉴意义的写作模板，启发读者的创新思维，突出实用性。

本书在编写过程中参阅了大量的国内外相关资料，引用了许多专家和学者的相关研究成果，在此对这些优秀的作者致以诚挚的谢意；同时，感谢为本书提供案例的两个团队。本书的编写得到了东北大学教务处和工商管理学院各级领导与同事的关心，在此表示衷心的感谢。本书的编写和出版得到东北大学"十四五"规划教材项目的资助。本书的出版还得到了清华大学出版社付潭娇编辑及其团队的鼎力支持，感谢他们付出的辛勤劳动。本书的完成是集体智慧的结晶：东北大学工商管理学院的硕士研究生陈永佳、汪雨诗、张芙榕、回子瑶、王琪、闫子怡、邵新淼和唐春燕从事了大量的初期整理与修订工作，在此也一并表示感谢。

本书不仅适合作为国内各高等院校工商管理专业及其他经济与管理类本科生和研究生创新创业基本课程使用，还可供有志于创业的初创者和对创新创业感兴趣的公司管理人员借鉴和参考。

由于时间紧迫、编者水平有限，本书难免存在需要改进之处，欢迎读者和各位同行不吝赐教，以便今后再版时改进。

编者

2023 年 11 月于东北大学

目 录

第一部分 导 论

第一章 商业计划书的基础知识 ·········· 3
- 第一节 了解商业计划书 ·········· 3
- 第二节 从投资角度看商业计划书 ·········· 6
- 第三节 商业计划书的主要类型与表现形式 ·········· 7
- 第四节 商业计划书的内容 ·········· 10
- 第五节 商业计划书的重点制作环节 ·········· 13
- 第六节 商业计划书的实战参考思路 ·········· 16
- 课后习题 ·········· 18
- 即测即练 ·········· 18

第二部分 商业计划书的基本理论与应用

第二章 公司管理 ·········· 21
- 第一节 公司介绍的基本知识 ·········· 21
- 第二节 管理团队：投资人看中的公司价值 ·········· 26
- 第三节 组织结构：分工协作的结构体系 ·········· 27
- 第四节 战略规划：未来发展的行动指南 ·········· 33
- 课后习题 ·········· 35
- 即测即练 ·········· 36

第三章 行业与市场 ·········· 37
- 第一节 行业与市场分析的基本理论 ·········· 37
- 第二节 行业与市场特征：掌握相关基础知识 ·········· 39
- 第三节 行业现状和前景：明晰行业发展格局 ·········· 41
- 第四节 市场现状与趋势：洞悉外部市场环境 ·········· 46
- 第五节 市场细分与定位：确定服务目标客户 ·········· 48
- 课后习题 ·········· 56
- 即测即练 ·········· 57

第四章 竞争分析 ·········· 58
- 第一节 基本理论：初步了解公司竞争分析 ·········· 58

第二节 对手分析：知己知彼方能百战百胜 62
第三节 优势分析：识别和构建公司护城河 65
第四节 未来分析：如何实现公司永续发展 73
课后习题 75
即测即练 75

第五章 产品与服务 76

第一节 产品与服务的基本理论 76
第二节 内容介绍：完美掌握核心内容 81
第三节 痛点分析：精准服务目标客户 85
第四节 凸显优势：快速吸引天使投资 87
课后习题 91
即测即练 91

第六章 营销与商业模式 92

第一节 营销组合理论 92
第二节 营销计划：实现营销目标的沟通工具 96
第三节 商业模式：传递获取价值的战略蓝图 109
课后习题 115
即测即练 115

第七章 运营管理 116

第一节 运营管理的基本理论 116
第二节 排兵布阵：制定最佳的运营战略 121
第三节 齐头并进：展现运营管理的优势 128
课后习题 133
即测即练 133

第八章 财务分析与融资规划 134

第一节 财务规划：专业可信的预测分析 134
第二节 财务指标：清晰直观的效益评价 140
第三节 融资方案：合理周密的资金安排 143
课后习题 147
即测即练 147

第九章 风险管控与资本退出战略 148

第一节 了解风投：每位创业者的必经之路 148
第二节 风险管控：把风险的苗头扼杀在摇篮里 154

第三节　资本退出：投资人利益的最后一道防线 ························ 157
课后习题 ·· 159
即测即练 ·· 159

第十章　摘要与附录

第一节　摘要撰写：浓缩全书之精华 ··· 160
第二节　认识附录：正文的重要补充 ··· 163
课后习题 ·· 168
即测即练 ·· 168

第十一章　商业计划书的撰写技巧

第一节　关键复盘：撰写商业计划书的注意事项 ······························· 169
第二节　再度升华：优秀商业计划书的必备亮点 ······························· 171
课后习题 ·· 174
即测即练 ·· 174

第三部分　商业计划书的演示与路演

第十二章　商业计划书的演示模块

第一节　逻辑思路：回答问题的思维规律 ··· 177
第二节　基本框架：演示 PPT 的核心内容 ······································· 180
第三节　制作要点：突出 PPT 的媒介优势 ······································· 182
课后习题 ·· 186
即测即练 ·· 186

第十三章　完美路演的实战技巧

第一节　核心环节："走进听众"的阶梯 ··· 187
第二节　路演讲稿："讲好故事"的工具 ··· 192
第三节　完美路演："实现目标"的诀窍 ··· 195
课后习题 ·· 197
即测即练 ·· 197

第四部分　案例分析

第十四章　综合案例与分析 ··· 201

参考文献 ··· 202

第一部分

导　　论

第一章

商业计划书的基础知识

【重点问题】

1. 商业计划书有什么作用？
2. 商业计划书由哪些部分构成？
3. 商业计划书的制作有哪些环节？

【学习目标】

1. 掌握商业计划书的实质。
2. 了解商业计划书的主要类型和作用。
3. 熟悉商业计划书的制作流程和制作要点。

第一节 了解商业计划书

一、什么是商业计划书

商业计划书（Business Plan）是指创业公司、企业或项目单位为了达到招商融资和其他发展目标，根据一定的格式和内容要求而编辑整理的一份向读者（如投资人）全面展示公司和项目目前状况、未来发展潜力的书面材料。商业计划书有相对固定的格式，几乎包括投资人感兴趣的所有内容，如公司成长经历、产品服务、市场营销、管理团队、股权结构、组织人事、财务、运营、融资方案等。无论是把新技术转变成新产品，还是把新创意发展成新公司，或是对现有公司进行重组和变革，都离不开商业计划书。

商业计划书是对公司或者拟建立公司进行宣传和包装的文件，它向投资人、银行、客户和供应商等宣传公司及其经营方式；同时，又为公司未来的经营管理提供必要的分析基础和衡量标准。因此，商业计划书不仅是融资工具，更是创业行动规划，可以使创业者有计划地开展商业活动，提高成功的概率，对于创业者来说是不可缺少的。

二、商业计划书写给谁看

在制作商业计划书之前应明确读者是谁，以及期望反馈是什么，这两个关键问题是一份商业计划书的核心所在。投资人青睐那些简明清晰的文档，对其中的专业术语需有清晰通俗的阐释；潜在的技术合作伙伴需要了解技术细节；政府部门则需要了解更多的非财务性的、对社区有益的要点。在每种情况下，写作的重点都有所不同。

不要尝试用同一份计划书向完全不同的读者传递不同的信息。然而，也不要为不同的读者撰写完全不一样的计划书。首先，这么做的工作量十分庞大；其次，不同的读者可能会相遇，在比较中他们会发现彼此版本的不一致。可以做一些微小的调整，从而保证文档适用于特定的对象。

（一）投资人

如果公司正在寻找投资，需要额外的外部资金来启动、扩展或者并购（这也通常是创业者制作商业计划书的一个重要目的），那么商业计划书的目的是说服投资人，计划书的内容要聚焦于能够以较低风险换取的优异回报，说明公司的方向是合理的，投资是可以增值的等信息。除此之外，这份商业计划书的内容应该非常全面，需要涵盖公司发展的所有方面。

（二）公司内部

如果希望寻求公司的许可，用以获得对项目启动的批准，那么商业计划书就是在内部使用，供董事会或公司所有人看。如果计划的目的是使项目获得公司内部资源的倾斜，那么就要更加关注战略及所需要的其他许可和投入。如果是为了帮助运营业务而撰写计划书，则需要明确更具体的目标，是为了聚焦创意，还是为了发散创意，或是为了组织沟通计划等。此时，撰写者需要更加聚焦于非财务的目标，如管理、人事发展等。撰写者要将业务目标作为一个整体去定义，对于部门而言，商业计划书需要提供更多的细节去描述如何实现这些更大的目标。

（三）收购方

假如试图筹资而期望公司被收购，则需要详细阐述公司管理有多么优秀。在吸引收购者时需要强调，管理团队的能力、业务的盈利能力、在未来增长上的好前景、业务和潜在买家业务的契合度等。

（四）监管部门

如果希望从监管部门获得许可，那么还有一些额外的工作要做。监管部门或许会提供一份投资目标指南，请根据相关指南检查公司是否符合条件，标记出计划书必须满足的要点。监管部门要确定项目是可行的，也会了解项目所能提供的就业机会和社会福利方面的内容。

三、商业计划书有何作用

除了明确写给谁看，公司也需要结合自身的发展情况，最终得出商业计划书的清晰而全面的定位及期望它所发挥的作用。随着发展阶段的变化，公司的整体目标会不断调整，商业计划书发挥的效用也会有很大差异。在起步的开始几年，公司的关键在于生存——寻找客户并留住他们，确认公司的产品及服务能够符合客户不断改变的需求。进入发展早期阶段，公司的关键在于巩固控制公司、控制人才的招纳并保持管理结构。公司发展成熟之后，则面临着扩张的挑战，要保证合适的融资、进行厂房迁移、发展新市场和新产品、与大公司竞争、兼并与收购，以及保护公司的行业地位。

随着公司从早期创业向着成熟发展，公司的经营活动越发复杂，而处在不同阶段的公司都需要商业计划书的帮助。进行计划可以使创业者发现所有必需的资源，而这些资源是成功完成计划的保证。它会让创业者清晰地了解在起步阶段需要多少现金，多大规模的制造或者服务设备是必要的，以及需要多少人来完成等。进行计划能够帮助管理者发现公司的弱点，进而帮助改善公司的整个系统，合理分配资源。进行计划是一个持续的过程，它能够保证公司以大量客观和无法否认的事实为支撑，最大限度地适应不断变化的商业环境。总的来说，商业计划书给了公司在现实中犯错误之前在纸上预演这些错误的机会，在决定行动之前，检验商业构想。

对于创业公司来说，商业计划书的作用体现在对外和对内两个方面。对外，在创业者面对投资人、客户、合作伙伴及创新创业大赛评委等群体时，商业计划书是宣讲展示、融资路演的必备文件。对内，商业计划书是帮助创业团队全面思考创业项目，梳理、确认和升级创业思路及行动计划的纲领性文件，有助于迭代创业认知并指导创业行动。因此，深度打磨和持续迭代商业计划书，绝不能仅做表面功夫，而应使其成为公司发展的战略规划和行动纲领。具体而言，商业计划书对创业公司的作用体现在以下几个方面：

（一）风险投资的敲门砖

投资人通常是在审阅完商业计划书后，觉得有必要进一步了解创业项目时才会与创业者会面。因为，只有在前期了解了创业项目的产品与服务、公司管理、营销计划、生产运营、财务计划和退出计划之后，投资人才能知道这个商业计划书是否符合他们的兴趣，从而决定是否有必要进一步协商与合作，避免浪费时间，仅凭专利证书或科技成果鉴定证书是不可能获得风险投资的。所以，商业计划书是融资的试金石，计划书写得好，公司有吸引力，融资才会有希望。

（二）为创业项目理清思路提供载体

在生存的压力下，创业公司往往没有时间和精力理清思路及探寻公司未来发展计划，这是非常不幸和可怕的。一个需要生存下来的小公司比大公司更需要商业计划书，因为商业计划书可以从各个角度检查公司的业务和发展计划，使其可以"在纸上犯错误"，而不是在现实世界中犯错误。商业计划书中展现的相关内容，可以向业务合作伙伴和其他相关机构提供必要的合作信息，最终促成双方或多方合作。例如，当公司需要向某个陌生领域发展时，可以撰写商业计划书，向该领域的某个公司、团队或个人表达自己寻求合作的愿望，如果对方也能在合作中得到相应发展，最终双方就可能结成战略合作伙伴关系，实现共赢。

（三）为创业项目后续实施和调整提供蓝本

随着公司的不断发展，商业计划书成为创业者评估和调整公司实际状况的一个工具与蓝本。例如，商业计划书中的财务计划可以作为后续计划的基础，用于监控预算执行和未来实施调整。对创业公司来说，提交商业计划书的重要性不仅体现在它是决定能否与投资人面谈的通行证，而且是创业公司对自己再认识的过程。一个酝酿中的项目，往往很模糊。通过撰写商业计划书，把正反理由都书写下来，然后再逐条推敲，这样创业者就能对这一项目有更清晰的认识。在这个过程中，对产品、市场、财务、管理团队等进行进一步的分析和调研，能及早发现问题，进行事先控制，丢弃一些不可行的项目，进一步完善可行的项目，提高创业成功率。此外，对于已成立的创业公司来说，商业计划书可以为公司的发展定下比较具体的方向和重点，从而使员工了解公司的经营目标，并激励他们为共同的目标而努力。

第二节　从投资角度看商业计划书

就目前而言，商业计划书最主要的用途是获取投资。因此从投资角度出发，了解投资人的思维方式和他们所关心的内容，能够更好地写出满足投资人需求、双方都能互利双赢的商业计划书。

一、了解投资人的思维方式

一般情况下，投资人的投资思维是"了解—判断—方案"。首先，投资人要了解需要投资的项目、产品、公司和人（管理团队），并确保正确无偏差地理解这些对象。其次，投资人需要进一步判断产品或项目是否可以投资，这考验的是投资人的投资经验、专业知识、分析能力和判断力等。最后，投资人会看项目的方案是否具体可行，只有拿出投资项目的详细方案，才更容易打动投资人。如果该项目的运作模式尚未得到市场验证，如初创公司的某个创新项目，就更需要清楚地向投资人介绍这个项目的可行性。

二、关注投资人关心的内容

实际上，投资人在初步判断一个项目时关注的侧重点会有所不同。一般来说，投资人最关心的内容主要包括真实目的、方向、团队、商业模式，通过这些内容投资人能够判断是否应该继续了解该项目，因此撰写者必须在商业计划书中对这些内容仔细打磨，然后更好地体现出来。

（一）真实目的

不同的思维会有不同的行为方式，不同的目的会有不同的举动，创业者的真实目的会在其思维引导下体现在商业计划书中。如果创业者的目的不纯，投资人会立刻否定这个项目。

（二）方向定位

如果方向错了，走得越远越危险。大部分创业公司的方向不会出现错误，但往往不够清晰。而方向不清晰的主要原因是方向太大，大到成了一个范畴。方向演绎成了大概方位——跟没有方向差不多。例如，一家以肯德基为对标的创业餐厅，方向最准确的表达应当是"快餐"，而不能仅表达为"餐饮"。对于一家公司来说，一开始的发展方向不对，后面再怎么做也很难挽回，投资人肯定不会投资没有前景的公司。选择好项目或产品的方向，实际上就是提前为寻求到投资打下了坚实的基础。

（三）管理团队

除了名气之外，投资人欣赏的管理团队需要具备一定的特质，如富有激情、理想和使命感，有积极乐观的心态，有较强的合作意识和能力，有极强的学习能力和解决问题的能力等。不要过多使用描述方式，而要简洁明了地使用陈述方式，举例子胜过绘声绘色的描述，清晰地陈述"1、2、3"胜过模棱两可的漂亮话。

（四）商业模式

投资人需要了解项目是如何运作的，到底要投资什么样的产品，这种产品能为用户提供什么价值等。投资人只有充分了解了项目的商业模式，才能分析项目和投资的可行性。同时，商业计划书既要把商业模式说清楚，又要把实现手段说清楚。如何实现？需要几个步骤？每个步骤的预期是怎样的？如何控制变化？如何实现循环？另外，投资人极为关心消费者在商业模式中的地位，因为客户是公司生存的根本，是利益的核心。在了解了商业模式后，如何盈利就成了投资人最关心的问题之一。投资人一般都具有长远的眼光。即使项目现在没有获得利润，但是只要被认为有前途，投资产出比高，也很有可能获取投资。

懂得站在投资人的角度思考是商业计划书撰写者应该具备的重要能力素养。知己知彼，才能百战百胜。明确投资人的心理和真实需求之后，需使用恰当的方式在商业计划书的各部分灵活且充分地表现出来。本书第四部分沈阳森之高科科技有限公司商业计划书的第一章将公司简介、产品、核心竞争力、市场与营销、组织架构与发展战略，以及现有投资与财务这些内容进行了重点提炼，用简洁且有力的表达将该项目最核心、最吸引人的内容呈现在观者面前，不仅能让投资者对整个项目一目了然，而且尽最大可能吸引了投资人的关注。

第三节　商业计划书的主要类型与表现形式

一、商业计划书主要类型

商业计划书可分四类，即微型计划书、工作计划书、提交计划书和电子计划书。各类计划书的拟定需要耗费不同的精力，详尽的计划书并不一定优于简短的计划书，其优越性取决于计划书的使用场景。各类型计划书适用场景及主要特点见表1-1。

表 1-1　商业计划书的主要类型

类　型	适用场景	特　点
微型计划书	商业创意构想阶段	• 是商业计划书的浓缩和提炼 • 快速寻找合作伙伴与初期投资人的有利途径
工作计划书	用于内部项目运行	• 一定时期内指导公司运作的工作计划
提交计划书	用于吸引外部投资	• 向投资人展示和介绍商业计划书 • 兼具专业性与可观赏性，体现商业导向思维
电子计划书	快速传播或网络分享	• 传送便捷、形式直观、成本低廉、更易复制和传播 • 不利于有关信息保密

（一）微型计划书

几乎每个商业理念都起始于某种微型计划。某种基本的商业方案或商业报表，甚至只是在头脑中的构想也是一种商业计划。微型计划书篇幅不限，应当包括几项关键性内容，如商业理念、需求、市场营销计划和财务报表，特别是现金流动、收入预测和资产负债表。

微型计划书是迅速检验商业理念或权衡潜在的合作伙伴或小型投资人的价值的最佳途径，也可为以后拟订详尽计划提供有价值的参考。微型计划书可以看作商业计划书的浓缩和提炼，对于吸引投资人眼球、提高融资效率有很大影响，要充分予以重视。但是一定注意不要乱用微型计划，它不是详尽计划的替代品，不适合需要详尽完整计划的投资人。

（二）工作计划书

1. 工作计划书的内容

一份优秀的工作计划书对公司有着至关重要的意义。它会促进公司不断发展。工作计划书包含四个要素，分别是工作内容、工作方法、工作分工和工作进度，这四点要素可以帮助管理者制订相对规范的工作计划书。

工作内容是公司的工作目标和任务。创业者在撰写目标和任务时，越具体越好，把大目标分解成一个个小目标、小任务，并且可以把数量、质量等指标都进行量化。

工作方法是在工作中需要采取的措施和策略。例如，公司为了达到目标需要采取哪些手段，需要哪些力量的参与，需要什么样的条件，有哪些困难等。

工作分工是指公司安排哪些人来实现目标和任务、执行策略和措施。创业者在制订计划时需要统筹全局，明确任务的先后顺序。亚当·斯密（Adam Smith）在《国富论》开篇提到，"生产效率的增进，来源于劳动分工"。对于一个组织来说，分工的合理性可能会直接影响组织效率和最终结果如何，因此工作分工是管理者在制订工作计划时务必重视的部分。

工作进度是指公司在每个阶段完成了哪些任务、工作进行到了哪个阶段。创业者在制订工作计划时，应说明每个阶段的目标和任务具体的时间期限，这样就能清楚地知道具体的工作进度。

2. 工作计划书的注意事项

工作计划书是运作公司的工具，是公司在一定时期内的工作计划，用于指导公司的运作，应该利用较长篇幅处理细节。同时可以在仅供内部使用的计划书中略去一些内容，例如，工作计划书中不必附录介绍主要管理人员的履历，不用借助产品图片使公司有所收益，不包括对竞争对手的分析、融资等内容。另外，创业者在撰写工作计划书时，需要结合本行业与公司的性质、特点进行设计与编写，切不可随意借鉴，造成公司工作性质与计划书内容不符的情况。

工作计划书用于公司日常工作，不需要制作成精美的展示品供投资人翻阅，但依旧要注意利用图、表之类的辅助内容来传达信息达成共识。因为工作计划书作为有用的工具，不仅可以强化制定者对工作项目的相关记忆，还可以同其他管理者交流公司观念和发展趋势。事实和数据的内在统一对于工作计划及所有外向型计划书同样重要，而对于行文的排印、部门内部的日期安排这类事实不必耗费太多时间处理。

（三）提交计划书

提交计划书即本书所详述的商业计划书。尽管提交计划书与工作计划书会有几乎相同的信息量，但在风格上有些不同。需要注意的是，与工作计划书不同，提交计划书中要用标准的商业术语。计划书的阅读者并不熟悉公司的经营状况，因此，提交计划书需要将公司和项目的重要部分以及关键细节系统完整地介绍给阅读者。

提交计划书与工作计划书的一个重要区别在于外观的细节处理及其完美性。工作计划书可以在办公室的打印机上打印出来，而提交计划书要用高质量的打印机打印，也可以彩色打印，并且装订成册，保存持久且便于阅读。在提交计划书中，各种图表的细节问题包括图例中的数据及位置等需要反复核校。打印错误、拼写错误、插入的直方图和框图及语法错误都会减损希望获得的总体完美印象，而且会给读者留下不够认真、细心的印象。

（四）电子计划书

在计算机应用普及的今天，电子版商业计划书以传送便捷、形式直观、成本低廉的优势得到了广泛应用。电子计划书更易复制和传播，但不利于有关信息保密。此外，有的人更习惯于阅读纸质计划书，因此，尽管电子计划书有诸多显著优点，也不可能完全替代纸质计划书。

二、商业计划书的基本表现形式

Word 版商业计划书是商业计划书的传统表现形式，是商业计划书的完整报告形态。对创业公司来说，通常在特定情境或特定要求下才会制作这种形式的商业计划书。例如，政府立项、审批或备案所需的可行性报告，实质性融资阶段所需的尽职调查资料，某些创新创业大赛要求提交的 Word 版商业计划书，等等。

对创业公司来说，PPT 版商业计划书是主流表现形式，其优势是内容简洁清晰、演示效果好，具有逻辑化、结构化、要点化、纲领化的特征。PPT 版商业计划书是对 Word 版商业计划书的简化凝练,主要包括结构化要点,而 Word 版商业计划书是 PPT 版商业计划书的详细展开和充分论证。

第四节 商业计划书的内容

商业计划书是一份全方位的项目计划,它从公司内部的人员、制度、管理,以及公司的产品、营销、市场等各个方面对即将展开的商业计划项目进行可行性分析,是创业公司一切经营活动的蓝图与指南,是公司的行动纲领和执行方案,代表着公司管理团队和公司本身给予投资人的第一印象。同时,商业计划书也是创业者商业理念的书面表达,它将判明市场机会并给出创业公司的发展规划。

因此,撰写一份商业计划书是一项非常复杂的任务,必须按照科学的逻辑顺序对许多可变因素进行系统的思考和分析,并得到相应结论。在思路确定下来后,应当制定一个详细且合理的提纲,最好是按照商业计划或业务体系进行规划。按照排列的先后顺序,商业计划书一般由封面、目录、摘要、核心内容、附录等部分组成,其中核心内容会根据产品或服务的不同而有所取舍。

一、封面

商业计划书的封面页是商业计划书的门面,体现了项目的重要信息。商业计划书的封面页有三大必备要素:①项目名称。通常是品牌名称、产品名称或公司简称,并带有 logo。②公司名称或团队名称。其中公司联系人、办公地址、电话、网址、电子邮箱等联络方式可以在封面底部标示清楚。③公司或项目定位。通常作为主标题或在项目名称之后作为副标题,用一个短语或短句来清晰地描述公司的核心定位,体现项目的本质特征、核心价值或主营业务。项目定位的表述要简洁、清晰、直接、理性。例如,根据小米公司网站的介绍,小米是一家"以智能手机、智能硬件和 IOT 平台为核心的消费电子及智能制造公司"。当然,对于早期项目来说,项目定位应该更聚焦。

二、目录与摘要

目录与摘要是商业计划书的开头部分。其中,目录可以让投资人快速了解整个商业计划书的内容结构,还可以引导投资人快速翻阅到需要的内容。

摘要是商业计划书最简练的概括,长度通常以 2~3 页为宜。摘要是对整个商业计划书内容的高度提炼,能够反映商业计划书的全貌。投资人可以用大约十分钟的时间阅读完摘要的内容,并以此决定是否继续阅读后面的正文内容。因此,摘要应该通过简洁有力的表述,将公司、项目、产品等内容全方位地展现在投资人眼前,务必引起投资人的兴趣,使其有进一步阅读的想法。摘要作为商业计划书中最重要的一部分,其撰写一般放在商业计划书主体内容完成后。

三、公司介绍与管理

在公司介绍中需要给出公司的基本轮廓和基本情况，包括公司的历史、当前状况、战略发展和未来计划，让投资人对公司的实力有一定了解。如果是拟创业的公司，创业者可以模拟成立一个公司来做具体介绍。具备研发优势的公司，可以将研发资金投入情况、研发人员和设备的配置情况及研发的先进技术向投资人做简要说明，进一步体现公司的研发实力和优势。

一个稳定团结的核心团队可以帮助创业者渡过各种难关，是公司最宝贵的资源。很多潜在投资人把优秀的管理团队视为一份商业计划书获得成功的关键因素。所以，有些商业计划书会直接把创业团队的介绍放在本部分。投资人会仔细考察所投资公司的管理队伍，向那些最有可能成功运作公司的人进行投资。在这部分需要介绍公司的组织机构图、各部门的功能与职责范围、各部门的负责人及主要成员、外部支持专家、公司的报酬体系、公司的股东名单（包括股份份额、认股权、比例和特权）、公司的董事会成员、股权分配等。

四、行业与市场

这部分内容分析了公司外部行业和市场中的关键影响因素。行业分析主要介绍创业公司所归属产业领域的基本情况、发展趋势、产业链及公司在整个产业中的地位。市场分析主要介绍公司产品的市场情况，包括目标市场、未来市场的发展趋势等。这部分的撰写越详细越好，要以可信度高和已经得到证实的数据作为分析基础。

五、竞争分析

这部分专门用于分析竞争对手的情况，包括目前的竞争对手和潜在的竞争对手。从目的导向来说，竞争分析是为了找到竞争对手的弱点，扩大自己的优势，找到突破点。因此，这部分内容主要包括宏观行业分析、竞争对手的优劣势分析、针对竞争对手的竞争策略分析、优势分析、差异化分析等。

六、产品与服务

所谓产品，就是创业者为解决特定的社会问题，为用户、市场、社会提供的具有使用价值的"标的"。产品介绍是商业计划书的核心模块之一，主要内容是对创业项目的产品（解决方案）做系统性描述和说明。它主要介绍公司产品的概念、性能及特征、主要产品、产品市场竞争力、产品研究和开发过程、发展新产品计划和成本分析、产品市场前景预测、产品研发团队、产品的品牌和专利等内容，并论证其具有先进性、创新性及差异化的竞争优势。通过对创业项目自身产品（解决方案）的系统呈现，创业者要让投资人或评委理解并认同这样一个产品体系能够更好地解决市场需求痛点，具有广阔的市场空间。

七、商业模式

商业模式分析就是从商业逻辑出发，厘清一个公司的运作模式和盈利模式。商业模式是项目产生回报的关键，因此应该尽量用简洁易懂的语言说清楚市场在哪里、顾客是谁及如何满足需求。另外，项目的商业模式特性也需要体现出来，包括新颖性、独特性等。这部分内容主要包括公司的盈利模式、核心资源、关键业务、关键伙伴、成本结构等。

八、营销计划

营销是指以销售为目的、以客户为中心，通过制定各种策略来提升销售业绩的过程。有了优质的产品和良好的市场机遇，还需要一个切实可行的营销计划来配合。营销计划应该以市场调研和产品与服务的价值为基础，制定产品、定价、促销、渠道等方面的发展战略和实施计划。

九、运营管理

运营是指公司或公司的某个业务如何进行运作与经营。运营管理包括公司和业务的运营流程、运营经验、管控方法等，是公司需要关注的重点问题。在生产运营中需要解决厂址的选择与布局、生产工艺流程、产品的包装与储运等问题。此外，产品的质量检验也非常重要。如果是服务类产品，可以结合产品的特点介绍这一部分。

十、财务计划

财务计划包括财务预测和融资规划。财务预测是公司发展的价值化表现，必须与公司的历史业绩和发展趋势相一致，也应该与商业计划书中其他部分的讨论结果相一致。此外，财务预测还应该考虑投资人需要的投资回报率、投资回收方式和股权计划。融资规划要说明实现公司发展过程中所需的资金额度、时间表和用途。

十一、风险控制

在商业计划书中创业者都会对项目做出一番美好的未来规划，但是投资人都会担心面对一个存在太多不确定因素的创业项目。风险控制分析部分就是说明各种潜在风险，并向投资人阐述针对各种风险的规避措施。

十二、资本退出

在商业计划书中需要设计一种最优的资本退出方式，并且需要详细说明该退出方式的合理性。此外，如果公司在计划期内未完成风险资本退出计划，最好给出次优方案，这样才能让每个投资人都清晰地知道获利的时间和可选方案。

十三、附录

附录是商业计划书正文内容的有力补充和说明。在附录中可能出现的附件包括，财务报表、主要合同资料、信誉证明、图片资料、分支机构列表、市场调研结果、主要创业者履历、技术信息、宣传资料、相关数据的测算和解释、相关获奖和专利证明、授权使用书等。

第五节 商业计划书的重点制作环节

制作商业计划书是一项复杂的系统工程。不同的创业者有自己的思路和技术路线,但一般都会遵循一定的写作程序来进行。总体来看,商业计划书的制作流程有四大环节(见图1-1)。

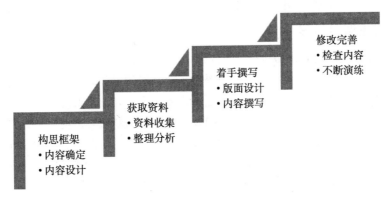

图 1-1 商业计划书的制作流程

一、商业计划构思细化

刚刚获取一个新的创意和想法后,创业者需要与志同道合者或相关领域专家对创意进行初步的判断和构思。首先,需要通过相关问题的讨论判断该创意是不是一个好的创业机会,其核心问题包括该项目提供什么产品与服务、目标人群是谁、市场容量多大、竞争对手是谁、竞争优势有哪些等。如果对这些问题的分析都能得到一个激动人心的答案,那么这个创意和项目就可以进入创业构思过程中。在创业构思过程中,最需要探讨的问题是创业项目的商业模式和发展规划,也就是该公司从 0 到 1,从小到大的一系列发展过程。其次,需要讨论如何把公司发展构想阶段化,以及在每一个阶段需要关注哪些核心问题。具体来说,就是提出创业公司的发展战略,并落实到纸面。最后,根据产品与服务的特点设计出商业计划书制作的路径,一般都会经历产品分析、行业与市场分析、市场调研和访谈、商业计划书制作和完善等过程。

着手撰写商业计划书之前,首先要确定需求,即确定撰写商业计划书的目的是获得投资还是寻求合作,这样才能找准战略方向。接着要确定商业计划书中应当包含的主要内容,如涉及生产的项目或产品,是否考虑在商业计划书中着重体现生产优势,高精尖项目是否体现技术壁垒内容等。从整体出发,将整个商业计划书的架构和内容确定下来,方便后面更有目的地对需要的资料进行收集、整理和分析。

二、资料获取和市场调研

做市场调研的目的是更清晰地了解市场,只有全面地把握整个市场情况,才会赢得投资人的信任。

(一)确立调研目标

市场调研目标越明确,市场调研的范围就越准确,后续工作也越容易开展。明确调研目标除了能节省调研费用外,还能大大提高获取信息的准确性。确立调研目标就是根据公司的实际需求对整个调研活动提出具体可实施的任务,把公司需要解决的问题转变为市场调研问题,从而为公司提出更科学的决策意见。

(二)记录调研过程

重点记录调研过程中的相关问题。记录调研中的问题主要目的是为后续调研工作提供科学的参考,从而有效解决问题,为公司提供一个良好的发展环境。记录问题时,需要记录调研过程中遇到的难以解决的问题,问题一定要记录清楚,最好能附加相关说明。需要注意的是:有的人在记录问题时对已经明确并且解决的问题或者之前已经记录过的问题进行了重新记录,导致记录不明确,在后续查找时出现了麻烦。总之,在记录问题时需要把最难、最棘手、最迫切的问题先记录下来,然后寻求这些问题的解决方案。

(三)收集相关资料

商业计划书中一般会涉及大量的数据和其他各种资料,如市场情况、竞争对手情况等,这些资料都需要通过相关渠道获取。

首先,对产品与服务需要进入的行业和市场进行初步研究,可以通过查询相关年鉴、报表和文献了解所要进入行业的市场结构、政策支持、技术水平等相关问题,这些资料和数据分析可以使创业者由表及里地了解该产品与服务在行业和市场中所处的位置,有利于创业者更好地理解该产品的发展思路。

其次,同多个产品与服务的现有和潜在客户建立联系。其中,至少有一个是计划作为自己销售渠道的客户。准备一份客户调研纲要,获取足够多的信息。这些信息包括,现有和潜在客户的数量、他们愿意付的价钱、产品与服务对于客户的经济价值等。此外,还应当收集相关的趋势信息,如购买周期。全面系统的调研与信息收集能让团队充分了解市场和客户,明晰产品与服务为什么能够在目标用户和客户的应用环境中起作用,进而更好地分析出对购买决策者来说可能导致他们拒绝产品与服务的可能障碍,为进一步撰写做准备。

最后,竞争对手是另外一个需要重点调研的对象,需要在此环节确定竞争对手并分析本行业的竞争态势。例如,竞争对手产品的特点和性能怎样,他们都采取什么方式参与竞争。可以就准备好的问题,采取调研和访谈法进行深入研究,最后准备一份竞争者调查报告。

(四)资料收集方法

掌握收集资料过程中经常使用的方法。对于外部资料而言,收集的方法主要有访谈、问卷调查、网络收集及购买相关机构已经分析好的数据等。收集渠道包括政府发布的统计公报、市场研究报告、大学院系的调研、行业协会资料、行业刊物、新闻报道、竞争对手网站，以及对供应商、客户和竞争对手的采访等。

政府和国际行业数据是最好的依据。这样的数据可以追溯到出处，可以通过查询官方网站，如国家统计局网站、各级政府的相关信息披露网站。还可以联系各级政府相关部门等获取数据。市场研究报告可以通过大学图书馆或专业公共图书馆免费获得。可以向大学特定行业相关专家请教哪些信息可用，可以在哪里获取。还可以尝试拜访国际性和国家性的行业协会成员，获取所需信息。通过公开发表的资料，可以收集到包括竞争对手、供应商的财务报表和消费者报告等有用数据。

无须将大量枯燥无用的数据都放到商业计划书中，否则这些数据不仅毫无作用，还会增加商业计划书的篇幅。在提炼数据资料时，可以充分借助表格、图片等工具，以便更直观生动地将数据展示出来。

三、商业计划书制作

确立了框架并整理好数据后，就可以开始为商业计划书设计版面效果了。商业计划书的版面设计整体原则应美观耐看、突出重点、体现特色，在封面、页眉等位置可放置精心设计的公司标志、项目标语等。例如，科技类公司或产品可以将整个商业计划书设计得充满科技感，少儿培训类项目则可以让页面设计风格偏向生动有趣等。商业计划书的排版格式一般没有固定标准，但应认真思考，考虑排版是否合理、美观等因素。此外，撰写者需留意相关赛事官网或投资方可能会提出的特定要求，以免出现不合规的情况。

完成版面设计后，就可以着手撰写商业计划书了，整个撰写工作应由项目负责人或公司负责人来完成。负责人通过撰写可以进一步熟悉项目或产品的情况，提前发现缺陷或不足，也可以找到更多的优势和特色，为最终向投资人展示做更加充分的准备。需要注意的是，商业计划书并不是一步到位的，它需要反复修改和完善，才能得到最终的版本。特别是一些涉及政策性内容和市场变化较快的项目，更需要及时修正内容，确保信息和数据的正确性和时效性。

四、答辩陈词和反馈

在与投资人沟通之前，负责人需要准备十分钟的答辩稿和PPT，以便推销自己的创业机会。陈述应当强调创业公司获取成功的关键因素，但这并不是简单地把商业计划书摘要用口头方式表达出来，而是需要通过建立一套容易理解的逻辑把商业计划书的核心内容传递给投资人。既可以用看得见的一些实例让投资人深入思考，也可以用简洁的市场分析和可靠的数据给投资人留下深刻的印象。总之，准备越充分，就越能向投资人说明商业计划中的各种关键问题。商业计划书还需要负责人不断地进行演练，从而在投资人面前更加自信，做到对答如流、游刃有余。

第六节　商业计划书的实战参考思路

一、知名风险投资公司——红杉资本要求的商业计划书

红杉资本于 1972 年在美国硅谷成立，投资了 Apple、Google 等众多创新型公司。2005 年，红杉资本中国基金成立，专注于传媒、医疗健康、消费品/服务、工业科技四个方向的投资机遇，投资组合包括京东商城、阿里巴巴、今日头条、爱奇艺、蔚来汽车等多家公司。

红杉资本中国基金网站：http://www.sequoiacap.cn

接收商业计划书的邮箱：china@sequoiacap.com

红杉资本对商业计划书的要求是用最少的文字传达最多的信息，主要内容包括以下几个方面内容。

（一）公司宗旨

用一句话定义公司。

（二）问题

（1）描述客户的"切肤之痛"。

（2）简介目前客户如何应对这些问题。

（三）解决方案

（1）阐述公司产品/服务的价值定位，即如何解决客户的难题。

（2）说明公司产品/服务具体在何处得到实现。

（3）提供一些产品/服务使用的具体例子。

（四）时机：为何是现在

（1）回顾公司产品/服务所应用领域的历史演变。

（2）说明哪些近期的趋势使公司产品/服务的优越性显现。

（五）市场规模

（1）定义目标客户，并描绘他们的特征。

（2）用不同的方法测算市场规模。例如，用自上而下法估算潜在的市场规模，用自下而上法统计可触达的市场规模，并计算可获取的市场规模。

（六）竞争格局

（1）列出现有的和潜在的竞争对手。

（2）分析各自的竞争优势。

（七）产品/服务

（1）产品/服务描述：外形、功能、性能、结构、知识产权等。

(2)产品/服务的开发计划。

(八)商业模式

(1)收入模式。
(2)定价。
(3)从每个客户那里可获得的平均收入或其终身价值。
(4)销售和渠道。
(5)现有客户和正在开发的客户清单。

(九)团队描述

(1)创始人和核心管理层。
(2)董事会成员和顾问委员会成员。

(十)财务资料

(1)损益表、资产负债表、现金流量表。
(2)股本结构。
(3)融资计划。

二、商业计划书参考模型

商业计划书撰写者可以根据产品与服务的特点拟定撰写逻辑,对实质内容进行合并、裁剪和扩充。但整体而言,一份完整的商业计划书必须包含一些基本的要素和模块。"936模型"将一份商业计划书划分为九大模块36个要点(见表1-2),为商业计划书的内容构成与撰写提供了标准化的模式参考。这九大模块分别是公司简介、市场机会、产品介绍、商业模式、团队组织、运营现状、战略规划、风险管控、融资计划。

表1-2 商业计划书"936模型"

九大模块	36个要点
公司简介	封面要素、业务描述、理念表达、优势亮点
市场机会	背景趋势、需求痛点、竞品分析、市场规模
产品介绍	产品概况、技术创新、比较优势、门槛壁垒、应用场景、效果验证
商业模式	运营模式、盈利模式、营销模式
团队组织	核心团队、股权结构、公司架构、专家顾问
运营现状	发展历程、成果展示、财务现状
战略规划	战略目标、实现路径、资源投入(成本)
风险管控	宏观风险、产品风险、运营风险、团队风险
融资计划	融资方式、项目估值、资金用途、退出方案、对赌条款

"936模型"不仅是商业计划书撰写的框架模型,也是创业设计的思考和论证模型。按照这个框架,创业者把36个要点思考到位,也就考虑清楚了创业项目。

在此需要重点强调和说明的是:以上商业计划书的写作模式是一个逻辑清晰、要点全面、标准通用的商业计划书结构化效率工具，具有普遍的适用性。应用这个模式，创业者可大幅度提高创业设计和商业计划书撰写的效率，不需要投入大量的时间与精力去思考和研究商业计划书的写作方法和创业设计的逻辑框架。但商业计划书的撰写并无一定之规。每一份商业计划书都可以有自己的特色和表现方式，要根据实际需要灵活变通。在实际应用中，针对不同行业、不同产品、不同发展阶段的项目，商业计划书的内在逻辑应该是有差别的。创业者要根据项目特征来构建商业计划书，在模式框架基础上，内容、结构、要点和顺序都可以灵活变通。

课后习题

1. 商业计划书与一般的可行性研究报告有什么区别？
2. 商业计划书包括哪些基本内容，这些内容一般按照什么逻辑阐述？
3. 商业计划书的制作流程包括哪几步？在这些制作环节中我们应该解决哪些问题？
4. 列出一个清单，写下投资人对项目及目标市场可能会留下的负面印象。

即测即练

自学自测　扫描此码

第二部分

商业计划书的基本理论与应用

第二章

公司管理

【重点问题】

1. 公司介绍包括哪些内容?
2. 如何介绍公司管理团队?
3. 如何介绍公司的发展历程与未来发展规划?
4. 公司的组织结构有哪些具体形式?
5. 如何制定并实现战略规划?

【学习目标】

1. 掌握公司介绍的基本知识。
2. 学会制定和撰写公司的未来发展规划。
3. 熟悉公司管理团队的介绍方式和基本内容。
4. 掌握主要的组织结构类型及其特点。
5. 掌握战略目标的制定方式及实现路径。

第一节 公司介绍的基本知识

一、公司基本情况

投资人不会投资一个自己不了解的公司,商业计划书撰写人应当既简洁又全面地介绍公司情况,使投资人对公司有初步的了解。公司的基本情况主要包括公司成立情况、业务性质、注册地址和经营地点等内容。

(一) 公司成立情况

一般来说,成立不久的公司应该将公司成立的情况在商业计划书中体现出来,如公司名称、注册资本、公司类型和股权说明等信息。

1. 公司名称

公司名称包括公司的法律名称、品牌或商标名称、公司商业用名称、子公司名称等。如果初创公司还没有固定的名称,在商业计划书中应设定一个涵盖范围广泛且相对灵活的名称。这将避免公司在扩张和调整方向时受到限制,而且有利于公司的转让。

2. 注册资本

公司的注册资本分为认缴资金和实缴资金。其中,认缴资金是指公司实际上已经向股东发售出去的股本总额,一般情况下它的金额等于注册资本。实缴资金是按照规定必须到位的实际资金。在商业计划书中应该尽量清楚地说明这两项资本的具体情况,让投资人对公司的注册资本情况了解得更为透彻。

3. 公司类型和股权说明

公司类型由公司创始人(包括公司投资人)在法律规定的范围内进行选择。常见的公司类型见图 2-1。

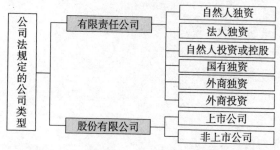

图 2-1 公司类型

有限责任公司和股份有限公司的设立条件和公司章程设置存在一定区别,具体见表 2-1。

表 2-1 有限责任公司和股份有限公司的区别

	有限责任公司	股份有限公司
募集资金	只能由发起人集资,不能向社会公开募集资金	可以向社会公开募集资金
股东人数	股东 2~50 人	股东数量没有限制,发起人必须 2~200 人
股份转让	股东之间可以相互转让其全部或者部分股权;向股东以外的人转让股权时,应当经其他股东半数同意	股票公开发行,转让不受限制,但不能退股
股权证明形式	股东的股权证明是出资证明书,出资证明书不能转让、流通	以公司签发的股票作为股东的凭证,上市公司的股票可以流通
组织机构	由股东会、董事会、监事会、经理组成;股东人数较少或规模较小的公司可不设董事会、监事会,只设 1 名执行董事、1~2 名监事	由股东大会、董事会、监事会、经理组成
财务状况公开程度	按公司章程规定的期限向股东公开即可,无须对外公布,财务状况相对保密	会计报表必须经过注册会计师的审计并出具报告,还要存档以便股东查阅,其中以募集设立方式成立的股份有限公司还必须公告其财务会计报告
股东责任	股东以其所认缴的出资额为限对公司承担责任	股东以其所认购的股份为限对公司承担责任

不同类型的公司优劣势存在显著差异，因此会面临不同程度的投资风险。所以，在商业计划书中明确界定公司类型非常重要。此外，在商业计划书中需要说明公司的核定股本和发行股本及准备额外发行股票进行融资的所有计划，以确保核定股本能够满足公司的未来需要。同时，在商业计划书中还需对主要股东的股份加以说明。

（二）业务性质

本部分需要概要介绍公司的主要业务，并要求用尽可能少的语句使投资人迅速了解公司的产品或服务。介绍公司业务性质的篇幅不宜过长，能够让投资人清楚公司的主要业务和行业范围即可。例如，可以这样描述，"森之高科提供满足客户发展的解决方案、产品及服务，涵盖领域包括：计算机软硬件、机械设备、电子产品技术开发、技术咨询、技术服务、技术转让、电子产品、机械设备销售、计算机系统集成、弱电工程和综合布线等"。然后对相应的产品或服务做简单介绍和解释，在写法上注意和第五章产品与服务的区别。

（三）注册地址和经营地点

法律规定公司注册地址和经营地点要一致，但地方政策上存在一定区别，如在上海除特殊行业（如餐饮、危化品）外，普通行业可以使用园区虚拟地址注册登记公司，然后在家或者在其他地方办公。此外对于初创企业，一般选择挂靠地址，像孵化地址、虚拟地址等，这些地址通常只能设置办事机构，不能进行实际经营。因此，可能会出现注册地址和经营地点不一致的现象。

1. 注册地址

注册地址是公司在工商行政管理部门登记的公司地址，是公司的注册地和法定地址。如果该地址具有靠近客户办公或者产业政策优惠等优势，应该在商业计划书中标明。此外，注册地址和经营地址不一致存在风险，公司要根据具体政策和具体情况选择是否做工商变更或其他手段将两者一致，以免出现工商异常与税务异常，给投资人留下不好的印象。

2. 经营地点

经营地点应当列明公司总部所在地、公司主要经营和生产场所、分公司所在地等内容。如果公司的分公司太多，只写分公司总数即可。此外，一定要在商业计划书中介绍公司经营范围所涵盖的区域情况。如果随着时间推移，经营方向和覆盖区域发生变化，那么初期是如何变化、中后期是如何变化的，都需要进行说明。

二、公司的宗旨和目标

公司宗旨是指公司存在的目的或对社会发展某一方面的贡献，有时也称为公司使命。基本内容大致包括以下几个方面：获利能力，即说明获利程度及其贡献；外部追求，即说明对公众注意事项的关心，以及对股东、员工、供应商注意事项的关心。此外，还包括质量、效率、公司氛围、行为规范等。公司目标是一个公司在未来一段时间内所要达到的预期状态，通常利用一系列定性或定量指标进行描述。好的公司目标具有总体性、切实可行性等特点，其实现与外部环境密切相关，对公司发展具有较强的激励作用。

在商业计划书中可以把公司的宗旨和目标放在一起来写。例如,森之高科的公司目标是成为一家以创新为主的高科技公司。在公司现有产品所在的运动捕捉领域,公司希望能做出国内一流、国际知名的运动捕捉产品,让客户信赖,让同行业尊重。

三、公司的发展历程与未来发展规划

发展历程呈现公司整个发展过程中的时间脉络、阶段特征和标志事件。在商业计划书中可以采用"时间轴"的方式进行脉络梳理和概括总结,包括项目的缘起、团队的组建、公司的成立等关键时刻发生的重大事件,让投资人更全面深入地了解公司的发展历程,借此判断公司的实力。这部分的介绍一定要简明扼要,尽量不要超过一页。因为在面谈的时候,投资人通常会提出一些关于公司业务发展史的问题,此时创业者可以把相关内容详细地讲一遍。

在未来发展规划中,创业者可以根据时间顺序,提出一个可行的未来业务发展计划,指出发展的关键节点在哪里,使投资人了解其投资未来将用在哪些方面。此外,创业者还需要讲明在计划中哪些因素是保障项目实施的关键要素。如果公司预期未来业务发展需要经受许多变动因素的考验,通常也应该在这里明确,因为投资人需要掌握公司发展成功应做出哪些努力。

四、专利证书和资质许可

本部分必须详细描述公司申请的各种专利、取得的各种资质许可文件等,并有选择性地提供若干证书图片,以增强说服力。

(一)专利证书

我国专利的种类有发明专利、实用新型专利和外观设计专利,它们的含义见表2-2。

表2-2 专利的种类和含义

种 类	含 义
发明	对产品、方法或其改进提出的新技术方案
实用新型	对产品的形状、构造或其结合提出的适于实用的新技术方案
外观设计	对产品的形状、图案或其结合,以及色彩与形状、图案的结合创作出的富有美感并适于工业应用的新设计

在商业计划书中可以将已获得的和正在申请的专利都反映出来,并通过数字强调专利的数量。对于专利较少的公司,可以详细列出各项专利的内容,配以若干证书的图片,以增加可信度。

(二)资质许可

资质许可是指通过考核程序核发的证明文书,允许申请人持有相应证件,并从事某一职业或进行某种活动。资质许可能够证明持证人的资质水平,反映公司在行业中的实力。因此,公司如果有资质许可证明文件,应该在商业计划书中体现出来。

五、公司与公众关系

公众是指影响公司利益和行为的群体。公司与公众的关系将直接影响公司的生产经营活动。这些公众包括融资公众、媒体和政府等。

（一）融资公众

融资公众指影响公司融资能力的金融机构，如银行、投资公司、保险公司等。在商业计划书中应该将这些金融机构对公司资金的影响进行介绍，多采用"机构+金额"的图表形式。此外，为证明公司经营具有一定的保障，公司必须参加保险，并列出与公司经营相关的保险，包括火灾保险、事故保险、财产保险、灾害保险，以及核心人物的人寿保险等，不需要列出医疗保险或其他保险。

（二）媒体

作为信息来源之一，投资人可能对创业公司参加的行业与贸易协会感兴趣，可能需要了解哪些商业期刊或报纸刊登了与本公司相关的信息。所以，在商业计划书中应该对相关的媒体做出介绍。例如，"公司产品被《中国青年报》、辽宁都市频道《新北方》栏目、《沈阳日报》等媒体报道，曝光率逐渐提高"。

（三）政府

必要时需要描述公司的管辖部门及该部门与公司的关系。在描述中创业者需要重点关注公司如何遵守相关部门关于职业安全和环境保护的规章制度。由于许多投资人在政府监管问题上都存在或多或少的问题，一些投资公司被政府主管部门查封了几个月或几年，一些投资公司甚至从此消亡。因此，如果公司有太多的管辖部门，创业者应该在这一部分进行额外的描述，以便投资人相信公司可以在这种环境下生存和发展。

六、主要合作伙伴

合作伙伴可以从侧面体现公司的整体实力，合作伙伴的知名度越高，公司就越能受到投资人的青睐。一般来说，可以直接在商业计划书中罗列合作伙伴的名称，但更常见的做法是将合作伙伴通过"商标+名称"的方式以图片展现出来。

公司情况介绍是介绍公司过去的发展历史、现在的情况及未来的规划，内容要详略得当，把握重点。本书第四部分沈阳森之高科科技有限公司商业计划书的8.1简明扼要介绍了公司的成立情况以及业务范围，8.2.3通过说明对客户需求和质量的关注，表达公司宗旨。在5.4促销策略中借媒体推广策略阐述公司产品已经被相关媒体报道，以此阐述本公司目前的曝光率。公司现阶段的合作方——北京某国标舞培训学校为一家全国连锁的国标舞培训机构，是国家级国标舞大赛的主办方，合作伙伴知名度较高，从侧面体现出了公司的整体实力。但作为一家致力于高科技技术产品研发、提供高科技技术解决方案和服务的公司，其申请的各种专利、取得的各种资质许可文件等未在商业计划书中进行说明，缺乏一定的说服力。

第二节　管理团队：投资人看中的公司价值

在商业计划书中，这一部分是非常重要的。没有一支优秀的管理团队，公司很难将技术的应用和资本结合起来，形成对现实生产力的推动。管理的效果对公司运营风险的管控有直接的影响。而经营好公司的关键是要有一批高质量的管理者。在某种程度上，优秀的管理团队是创业公司成功的关键因素。

一、管理团队主要成员

创业需要团队合作，在公司介绍时有必要将创业时的领导及其他对公司经营有决定性影响的人介绍给投资人。一般情况下，介绍 2~5 位关键人物就可以，介绍顺序可以按照职位高低进行。通常情况下，需要介绍的管理人员有总裁或总经理、常务副总经理、人事部经理、营销部经理、财务部经理、生产部经理（非生产公司可以介绍其他关键管理人员）等。而对采用事业部组织形式的公司，要介绍主要事业部的总裁。

在初步介绍这些人员时，创业者需要对许多问题进行细致说明，让投资人能在短时间内对团队整体有初步了解。主要从以下几个方面进行介绍：

（一）教育背景

在商业计划书中要对管理团队主要成员的教育背景和相关培训经历进行介绍，并着重说明其与职位的关联性，如无直接关联，将不予详述。通过对每个关键人物的介绍，投资人可以了解该团队的知识结构，知道公司的知识构成是否在某些方面还有缺失。

（二）工作背景和业绩

这部分要介绍每位关键人物的工作经历，包括过去在哪些大公司任职，担任过什么职位，负责过什么项目，获得过什么业绩，是否二次创业。关键人员的成功经历和背景可以增强投资人的投资信心。

（三）领导能力和个人品质

这部分要介绍每位主管是否拥有控制本部门的领导能力，性格如何，在公司管理方面的优势是什么，具体包括生产管理、人员管理、激发员工积极性、财务管理、信息管理等方面的特点。此外，许多投资人在做投资决策时，并不是以项目为标准，而是以人为标准。因为人是公司的载体，好的商业计划和公司都是由人创造的。所以，如果一个公司的创始人没有好的品质，那么公司发展将会面临很大的风险。人的品质主要包括创新意识、敬业精神、诚信程度、合作交往能力、决策能力等，在诸多品质中，投资人尤其看重的是创业者的信誉和诚意。

关于个人品质的描述，可以采用"肯定声明"的形式：管理层成员、董事会成员或本公司的主要投资者均不曾受到犯罪指控；上述成员个人不曾破产，其所从事的事业也不曾破产，其个人资信报告也能证明每位成员都有良好的信用评级，也不曾有过拖欠债务的记录。总之，在介绍中必须向投资人证明本公司管理团队的成员都非常"干净"。

（四）团队整体特点

在介绍主要人员的最后，要突出整个创业团队在知识结构、能力构成、年龄结构等方面的互补性，使投资人明白，这个团队可以从整体上取长补短，从个体上用人所长。同时，要突显出团队的凝聚力和强大的创业力量。

二、公司外脑

世界上没有一家公司可以脱离社会资源而存在，公司不可能拥有发展需要的所有人才，所以聘请专业顾问，同一些科研机构和一些高等院校建立固定的联系，进而形成公司的外脑系统是非常有必要的。其中专业顾问包括以下几类：

（1）律师。律师可以提供法律方面的专业咨询，避免公司做出不符合法律的事情，还可以帮助处理公司的法律纠纷，使领导集中精力从事经营管理。

（2）财务顾问。财务顾问可以对公司遇到的财务会计、税务管理和其他相关问题上提供咨询和解决方案，帮助公司更好地管理财务和规避风险。

（3）管理顾问。管理顾问可以给公司引进先进的管理理念，帮助公司解决管理中的难题，制定公司发展策略，撰写商业计划书。

（4）市场营销顾问。销售是实现产品价值的关键一环，尤其在买方市场条件下更是如此。好的营销顾问可以帮助公司进行市场调研，设计广告和促销手段，组建销售队伍。

（5）产业专家。常言道："隔行如隔山"，每个行业都有自己特殊的知识和技术。有关方面的专家可以提供某个具体领域的专业知识，使公司更好地适应产业的发展变化。

对于外脑系统的介绍，可以采用"姓名 + 机构/职位 + 具体作用"的形式，要与管理团队主要成员介绍形成互补，让投资人知道团队整体上能够取长补短，个体上能够用人所长，且有良好的关系资源，有助于公司更好地发展。

链接案例分析

优秀的创业团队的基本特征是能力匹配、优势互补、关键人才完备、分工明确、高效协同、执行力强、具有创业精神。本书第四部分舞指科技商业计划书的5.1团队主要组成结构部分介绍了含创始人在内的八位成员的具体履历和分工情况，包括成员的教育背景、工作背景或所获成绩、个人能力与职位的匹配，充分展示出该团队的核心成员与创业项目的能力需求之间较高的匹配度，每个人分工明确且能够独当一面。但在介绍主要人员的最后，未强调创业团队整体在知识结构、能力构成、年龄结构等方面的互补性，未突出整个团队是一个团结且战斗力强的队伍。

第三节 组织结构：分工协作的结构体系

组织结构是公司横向分工关系及纵向隶属关系的总称。组织结构有不同的形式，大致有直线制、职能制、直线职能制、矩阵制、事业部制。不同的组织结构有不同的优缺点，适用于不同类型的公司。投资人会针对公司的特点考察公司的组织结构是否合理。

一、职能设置

职能设置指对经营职能和管理职能进行设计。在对职能进行设计时首先要列出职能清单，可从基本职能和关键职能两方面来罗列。公司要先列出基本职能，包括财务、营销、生产、人事、市场、研究发展等，再从基本职能中找出关键职能，通常包括技术开发、生产管理、质量安全、市场营销、成本控制等。关键职能是由经营战略决定的。例如，为了实现占有10%的市场占有率的经营战略目标，营销职能必须取得优异的成绩，可把市场营销列为关键职能。完成职能清单后，需明确不同职能的具体职责，以便指导组织结构设计中的其他操作。公司组织结构见图2-2。

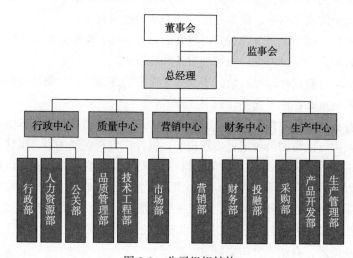

图 2-2　公司组织结构

二、组织结构

公司组织结构形式一般有以下几种形式，其中直线制、职能制和直线职能制三种组织结构被称为传统的组织形式或经典的组织形式。

（一）直线制

在创业初期，创业公司通常采用直线制结构，这是一种非常灵活的集权制结构。总经理往往是出资人或老板，他们同时掌握着主要产品或服务的关键技术和市场渠道，掌控着公司经营的方方面面。大多数初创公司都采用的是直线式。

优点：权力集中、指挥统一、责任明确、机构简单。

缺点：对领导层的要求很高，易出现决策失误，不适用于一定规模以上的公司。

直线制组织结构通常适用于规模不大、职工人数少的中小型公司，常见的直线式组织结构框架见图2-3。

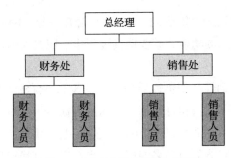

图 2-3　直线制组织结构框架

(二) 职能制

职能制组织结构又叫多线性组织结构,其按职能来组织部门分工,各部门都有权在业务范围内向下级下达命令。

优点:各部门分工明确,部门人员各自履行一定的职能。

缺点:没有一个对项目直接负责的中心,跨部门合作困难。

职能制组织结构适合于产品品种单一、经营管理简单、部门较少的中小型公司。当公司发展到一定规模,随着产品品种的增加和市场的扩大,内部和外部环境变得复杂时,这种组织形式就会暴露出发展不平衡和难以让各部门协调的问题。这时就不会再采用职能制组织结构。常见的职能制组织结构框架见图 2-4。

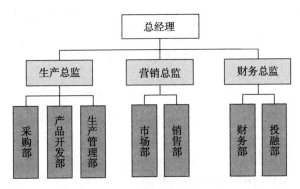

图 2-4　职能制组织结构框架

(三) 直线职能制

直线职能型组织结构是现代公司组织中最常见的一种结构形式,尤其是在大中型公司中。直线职能型组织结构是对职能型组织结构的完善和改进,以直线型组织为基础,在各级直线主管之下,设置与之相应的职能部门(如计划、销售、财务),即设置了两套系统:一套是按命令统一原则组织的指挥系统,另一套是按专业化原则组织的管理职能系统。直线职能型组织结构的特点在于直线部门和人员在各自的职责范围内有决定权,对其所属下级的工作采取直接的指挥和命令,并对其负全部责任。职能部门仅是直线主管的参谋,只能对下属机构提出一些意见和进行一些业务上的指导,而不具备直接下达命令的权力。

优点:将直线型与职能型组织的结构与优势结合在一起,不仅确保了集中统一的命令,还能充分发挥多种专家管理的功能,其职能高度集中、职责清晰、效率高,整体具有较高的稳定性。

缺点:下级部门的主动性和积极性受到制约;各部门自成体系,不重视信息的沟通,工作容易重复;当职能参谋部门和直线部门之间的目标不一致时,极易产生矛盾,导致上级领导的协调工作量增加;整个组织系统的适应性较差,缺乏弹性,对新情况不能及时做出反应。此外,如果授予职能部门过多的权利,也会影响直线指挥命令系统。

直线职能制组织结构形式对中、小型组织比较适用,对于规模较大、决策时会受到诸多因素影响的组织则不太适用。但目前,我国大部分的大中型公司仍在使用这一组织形式。常见的直线职能制组织结构框架见图2-5。

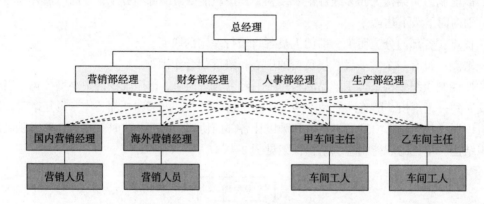

图2-5 直线职能制组织结构框架

(四)矩阵制

矩阵制的组织结构按照不同的项目来矩阵排列各部门,使员工既和职能部门有联系,又能与业务有联系。

优点:将公司的横向与纵向关系相结合,促进了资源的共享,加强了部门之间的联系,有利于协作生产,提高项目的完成效率和质量。

缺点:人员上的双重管理可能导致管理困难,产生矛盾。

矩阵制的组织结构通常适用于需要各部门协作开展的临时、复杂的重大项目。常见的矩阵制组织结构框架见图2-6。

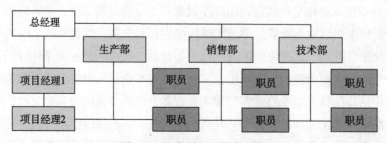

图2-6 矩阵制组织结构框架

（五）事业部制

当公司进入产品与市场的多元化发展时期建立的相应的分权化组织结构，即事业部结构。它是指由几个以单一产品或服务为中心的事业部组成的组织结构，例如，一个汽车制造公司可能有轿车事业部、卡车事业部、旅行车事业部和大客车事业部等。此外，事业部还可以根据区域划分为华东事业部、华南事业部、华北事业部等。

采用事业部制组织结构的公司的特点是权力下放，产品或服务广泛多样。广泛多样的组织结构不仅能平衡各事业部的盈利能力，还能让公司总财务部对资源进行协调处理，将盈余资源补贴给效率较低的事业部，分散财务负担。分权管理要求事业部经理拥有中短期决策权，全面负责本部门的管理，并与董事会保持良好的关系，保持短期、中期和长期决策之间的内部联系，确保整个公司的协调健康发展。

优点：能够独立地管理某一种产品，具有很强的自主性，能够及时按照市场需求做出决定，有利于调动积极性。

缺点：事业部制易产生本位主义和短期行为；不利于事业部之间人员、技术和管理方法的沟通；机构重叠，管理费用增加。

事业部制组织结构适用于规模较大、产品种类较多，市场分布较广的公司。常见的事业部制组织结构框架见图2-7。

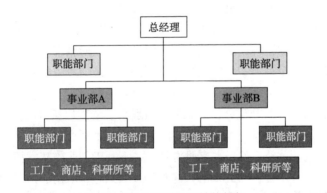

图2-7　事业部制组织结构框架

（六）多维立体型组织结构

多维立体型组织结构由美国道一科宁化学工业公司于1967年首先创立，是矩阵制和事业部制的综合发展。这种结构形式包括三部分管理系统：

（1）按产品（项目或服务）划分的部门（事业部），是产品利润中心；

（2）按职能划分的专业参谋机构，是职能利润中心；

（3）按地区划分的管理机构，是地区利润中心。

在这种组织结构形式下，任何一个系统都不能单独做出决策，必须由三方代表通过共同协调来完成。因此，多维立体型组织结构能够促使每个部门从整体上思考问题，减少产品、职能、地区等不同部门之间的冲突。即使三者之间有矛盾，也比较容易协调。对于跨国公司和规模巨大的跨地区公司而言,这种类型的组织结构形式最适合。

不同的组织结构有不同的优缺点,适应于不同的公司类型。公司采用哪种组织结构与其所处的发展阶段、战略定位、业务模式、经营范围和规模等诸多因素有关。一般来说,由于创业公司人员有限,组织结构大同小异,并不复杂,重要性也并不凸显。所以,在PPT版商业计划书中,除非组织结构对于创业项目具有特殊价值或需要突出强调,否则一般可以省略。但在Word版商业计划书中,则要对组织结构做出详细说明。组织结构通常要用组织结构图的形式来展示,必要时配以文字说明。需要注意的是,如果在公司介绍部分已经对组织结构进行了说明,这里就不用重复叙述了。

三、股权设置

股权结构是公司所有持股人(包括代持)的股权比例及其相关权益约定。有了完美的团队,并不能保证创业项目的可持续健康发展。创业团队的组织管理,既要找到合适的人,还要考虑留住人、激励人及高效组织协同等问题。组织内部的激励机制和方式有很多,对创业公司来说,最基础、关键的就是股权及类股权激励问题,尤其是核心团队的股权结构问题,这是关乎创业公司发展的根本性问题。如何分配股份,特别是如何给各个创业成员分配股份,是一个非常重要且要认真思考的问题。在创业公司中,一切关于利益和表决权分配的问题,对于公司来说都是足以影响全局的大问题。

创业公司股份要依照什么样的标准来划分,是一个很有个性的问题。要解决这个问题,除了要掌握一定的共性知识外,关键还在于公司目前的实际情况。对现代创业公司而言,股权比例与出资比例并没有一一对应关系,典型代表是风险投资机制:完全不会按照出资额多少来分配股权,而是根据各方贡献及公司估值来分配。

创业公司股份可以分为几部分,如融资所占股份、管理层所占股份、技术所占股份、前期投入所占股份等。一般投资人在创业公司发展初期不愿意占有太多股份,因为创业公司在初创期风险最大。此外,如果占有股份较多,不利于创业团队发挥主观能动性。在股权分配初期最好设定一个合理的股权池,这对于吸引人才、后期的融资操作、奖励回馈等具有重大作用。创建期权池通常要关注三类人:公司高管、高级管理人员和核心技术员工。期权池的规模决定了当公司实施股票激励时激励对象的多少。通常,期权池占10%~20%。期权池越大,激励对象越多。

值得注意的是,设立期权池的公司一般会注册为有限责任公司,因此在法律上激励对象的总数最多不能超过50人。当激励对象超过50人时,如果有需要可以考虑设立第二个期权池公司。初创公司在分配期权池时,最好能辅以一定的股权预留,在吸引新人才的同时也激励原有的股东。对于投资人来说,期权池的大小也决定了其投资后所占的股权份额。一般来说,投资人更喜欢那些期权池留得足够大的公司,投资人在投资前会对公司进行估值,期权池的大小是影响投资人估值的关键因素。如果初创公司没有预留期权,投资人在投资前可能会要求公司把期权预留出来,这样可以避免在投资后投资人的股份被期权预留所稀释。投资人往往会通过商业计划书中期权预留的比例来估算自己投资后未来可以获得的收益。

因此，商业计划书在该部分需要告诉投资人，公司如何进行职能设置，充分发挥团队成员优势及他们如何形成一个整体进行工作，对管理班子及关键人员将采取怎样的激励机制，是否考虑员工持股问题等信息，并且要做好回答细节性问题的准备。

组织结构反映了组织成员之间的分工协作关系。符合公司实际需求的组织结构可以有效地、更合理地把组织成员组织起来，形成组织合力，为实现组织目标而协同努力。本书第四部分沈阳森之高科科技有限公司商业计划书的9.1展示了公司前期组织结构呈简单直线型，部门设置为董事会下设总经理，总经理下设行政部、公关部、财务部、销售部、生产部和技术研发部，部门各司其职。在公司发展到一定规模，相对稳定后，公司将对各部门进行细分，使各部门的职能更加具体、更加细化。在原有基础上，上设股东会，监事会、顾问团，对董事会和总经理职责进行调整细化，增加市场部、客服部，与销售部一同归营销总监监管控制，采购部、生产管理部和质检部归生产总监领导。而对于期权池的设置并未提及，可能会影响投资人的选择。

第四节 战略规划：未来发展的行动指南

战略规划模块重点展示创业者对项目未来发展的规划及预测，要给出创业者对创业项目未来发展的预期目标及为实现目标所要采取的行动计划，要对核心业务指标、核心财务指标等做出合理、可信、可靠的数据预测，并通过行动计划和执行方案来论证发展预期的合理性和可行性，以此体现项目未来的想象空间及项目的价值。

要做好战略规划，首先要理解什么是战略。战略是由公司最高管理层制定并加以管理的，它是指导整个公司的长远行动的指导思想和方针。因此，公司的各个管理层和全体员工都应对公司的战略有深刻的领会，并将战略思想和规划贯彻到行动中。

一、战略目标的制定

战略目标是指公司规划的、战略实施后应该达到的预期结果。战略目标是公司未来一定时期期望达到的目的，其特征和设计原则是：

（1）定量和定性表述相结合，但以定量表述为主；
（2）具有超前性、先进性和激励性；
（3）具有时间和空间的可分解性；
（4）具有具体性、可理解性和可操作性。

战略目标的制定不宜太多，多了则资源配置薄弱而不能形成竞争优势，同时也使公司无所适从。因此，在一个战略期内，公司往往只能制定涉及重大发展的少量目标。

在商业计划书中，本部分重点体现以下内容：

一是呈现未来三到五年公司发展的核心指标预测，尤其要重点说清楚未来一年的发展预测。因为周期越长，变数越大，预测的不确定性越强。

二是对主要业务指标、主要财务指标给出明确的预测数据，如用户数、用户活跃度、业务线、产品线、生产规模、市场占有率、成本、市场地位、业务拓展度、销售收入、利润、利润率、增长率、投资回报率、纳税额、融资情况、社会效益等。可以探讨的指标有很多，要根据项目需要选择重要且相关度高的指标做预测阐释。

这些内容可以根据以下作为标准：

（1）市场占有率。公司的产品或服务的市场占有率将达到什么程度。

（2）营业额。每种产品的营业额在未来能达到多少，或者说终极营业额增长率是多少。

（3）利润率。在未来，公司的利润率最高能到多少，或者说终极利润增长率是多少。

（4）总资产额。公司的总资产额要达到多少，或者说总资产增长率达到多少。

（5）市值。用数字表达，在未来的某个时间，公司本身或项目能值多少钱。

（6）行业排序。用数字表达，公司将来在行业（全球大行业）里能达到什么样的高度。

（7）人才结构。数字配合讲述。在整个市场中，公司的人才要达到什么样的结构。

（8）产品技术档次。公司的产品和技术要达到什么样的标准。

特别需要注意的是，预测数据并不是拍脑袋产生的，需要依靠言之成理的推导与测算逻辑——当投资人询问预测数据如何测算出来时，要能够有理有据地解释清楚。

二、战略阶段的划分

如果想拥有一个清晰的战略规划，那么需要描述公司的近期目标、中期目标、长期目标各是什么，即战略阶段如何划分，以及在每个阶段中需要完成什么任务、达到怎样的战略高度。对战略阶段的描述应该很简短、生动，使投资人不需要发问即可了解。

一般情况下，战略可划分为三个阶段：

第一阶段，打基础。要明确时间长度和划分依据，以及要完成的工作。时间长度可以列为三年；任务可以是建立市场基础、实现近期目标。

第二阶段，过渡。要明确时间长度和划分依据，以及要完成的任务。时间长度可以列为五年；任务可以是确立市场优势，实现中期目标。

第三阶段，冲击。要明确时间长度和划分依据，以及要完成的任务。时间长度可以列为十年或不限，因为这个阶段是向战略目标进行持续冲击的时期；任务可以是强化市场优势，实现远期、长期目标。

对于不同战略阶段的目标，可以采用有形或者无形的指标进行描述，如有形的指标包括市场占有率、营业额、利润额、总资产额、市值、行业排序、人才结构和产品技术档次等，无形的指标包括技术、品牌、价格、渠道、人才和公关等。针对不同阶段，不同公司可以选择不同的指标进行战略规划的介绍，对于三个阶段均出现的指标要有程度上的差异。例如第一阶段的战略规划可以是抢占流通渠道业务的市场份额，建立自己的品牌，占领集团客户市场份额的35%，个人客户市场份额的1%，收回初期投资，准备扩大生产规模；第二阶段的战略规划是进一步完善和健全销售网络，重点开发相关产品，市场占有率居于主导地位，巩固、扩展流通渠道市场；第三阶段的战略规划是利用流通、信息双渠道的优势，开发相关产品，实现产品多元化，拓展市场空间，扩大市场占有率，成为流通领域的领先者，10年内达到市场总份额的20%，15年内达到市场总份额的50%至60%。

三、战略目标实现路径

实现路径关乎此岸到彼岸的路线图、方法论和里程碑。要实现战略目标，应走什么线路，用什么方法，有哪些关键节点，要保证战略目标实现的可行性和效率，不仅需要最优化的路线设计，还需要高效率的方法策略。路线是由一个个关键节点组成的，这些关键节点（或者叫阶段性小目标）就是里程碑。

当创业者做出未来发展核心指标的预测时，还需要讲一个合理的故事，来说明这个预测如何成为可能，如何能够实现。对于自己提出的每一个业务指标或财务指标的预测数据，创业者都要论证其合理性与可行性。

实现战略目标通常包括以下几个方面：

（1）技术优势。阐明将什么样的具体技术优势作为战略手段，并具体化说明。
（2）品牌价值。说明公司建立什么样的品牌价值，以求压倒竞争对手。
（3）价格优势。公司的具体优势在哪里，是以低价带来高销量，还是以高价带来高利润。
（4）渠道垄断。如果公司能够实现垄断渠道，说清楚具体渠道与垄断方法。
（5）组织文化。组织文化如何作为公司的战略手段，强在哪里。
（6）人才优势。什么样的人才组成才能成为公司的战略优势。
（7）资本优势。与对手相比，公司的资本能不能构成优势，并作为战略手段。
（8）地缘优势。公司有没有地缘优势，这将决定公司在某个市场的进度。
（9）公关优势。公关优势通常具有事半功倍的作用。

在商业计划书中描述实现战略目标的路径时，最好一句话说清楚一种路径。战略目标的实现可能有多种路径，也就是有多种可选择的方案。如何选择最优方案，考验着创业者的战略智慧，但这也受到创业者手中所掌握的可投入资源的制约——资源的投入，就是创业者的成本。

链接案例分析

在战略规划这一部分，需要对战略目标和战略阶段基于以下清晰的规划，一般情况下，多数战略划分为三个阶段，只是时间长短不同，而且每个阶段的长度也不同。本书第四部分沈阳森之高科科技有限公司商业计划书的8.3将战略目标分为三部分，初期为1~2年，中期为3~4年，远期为5~7年，使其发展成为国内无线运动捕捉领域的领先者，并根据市场占有率预测制定了相应的战略规划，已完成不同阶段的战略目标。如果对主要业务指标、主要财务指标给出明确的预测数据，会增强其说服力，使投资人更清晰准确地了解其战略规划。

课后习题

1. 介绍公司基本情况时应注意哪些问题？

2. 公司的发展规划应该介绍哪些内容?
3. 从哪些方面介绍管理团队的主要成员?
4. 公司包括哪些组织结构形式?试通过举例说明每种组织结构形式的优缺点。
5. 预留期权的作用有哪些?
6. 如何制定公司战略目标?
7. 如何实现战略目标?

即测即练

第三章

行业与市场

【重点问题】

1. 如何区分行业和市场?
2. 如何介绍一个行业的背景和发展现状?
3. 如何识别一个市场的结构和类型?
4. 如何系统分析行业和公司的外部环境?
5. 如何确定公司的市场定位?

【学习目标】

1. 了解行业和市场的区别。
2. 熟悉行业分析和市场分析的主要内容。
3. 理解STP战略分析逻辑,掌握PEST分析法的应用。
4. 理解市场细分的概念,掌握消费者市场细分的方法。
5. 掌握五种目标市场选择模式。
6. 掌握公司进行市场定位的步骤和方法。

第一节 行业与市场分析的基本理论

一、PEST分析法

PEST分析法是分析行业宏观环境的常用工具。宏观环境是指关系所有行业和公司发展的各种宏观要素。由于不同行业的特点和需求不同,宏观环境分析的具体内容也会有所差异,但一般主要对政治(politics)、经济(economy)、社会(society)和技术(technology)这四种影响行业和公司的主要外部环境要素进行分析,旨在揭示宏观环境对公司绩效产生的影响。因此,该方法被简称为PEST分析法,具体要素见图3-1。

二、波特五力竞争模型

波特五力竞争模型(Michael Porter's Five Forces Model)于20世纪80年代初由迈克尔·波特(Michael Porter)提出,对制定公司战略产生了深远影响,常被用于行业竞争结

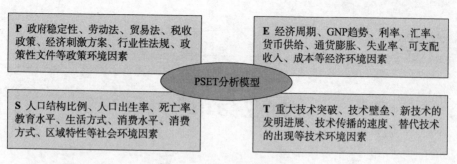

图 3-1　PEST 分析模型图

构分析。其中，五力指现有公司间竞争、潜在进入者、替代品威胁、购买者议价能力和供应商议价能力，这五种基本竞争作用力将许多不同的因素聚集到一个简洁的模型中，以明晰行业的基本竞争态势，制定竞争战略。

三、STP 战略

STP 战略对于市场营销战略的制定非常重要，常用来指导公司发掘市场机会，开拓新市场。STP 指公司按照一定标准对市场进行细分，在此基础上，确定目标市场，最后使产品或服务在目标市场客户心中形成独特的形象，其中 S、T、P 分别代表市场细分（segmenting）、目标市场（targeting）、市场定位（positioning）。根据 STP 战略，通过市场细分、选择目标市场、差异化、市场定位四个步骤，公司可以找到最适合自己且利润率最高的细分市场，与适合的客户建立正确的关系（见图 3-2）。

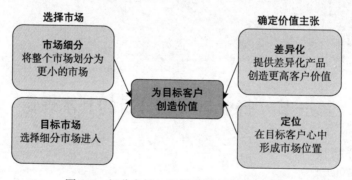

图 3-2　细分市场、目标市场和定位的步骤

具体而言，前两个步骤涉及公司选择所要服务的目标客户。市场细分是指根据消费者的不同需求、特征或行为方式把整个市场划分为更小的群体，并且每个群体追求特定的产品或营销组合。公司可以采用多种方法来细分市场并对细分的结果进行组合。选择目标市场是指公司对每个细分市场的吸引力进行评估，确定一个或几个想要进入的细分市场。在后两步中，公司确定自己的价值主张，即如何为目标客户创造价值。差异化是指通过向市场提供差异化的产品来为客户创造更高的价值。市场定位就是相比竞争对手，使公司的产品或服务在目标客户心中占据一个清晰、鲜明和理想的位置。

第二节 行业与市场特征：掌握相关基础知识

一、行业与市场的概念

"行业"体现公司的经营特点，"市场"通常用来描述整个商业环境中的各种要素。本章提到的行业与市场两个概念在整个广阔商业环境中有所区别，但也有所重叠。行业指产品和服务的供应群体，包括生产并向特定市场销售相同类型产品或服务的公司群，如化工行业是从事化学工业生产和开发的公司和单位的总称。市场主要指买卖双方交易产品或服务的场所，具体来说，一群具有相同需求的潜在客户愿意以特定价值的物品换取生产者提供的产品或服务，由此形成了市场。行业可以界定公司的竞争对手，而市场用于确定机会和客户。在撰写商业计划书的行业与市场分析部分时，首先简要说明公司所处的行业及即将进入的市场，使投资人初步明确公司的外部环境。然后再详细阐述行业和市场状况，也就是具体的行业与市场分析内容。

行业分析主要介绍公司所处行业的基本情况，以及行业未来的发展趋势；市场分析主要介绍公司产品与服务的市场现状，以及市场细分和定位等相关内容。行业与市场分析是对公司外部环境的调查与研究，是商业计划书中不可或缺的组成部分，也是投资人非常看重的信息之一。因为对于公司的产品来说，有了市场才有生存的可能，没有市场即便产品功能再好，也难以将投资转化为收益。如果拟进入的市场已经处于饱和状态，新进入者以寻常方式进入该市场只不过是分一杯"残羹冷炙"。商业计划书中应体现公司良好的市场前景，并且有证据表明公司未来能够在拟进入的市场中占有一定份额，以激发投资者的兴趣，增强其信心。

二、行业经济特性

由于不同行业在特征和结构方面有很大差别，行业分析的关键需要从整体上把握行业最主要的经济特性，以下列举了行业主要经济特性及其释义。

（1）市场容量。市场容量是一个行业吸引公司和投资人的重要因素之一。较小的市场规模难以吸引大的或新的竞争者加入，而较大的市场规模常常会引起各类公司的兴趣。根据投资人的经验，一般规模达到100亿元以上的市场才是一个值得进入的市场。

（2）竞争角逐的范围。对于竞争市场，需要考虑竞争角逐的范围是本地的、区域性的还是全国性的，从总体上把握竞争市场现状。

（3）市场增长速度。市场增长速度会影响公司的进入和退出。快速增长的市场会鼓励其他公司进入，而增长缓慢的市场会使竞争加剧，弱小者出局。

（4）行业和产品在成长周期中目前所处的阶段。要研究分析行业和产品处于生命周期中的哪个阶段，每一阶段公司的投入和利润都有所不同，处于不同成长阶段的行业对公司的吸引力是不同的。例如，处于成长期的行业好于处于衰退期的行业。

（5）竞争厂家的数量及规模。行业中的竞争厂家数量和规模会影响竞争强度。如果行业被众多小公司细分，则竞争性强，利润低，公司需要突出自身产品的差异化；如果行业被几家大公司垄断，则竞争性较弱，垄断性强，这些大公司会出现超额利润。

（6）购买者的数量及相对规模。该特性反映了产品对消费者的吸引力。如果购买者数量和相对规模都很可观，表明产品具有很大的市场，该行业对公司具有较强的吸引力。

（7）供应链整合度。在整个供应链中，需要研究行业向前整合和向后整合的程度。因为在完全整合、部分整合和非整合公司之间往往会产生竞争差异及成本差异。

（8）分销渠道。分销渠道包括经销商、代理中间商和辅助机构。分销需要解决的问题是产品和服务从生产者交付给消费者的过程中需要经过哪些销售环节。此外，还包括销售端物流和运输。

（9）产品与服务的差异化强度。竞争对手的产品与服务是强差异化、弱差异化还是无差异化，反映了行业市场竞争的激烈程度。

（10）行业中公司能否实现规模经济。行业中的公司能否实现采购、制造、运输、营销或广告等方面的规模经济，关系到行业内公司的竞争实力。

（11）进入和退出市场的难度。壁垒高会导致新进入者难以进入市场，从而保护现有公司的地位和利润；壁垒低则使该行业易于被新进入者进入。

（12）创新速度的影响。创新速度往往决定了公司能否在行业中取得一席之地。创新速度快的公司更容易获取高额利润，而创新速度较慢的公司最终会被淘汰。

此外，行业的经济特性还包括技术水平、生产能力、学习能力、利润水平等。对公司所处行业进行分析时，可以遵循基本情况、一般特征和竞争结构的思路（具体见本章第三节），有选择地对以上经济特性进行介绍，使投资人快速了解行业背景和发展现状。

三、市场结构及类型

市场是指从事某一种商品买卖的交易场所，既包括有形产品市场（如农产品市场、土地市场等），也包括无形产品与服务市场（如股票市场、期货市场等）。市场结构指一个行业内买方和卖方的数量及规模分布、产品差异程度、新公司进入该行业的难易程度等。也可以理解为某一市场中各要素之间的内在联系及其特征，包括市场供给者之间，需求者之间，供给和需求者之间，以及市场中现有的供给者、需求者与正在进入该市场的供给者、需求者之间的关系。

决定市场结构的因素主要是市场竞争的强度。影响竞争强度的影响因素主要有：第一，买方和卖方的集中程度或数目。数目越多，集中程度越低，竞争程度就越高。第二，不同卖方提供产品的差别程度。各公司提供的产品越相似，竞争就会越激烈。第三，单个公司对市场价格控制的程度。单个公司越是无法控制价格，表明市场竞争越激烈。第四，公司进入或退出一个行业的难易程度。如果存在进入市场的障碍，则意味着现有公司拥有一些新加入者不具备的有利条件。

根据以上四个决定因素，市场结构的类型可以分为完全竞争、垄断竞争、寡头垄断和完全垄断市场。各类市场结构类型及其特征和相应公司见表 3-1。在这四个市场中，由于外部环境和公司条件不同，一般来说竞争性依次递减，垄断性和利润性依次递增。

表 3-1　市场结构类型及其特征

市场类型	公司数量	产品差异	价格控制	进出障碍	行业类型
完全竞争	很多	完全无差异	没有	很容易	大米、小麦等
垄断竞争	较多	有差异	有一些	容易	香烟、糖果等
寡头垄断	若干	有或无差异	较大程度	较困难	钢铁、汽车等
完全垄断	一个	产品唯一，无替代品	很大程度	很困难	公用事业，如电、水

在撰写商业计划书时，可以根据市场中的公司数量、产品差异、价格控制、进出障碍等特征判断并明确提出面对的市场结构，使投资人了解行业的竞争激烈程度，并以此判断投资获利的难度。值得注意的是，如果市场结构是完全垄断或寡头垄断，需要说明公司进入该市场的优势。

第三节　行业现状和前景：明晰行业发展格局

公司不可能生活在真空里，所有影响行业的因素必然会影响到公司。深入了解影响行业的因素会增加对影响公司因素的了解，从而找出有利于公司成功的条件。

对公司所处的行业进行分析是公司经营的前提条件，在撰写商业计划书时，要做一番调查研究，搜集信息后进行客观的分析，然后在商业计划书中突出分析的结果。本节的目的是让投资人清楚地知道公司所处行业的情况和未来发展趋势，了解不利因素和市场机遇。

一、宏观环境分析

创业公司必须对所处的经营环境及其变化趋势有清晰的认识，避免忽略那些不确定性因素。在宏观环境分析中，一般要把许多具有不同知识背景和专业技能的相关领域专家聚集在一起，针对行业和公司环境，组成"头脑风暴小组"来共同商讨和执行 PEST 分析法。下面列举一些典型的环境因素，公司在进行分析时可以根据行业和公司面对环境的具体情况，有选择地将所列因素作为讨论的出发点。

（一）政治因素

政治因素会广泛影响公司的经营行为，可以考虑本地、国家和全球的政治因素，具体因素如下：

（1）直接税和间接税，如对消费者支出和市场需求产生影响的所得税和增值税。

（2）公司税对公司盈利性的影响。

（3）中央及各级政府的公共支出对市场需求水平的直接影响。

（4）中央及各级政府的产业政策在微观层面上对公司的影响，如地方拨款补贴、税收优惠等会影响公司的生产和经营选择。

（5）货币政策对市场需求和公司还贷能力的影响。

（6）国际贸易环境的改变对出口市场的影响，如中国加入各类贸易组织，促进了产品进出口。

（7）法律对于公司扩张的影响，如法律规定如何并购、垄断等。

（8）规制是否严格对公司所处环境和行业的影响。

（9）人员的教育和培训对公司招聘的影响。

（10）市场法制规范和透明化对公司的影响。

（二）经济因素

公司还会受到经济大环境的影响，可以考虑本地、国家和全球的经济因素，具体因素如下：

（1）经济周期。在经济周期的不同阶段，经济发展状况会存在差异，可能快速发展，也可能停滞不前。有些行业的消费数量与经济周期变化紧密相连，非常容易受到经济周期的影响和冲击，如休闲、餐饮、服装等。

（2）就业率。就业率与当地经济状况密切相关，某个地区的就业率高意味着当地消费需求能力强，同时也说明劳动力的价格会更加昂贵。

（3）通货膨胀率。通货膨胀对公司有多方面影响。从产品角度说，如果是需求增加导致的通货膨胀，可以使公司增加收益。从原材料角度说，如果是原材料成本增加导致的通货膨胀，则会使公司收益下降。

（4）利率和汇率。虽然公司能采取一些方法规避利率和汇率风险，但是利率和汇率的变动会直接影响公司盈利能力。

（5）房价和股价。房价和股价变动都会影响消费者的消费信心和消费能力，并最终影响到公司的销售额。

（6）经济发展阶段。在不同经济发展水平的国家，如何进行研发、生产和营销都会有差异，并且为公司提供的基础设施也不同，这都将影响公司的盈利。

（三）社会因素

某个国家的人口迁移和社会价值变化需要经历很长时间，因此，人口和社会价值往往是产品与服务需求探讨的起点。可以考虑的社会因素包括如下内容：

（1）人口变化。人口变化的速度对于开发产品与服务的规模具有直接影响。由于发展中国家的人口增长速度明显高于发达国家，因此，创业型公司应该更加关注发展中国家。

（2）年龄结构。人口年龄结构的差异会对产品消费数量和种类产生直接影响，还会对就业人数产生影响。

（3）人口从农村迁移到城市的速度。随着全球产业升级和结构转变，大量的农村人口向城市迁移，导致劳动力和潜在消费者人数直接增加。

（4）社会和文化的变化。对工作和休闲态度的转变，会影响某些产品的需求量和劳动力人数。此外，妇女在社会中的角色转变也会影响劳动力和产品需求与供给。

（四）技术因素

技术变革会对经济产生巨大影响，可以考虑的技术因素包括如下内容：

（1）技术创新能力和研发支出水平。这将直接影响技术水平的变化程度和新产品的推出效率。

（2）新市场。对某些以特定技术为基础的产品与服务来说，新技术的导入意味着新市场的诞生。

（3）生产和工艺创新。新的生产和工艺会促使效率提高，成本降低，这将直接影响产品销量和市场竞争水平。

（4）新技术的使用效率。新技术能否快速融入产品进入市场，将直接影响市场结构、收益和需求。

在商业计划书中介绍市场环境时，应充分借助各种媒体或渠道发布的数据，将真实的情况展现给投资人，增强其投资兴趣和信心。切记不可伪造数据，为了迎合投资人而一味地描述好的市场环境，这样不仅欺骗了投资人，而且会对公司的创业和发展造成损害。

二、明晰行业现状与前景

在宏观环境分析的基础上，为了发现和掌握行业运行规律，需要对行业要素进行深入分析，从而发现行业运行的内在经济规律，进而预测行业未来发展趋势。

（一）描述行业基本情况

在商业计划书中，应该就公司所处行业的全貌进行描述，帮助投资人判断公司的未来发展。一般来讲，投资人对新兴的行业感兴趣，但这不是绝对的，由于一个新兴的成长市场会吸引许多竞争者，公司处在新兴行业不能保证一定成功；同理，处在衰退行业的公司也未必注定要失败。因此，应该如实描述行业基本情况，给投资人留有客观判断的空间，主要包括行业基本状况、行业一般特征和行业竞争结构三方面内容。

第一，行业基本状况。该部分包括行业概述、行业发展历史、行业发展现状与格局、行业的市场容量、销售增长率现状、行业的毛利率、净资产收益率现状等。撰写商业计划书时，可根据公司所处行业的特点，结合本章第二节提到的行业经济特性，从上述内容里有倾向性地选择部分模块进行分析。一方面，有助于创业公司了解行业现状，初步判断进入该行业是否可行；另一方面，使投资人认为创业公司对所处行业进行了充分的考察和了解，方便投资人决策。

第二，行业的一般特征。该部分包括行业的市场类型分析和生命周期分析两部分内容。①市场类型分析。市场类型及其在商业计划书撰写时的注意事项在本章第二节进行了详细阐述，在此不再赘述。②行业生命周期分析。行业生命周期理论指出，根据行业从出现到完全退出社会经济活动所经历的时间，行业主要包括四个发展阶段：幼稚期、成长期、成熟期和衰退期。处于不同生命周期的行业特点和需要采取的策略也有所差别（见表3-2）。撰写商业计划书时，可以在分析公司所在行业特征（如公司规模、增长率）的基础上，确定行业目前所处的发展阶段，必要时可阐述公司所采取的策略，以便投资人判断其投资价值和风险。

表 3-2　行业不同发展阶段特征及策略

发展阶段	特　征	策　略
幼稚期	公司规模可能很小，产品类型、特点、性能和目标市场不断发展变化。市场中充满各种新发明的产品或服务，管理层采取战略支持产品上市。产品设计尚未成熟，行业产品的开发相对缓慢，利润率较低，市场增长率较高	跟踪对手、参与或观望
成长期	该行业已经形成并快速发展，大多数公司因高增长率而在行业中继续存在。管理层需要确保充分扩大产量达到目标市场份额。需大量资金实现高增长率和扩产计划，现金短缺。利用专利或者降低成本来设置进入壁垒（内在规模经济），阻止竞争者进入行业	增加投入、提高市场占有率、阻止新进入者
成熟期	增长率降到较正常水平，相对稳定，年销售量变动和利润增长幅度较小，竞争更激烈。后期一些公司因投资回报率不满意而退出行业，少部分公司主导行业，需监控潜在兼并机会、探索新市场、研发新技术、开发具有不同特色功能的新产品	提高效率、控制成本、进入和控制市场细分，以及兼并扩张、研发新品
衰退期	行业生产力过剩，技术被模仿后出现的替代品充斥市场，市场增长率严重下降，产品品种减少，行业活动水平随各公司从该行业退出而下降，该行业可能不复存在或被并入另一行业	及时退出

第三，行业竞争结构分析。该部分以波特五力竞争模型为基础进行分析。①现有公司间竞争。行业中现有竞争对手的数量、实力的强弱、行业的增长速度和规模、退出行业障碍的高低等，都会影响行业现阶段的竞争情况。如果现有竞争者的竞争能力强，则说明行业的竞争度很大，公司在这个竞争中能否获得一席之地，需要在商业计划书中有所说明。②潜在进入者。行业发展良好，必然会吸引更多的竞争者进入。如果进入壁垒较低，竞争者进入的能力就更强，会减少行业内现有竞争者的市场份额。如果潜在竞争者进入的能力强，则说明行业的竞争度高，公司如何应对潜在竞争者也是投资人非常关心的问题。③替代品威胁。如果行业中存在许多可以被替代的产品，则说明该行业替代品的替代能力很强，竞争度高，因为用户可以轻易找到替代的产品来满足自己的购买需求。对于公司的产品而言，替代品的数量、性能、客户改变替代品所需的成本，将直接决定公司能否拥有持续竞争力。④购买者议价能力。例如，将橙子销售给收购商，如果果园主人没有更多的销售渠道，收购商就可以随便压价。相反，如果拥有其他渠道，购买者讨价还价的能力就会增强。⑤供应商议价能力。假设行业为服装行业，需要购买布料，如果只有一家供应商售卖布料，行业内的公司将别无选择只能从那里购买。此时供应商可以大幅提高售价甚至拒绝售卖，其讨价还价的能力很强。

（二）预测行业发展趋势

对行业的现状进行介绍后，应该在其基础上预测行业今后的发展趋势。行业未来发展趋势不仅影响投资人的决定，更关乎公司的生死存亡，进入朝阳产业与夕阳产业的后果差异是非常明显的。因此，在商业计划书中展示行业未来发展趋势是非常有必要的。

在商业计划书中，可以引用权威分析机构的报告或根据自己收集的数据进行分析，预测行业未来几年的发展趋势。如果该行业是一个正在高速发展的增量市场，那么这本身就是一大利好，因为公司的增长可以来自行业本身的增长，而非抢占竞争对手的份额，毕竟抢占竞争对手份额的难度更大；如果该行业是一个正在变化中的行业，那么就要证明公司的产品或服务模式正好契合了这种变化趋势，抓住了时机。如果能证明公司有机会成为行业中具有支配地位的龙头企业，投资人会更感兴趣。

（三）分析公司竞争优势

新成立的公司往往缺少经验，对竞争市场缺乏了解。在撰写商业计划书时最常见的现象之一是许多新创业的公司往往低估市场现有的竞争对手。很多公司缺少对竞争对手的了解，有经验的投资人在看到这种商业计划书之后一定会置之不理。他们认为这样的企业或者没有真正地进行市场调查，或者不了解如何搞公司经营，或者其产品或服务根本就没有市场。

竞争分析主要分析竞争对手是谁，自己的项目有哪些竞争优势等，竞争分析之所以成为商业计划书中不可缺少的一部分，是因为有竞争力的项目才能够持续发展。若项目缺乏足够的竞争力，就难以实现投资人所关心的利益与回报，最终在激烈的市场竞争中销声匿迹。因此，竞争分析是行业分析的重要环节。有关竞争分析的内容在本书第四章中进行详细介绍。

（四）信息收集渠道和分析要点

收集信息可以从分析报告、新闻资讯、专家咨询三个维度展开。收集信息时，切忌盲目地收集，而要保证收集到的信息便于后续了解和分析行业。收集到的信息应尽可能帮助回答以下几个问题：行业处于哪个发展阶段？行业的市场竞争强度如何？行业中有哪些竞争对手？行业的未来成长性是否具有投资价值？

在数据收集基础上，创业公司在进行行业分析时尽量应用一些常用的模型，增强分析结果的说服力。对某个事物进行分析时，有很多种常用的方法论，每一种方法论都有其适用的场景。结合行业与市场分析的基本理论中提到的 PEST 分析法、波特五力分析模型等可以对行业做出初步分析。此外，也可以结合其他常用方法做出分析。例如，SWOT 分析模型以自身为主体，寻找适合自己的经营策略（详见第四章第一节）；生命周期理论用于判断行业和公司的发展阶段，以把握公司发展节奏并规避风险。

链接案例分析

行业分析是对创业公司生存的外部环境进行研究，创业者需要重视对这部分的编写。在行业分析方面，本书第四部分沈阳森之高科科技有限公司商业计划书在 3.1、3.2 和 3.3 给出了产业背景、宏观环境和行业竞争环境的分析。3.1　产业背景分析：明确公司处于运动捕捉行业，并对目前不同运动捕捉方案的优缺点进行分析，在此基础上提出传感器这一运动捕捉方案的优点并表明该行业处于上升发展阶段。读者在撰写商业计划书时可以参考该部分内容，同时建议结合更多资料，使结论更有说服力。3.2　宏观环境分析：使用 PEST 方法分析了宏观环境中的政治因素、经济因素、社会因素和技术因素，并以表格的形式进行呈现，其中供分析的资料多来源于政府文件和统计数据，为读者利用 PEST 工具分析宏观环境提供了思路。另外，建议逐个因素分析之后加一段提炼总结，使投资人快速了解公司是否具有收益机会。3.3　行业竞争环境：应用波特五力竞争模型从进入壁垒、替代品威胁、买方议价能力、卖方议价能力和现存竞争者之间的竞争来分析公司面临的机遇及挑战，其中现存竞争者之间的竞争部分以表格形式比较了该公司产品与其他三种竞品的部分性能，随后在结尾处进行了总结并给出结论，值得借鉴和参考。

第四节　市场现状与趋势：洞悉外部市场环境

在市场细分和定位前，公司需要对市场现状和趋势进行充分的分析，从而更好地决定制定什么样的销售目标或者采取什么样的销售策略进入哪个细分市场，投资人也可以在查看商业计划书该部分的基础上，知悉创业者对市场的了解程度。

一、市场容量

市场容量也称市场总需求，是指行业在既定环境下，一定时期和地域内客户全体购买产品与服务的总量。市场容量是保证经济增长的重要因素。如果公司产品面向市场的容量不够大，仅依靠公司效率来推动经济增长，会面临经济失调的巨大风险，不仅市场发展的质量不高，而且容易出现泡沫投资，最终导致市场萎靡。对市场容量的预测一直是商业计划书中最重要的内容之一。投资人不仅关心当前的市场容量，更关心未来的市场容量。因此商业计划书中需要对未来的市场容量进行准确预测，以说服投资人投资。

（一）调查市场容量

在市场容量调查中，首先，应当了解同类产品在目标市场中的具体销售数据，包括销售额、销量、单价、品牌、规格、来源、生产厂家。其次，可以调查同类产品在某个地区的年消费量、消费者数量、消费额度、有无替代产品等，以佐证当前市场容量数据的真实性。最后，在撰写商业计划书时将收集到的所有数据汇总，简明有力地说明整个市场的规模。

（二）预测市场容量

可以通过调查当地的工资收入水平、消费习惯等数据预测市场潜力，也可以通过咨询专家、销售人员、购买者等进行销售预测。在商业计划书中可以直接给出预测的结果，包括预测金额和增长率，这些都是投资人较为看重的数据。

市场容量分析需要大量的数据，其反映在商业计划书中的结果往往就是最终的市场规模大小。结合图表和增长率等数据体现市场容量，能快速吸引投资人的目光，让投资人快速了解市场的容量和未来的增长情况。

二、分销渠道

根据与公司关系、自身特征及渠道成员的不同结合方式，分销渠道分为个别式分销渠道、垂直分销渠道、横向分销渠道和复式分销渠道4种类型。

个别式分销渠道是一种关系比较松散的销售网络，由产品生产商、批发商和零售商构成。成员关系仅依靠商品买卖维持，彼此独立，互不干涉。因为利益在一起合作，利益产生冲突就结束合作，属于传统的分销渠道。

垂直分销渠道比较复杂，由生产、批发和零售商构成，三者形成一个统一的整体，并由其中一方进行控制。具体有以下三种：①所有权式垂直分销渠道结构。这种结构的特点是所有权的单一化，将商品相关的所有生产和销售单位联合到一起，由一个单位统一掌握并控制渠道。②管理式垂直分销渠道结构。这种结构不以所有权为基础，主要依靠公司自身的资本实力和市场影响力吸引零售商与之合作。这种渠道结构的形成，必须有一个规模大、资本雄厚、品牌形象好的支柱公司。③契约式垂直分销渠道结构。这种结构的主体包括批发商联盟、零售商联盟和特许的专营组织，由不同行业但是产品有相关度的公司联合起来，形成影响力较大的联盟，比个体单独行动更经济高效。

横向分销渠道指两个或两个以上的公司为避免风险、利用资源而形成的短期或长期结盟，这种渠道结构也叫作水平式分销渠道结构。

复式分销渠道指生产商将同种产品通过多条渠道输送到多个市场上，也称多渠道或双重渠道结构。

商业计划书中要对公司所采用分销渠道进行介绍，并提供相关证据。此外，应阐述公司如何有效运用分销渠道，并证明这种方式的成本是合理且可控的。

三、消费者画像

当前已进入大数据时代，互联网潜移默化地改变着人们的生活。消费者在公司面前变得更为透明，公司聚焦于利用数据实现精准营销，深入挖掘客户的潜在需求。"消费者画像"的概念被越来越多地提及。

消费者画像，简单来说就是将用户特征标签化。互联网作为大数据的基石，为公司提供了消费者社会属性、消费行为、生活习惯等足够的数据信息，抽象出一个用户的商业全貌，从而帮助公司精准地定位用户群体，找到用户需求。

准确的消费者画像对公司发展大有益处。一是有助于公司在发展战略上的业务经营分析和收入分析，改变纸上谈兵的销售模式，事先做好调查，完善产品运营，提升用户满意度；二是利用大数据进行竞争分析和用户维护，有利于根据产品特点找准目标用户，提高对外服务水平，提高公司利润，精准运营，精准销售。

在商业计划书中阐述消费者画像可以向投资者表明公司做了充分的前期工作，为后续的目标客户和营销策略选择奠定了坚实的基础，并增强其说服力。撰写该部分时可以借助市面上专门致力于帮助公司制作消费者画像的网站，通过各种数据来推算消费者的性别、年龄、消费习惯，这对于创业初期资源较少、信息不多的公司来说不失为一个精准定位用户需求的好途径，但创业者对于网站上的画像结果还是要有自己的判断。

四、产业链上下游状况

产业链的实质是同一产品生产销售过程中不同公司之间的关联。上下游产业链又叫延伸产业链。向上游延伸进入原材料和初级产品的公司，是基础产业环节和技术研发环节；向下游延伸进入原材料的深加工、生产制品投入市场。产业链的上下游是相互依存的：没有上游提供原材料，下游将军难打无兵之仗；没有下游的生产加工，上游的原材料也难以实现价值。在商业计划书的市场介绍中，可以描述一下公司的上下游产业链状况。互助共赢、延伸范围足够大的产业链对投资人也有一定的吸引力。

市场分析是商业计划书中不可或缺的一部分，使创业者和投资人知晓公司所在市场基本状况。本书第四部分舞指科技商业计划书在4.1、4.2和4.3中依次分析了万物互联、VR市场和听障人士市场。4.1中万物互联首先分析了中国物联网目前和未来的连接量，之后聚焦家用物联网，分析、预测其市场规模（包括整体市场和后装、前装、物联网平台及云服务三个细分市场），并阐述了中国家用物联网四个发展阶段及其最终的价值表现形式，在此基础上，介绍了该公司产品是如何做到万物互联。4.2VR中首先简单介绍什么是VR及虚拟现实系统的各种分类；其次，利用二手资料分析中国VR市场及其各细分市场占比与未来发展趋势；最后，说明该公司产品相比于传统手持传感器的优势。4.3中听障人士市场首先从社会现实背景出发表明听力言语障碍是五大障碍之首，但已有的手语翻译设备和技术却无法满足聋哑人与非聋哑人双向沟通的需求，该公司可以抢占这一空白市场；其次以社会真实数据为依据，阐述该公司产品具备较强的生命力与可持续周期。该公司依次分析了与其相关的三个市场的现状及未来趋势，分析市场的选择较为全面，但多聚焦市场规模，建议在市场分析时增添一些分析项目，如消费者画像、分销渠道等，从而对所处市场有更全面的了解。

第五节 市场细分与定位：确定服务目标客户

市场上的消费者很多且分散，他们的需求和购买行为多种多样，公司不可能吸引其所在市场的全部消费者，至少不能使用同一种方法来吸引全部消费者。尤其对于创业公司来说，它们的资源和能力较为有限，如何找到最具价值的目标客户以进行市场营销决策极为重要，当然，这也是商业计划书中较为重要的一部分。撰写商业计划书时，可以根据STP战略，通过市场细分、选择目标市场、差异化和定位这四个步骤回答上述问题。

一、市场细分

市场细分公司需要按某个或某些指标，对所在市场的消费者进行细致的划分，以便为后续目标市场的选择奠定基础。在商业计划书中，需要阐明公司采用什么方法对所在市场进行细分、为何选择这种方法及细分结果，以下介绍具体的细分原则和方法。

（一）市场细分的原则

市场细分有许多方法，但不是所有的细分都有效。为了保证细分市场的有效性，必须做到可衡量性、可接近性、规模性、差异性和可操作性。需要注意的是，公司进行市场细分所遵循的这些原则不需要在商业计划书中阐述，但是在面对投资人的质疑时可以从这些方面进行回应。

1. 可衡量性

可衡量性是指细分市场的规模、购买能力和其他基本情况必须可以测量，即细分后的市场存在明显的区别、合理的范围。若某些细分市场或购买者的需求和特点难以衡量，市场细分后无法界定，难以描述，那么市场细分就失去了意义。例如，世界上有很多左撇子，然而很少有公司将左撇子这一细分市场作为目标市场，主要原因是很难对这一市场进行衡量，而且人口统计上也没有左撇子的数据。

2. 可接近性

可接近性是指创业公司可以有效地影响和服务该细分市场。一方面，有关产品的信息能够通过一定媒介传递给市场中的大多数消费者；另一方面，公司在一定时期内有可能将产品通过一定的分销渠道运送到该市场。否则，细分市场的价值就不大。例如，生产手机的初创公司如果将豪华手机市场作为一个细分市场，没有高端技术和品牌的支持，也难以进入该细分市场。

3. 规模性

规模性是指细分市场要足够大，或者有利可图。一个细分市场应该是值得公司设计营销方案来追求尽可能大的同质市场。例如，汽车制造商为身高超过两米的消费者专门开发一款汽车会得不偿失。

4. 差异性

差异性是指细分市场在概念上应该容易区分，并且对不同市场营销组合要有不同的反应。若不同细分市场的消费者对产品需求的差异较小，行为上的同质性远大于异质性，此时，公司就不必进行市场细分。例如，已婚女性和未婚女性对一种眼霜的销售有相似的反应，她们就不能分别构成独立的细分市场。

5. 可操作性

可操作性是指必须能够设计有效的营销方案吸引并服务区分出来的细分市场。例如，某创业公司选定了五个茶叶细分市场，但因其员工太少、产量有限而不可能针对每一个细分市场分别设计市场营销方案。

（二）市场细分的方法

1. 消费者市场细分

市场细分的方法有很多，公司应当尝试单独或组合使用多种变量进行市场细分，以寻找揭示市场结构的最佳办法。就消费者市场而言，市场细分变量归纳起来主要有地理环境因素、人口统计因素、消费心理因素、消费行为因素、消费收益因素等，具体变量见表3-3。

表 3-3　细分市场依据变量一览表

细 分 依 据	细 分 变 量
地理环境因素	国家、城市、农村、地貌、气候、交通状况等
人口统计因素	年龄、性别、收入、职业、教育、宗教、家庭人口等
消费心理因素	社会阶层、生活方式、个性、购买动机等
消费行为因素	时机、使用者地位、忠诚度、产品使用频率、产品应用等
消费收益因素	追求的具体利益、产品带来的好处等

（1）按地理环境因素细分。即把市场划分为不同的地理单位，如国家、省、市、县、镇、村等。公司可以在一个或几个地理区域开展业务，也可以在某些具有特殊需求或偏好的全部地理区域开展业务。处在不同地理环境下的消费者，对同一类产品往往会有不同的需求与偏好。例如，对手机的选购，可以按地理位置来划分，城市居民喜欢美观、轻巧、高性能的手机，农村居民可能喜欢功能齐全、质量可靠、耐用的手机。

（2）按人口统计因素细分。即按年龄、性别、职业、收入、民族、宗教信仰等因素，将市场划分为不同的群体。人口统计变量是最常用的消费者细分基础。究其原因，消费者的需求、偏好、使用率虽有不同，但与人口统计变量密切相关。另一个原因是，人口统计变量比其他各种变量都便于计量。即使市场是通过其他变量来细分的，如消费者获取的利益或消费行为，也必须了解该细分市场的人口统计特征，以便评估目标市场容量，并充分传达营销意图。

（3）按消费心理因素细分。即将消费者按其生活方式、性格、购买动机、态度等因素细分成不同群体。这种细分方法能显示出不同群体对同种产品在心理需求方面的差异性。例如，企业家购买高端的商务手机主要是为了彰显身份和地位，年轻人购买苹果手机除了产品质量高以外还有彰显前卫个性的原因，而农村老大爷主要是为了通信。

（4）按消费行为因素细分。即按照消费者购买或使用某种产品的时间、数量、频率和对品牌的忠诚度等因素来细分市场。例如，米粉热衷于购买小米手机，而智能手机产品的生命周期基本为两年，因此小米必须每年更新迭代产品，避免客户流失。

（5）按消费收益因素细分。按消费者对产品追求的不同利益，可将其划分为不同的群体，这是一种很有效的市场细分方法。该种细分方法要求找出消费者购买商品大类所追求的几种主要利益，追求每种利益的人群特点，以及能够提供每种利益的主要品牌。例如，印尼的牙膏市场就是按消费收益细分的典范。联合利华推出的培梭丹特牙膏含有氟化物，作用是使牙齿清洁、健康。其他品牌的牙膏，例如 Close-Up、Ciptadent 和 Formula，保持口气清新，治疗口腔溃疡，使口腔不会觉得干燥。

2. 商业市场细分

公司面临的客户不仅包括终端的个体客户，还可能包括公司类型的商业客户。公司可以应用一些细分消费者市场的标准来细分商业市场，如地理因素、人口统计因素（对应行业、公司规模）、追求的利益和使用率等。不过，由于公司类型的商业客户与终端的个体客户在购买动机与行为上存在差别。因此，除了运用上述消费者市场细分标准外，还可用一些新的标准来细分商业市场。常用的有客户要求、客户经营规模、产业集中度等因素。

（1）按客户的要求细分。不同的客户对同一产品有不同的需求。例如关于公司对服务器的需求。网络运营商建设"公有云"向市场提供云服务，需要采购服务器集群构建服务能力，要求存储量大、性能高、稳定性强；大中型公司选择购买服务器进行托管，要求质量有保障，稳定性强，售后服务到位；小微公司选择租用"云服务器"，要求性价比高，维护成本低，网络稳定。因此，公司应针对不同客户的需求，提供不同的产品，设计不同的市场营销组合策略，以满足不同客户的要求。

（2）按客户的经营规模细分。客户经营规模决定了其购买能力。按经营规模划分，客户可分为大客户、中客户、小客户。公司针对不同的客户群体，分别面向小微公司、中型公司、大型公司、集团化公司等推出不同系列产品。

（3）按客户的产业集中度细分。商业市场有一个明显的特点，就是产业集中。以大数据市场为例：提供大数据服务的公司和需求大数据的公司集中在大城市，这不仅是受人才结构的影响，更关键的是产业结构；互联网公司及大型公司都集中在大城市，因此数据中心也建在大城市，形成了稳定的产业集群；以阿里巴巴为电商引擎带动了成千上万家电商服务公司落户杭州，形成了电子商务产业集群。按客户的产业结构细分市场，选择客户较为集中的地区作为目标，有利于节省推销人员在不同客户之间往返的时间，还便于产品价值交付，降低运输成本。

二、目标市场选择

目标市场也称为目标客户群体，是公司决定为之服务的、具有共同需求或特点的客户群体。目标市场的确定是公司制定市场营销方案的前提和基础。在市场细分的基础上，公司需要在商业计划书中明确地阐述需要进入的目标市场，并阐述选择依据。下面详细介绍评价细分市场需要考虑的因素和目标市场选择的五种模式。

（一）评价细分市场

1. 细分市场的规模和增长潜力

创业公司应该收集和分析各个细分市场的资料，包括市场当前的销售量、增长速度和预期的盈利性等。公司往往更加青睐那些具有恰当规模和增长速度的细分市场。但这是相对而言，规模大、增长速度快的细分市场不一定适合创业型公司。因为刚起步的创业公司很难为规模较大的细分市场提供服务所需的全部技能和资源，或者由于这些细分市场竞争过于激烈，而选择规模较小的细分市场，这些小市场对大公司吸引力不大，但是对刚开始创业的小公司来说还是具备盈利的潜力。

2. 细分市场的结构和吸引力

创业公司需要考虑影响细分市场长期吸引力的结构性因素。例如，如果一个细分市场已经存在许多强大且激进的竞争对手，那么这个细分市场吸引力就不大。购买者的议价能力也会影响到细分市场的吸引力，如果购买者议价能力很强，就会试图压低价格，提出苛刻的成交条件，甚至会要求卖方之间相互比价，这些因素都会影响卖方的盈利水平。此外，如果原料和配件供应商具有左右价格、质量和供应量的能力，也会压低卖方的利润，该市场吸引力也不大。

3. 公司的目标和现有资源

即便创业公司已经具备以上两方面优势,也不能轻易做出判断,还必须考虑自身的目标和现有资源。如果与公司长期目标不符合,就算是好的细分市场也可能被舍弃。此外,如果创业公司在短期内缺少取得成功所需要的技能和资源,再好的细分市场也不能轻易进入。例如,在汽车市场中经济型轿车的市场规模大、发展潜力足,但是如果某家汽车创业公司以豪华车为长期目标,那么该公司进入经济型轿车市场意义不大。创业公司在资源有限的情况下,应该快速进入那些自己能够创造客户价值并获取超越竞争对手的优势细分市场。

(二)目标市场选择的五种模式

对各细分市场进行评价后,创业公司将不理想的细分市场剔除,保留下来的理想细分市场数目可能仍然较多,需结合目标市场营销战略,从中选择一个或多个子市场作为目标市场。通常,从产品和市场两个维度将目标市场的选择分为五种模式,见图 3-3。其中,M 表示市场,P 表示产品。

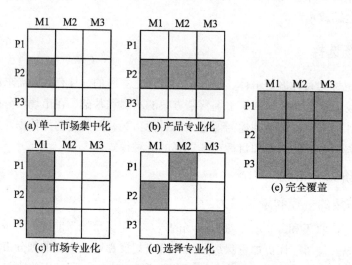

图 3-3 目标市场选择的五种模式

1. 单一市场集中化

这是一种最简单的目标市场模式。公司选取一个细分市场,生产一种产品,供应单一的客户群,进行集中营销。公司选择市场集中化模式一般基于以下考虑:公司具备在该细分市场从事专业化经营或取得目标利益的优势条件;限于资金和能力,公司只能经营一个细分市场;公司准备以此为出发点,取得成功后向更多的细分市场扩展。

2. 产品专业化

产品专业化是指公司集中生产一种产品,但面向不同的消费者销售该产品的不同型号或款式,旨在某一产品领域树立声誉。与单一市场集中化相比,虽然产品专业化仍然只专注一种产品，但面对的目标市场扩大了，并不局限于一个子市场，可以有效降低风险。当公司具有某种产品的核心技术优势，又有能力进入多个细分市场时，可以选择产品专业化模式。

3. 市场专业化

市场专业化指的是公司专注于为一个子市场提供各种产品或服务，旨在某一客户群中建立声誉。例如，贝亲专门提供品种齐全的母婴用品，包括奶瓶、奶嘴、洗护用品、纸尿裤、湿巾、洗衣液、餐具等。这种模式使公司专心于某一子市场的研究，能够更好地探究消费者的需求与偏好，提高客户满意度；同时，经营多种产品可以分散经营风险。但需要注意的是，目标市场的过度集中会使公司的命运与该市场紧紧地连接在一起。例如，我国的二孩政策放开这一利好消息出现后，贝亲会扩大生产规模，但是若我国的生育政策缩紧，贝亲则会面临收益下降的风险。

4. 选择专业化

选择专业化指的是公司同时选择多个子市场作为目标市场，目的在于能够提供满足各个子市场需求的产品，但各个子市场间缺少联系。该模式是一种多元化经营模式，适用于大公司，主要优势是可以分散风险，即使某个子市场盈利情况不佳，公司也可以通过其他子市场获取利润。

5. 完全覆盖

完全覆盖是指公司生产多种产品来满足各种消费者群体的需要，是一种多元化经营模式。一般来说，实力雄厚的大公司到了一定阶段会选择这种模式。例如，腾讯目前提供的多元化服务包括社交和通信服务（QQ和微信）、社交网络平台（QQ空间）、腾讯游戏、门户网站（腾讯网和腾讯视频）等。

关于目标市场，一定要让投资人知道以下内容：①目标市场有足够大的盈利空间和发展空间，让投资人感到有利可图。但要注意的是，目标市场的规模并不是越大越好，太大的市场规模必然吸引大量的投资人进入，竞争将会非常激烈。②目标市场有良好的发展前景，目标市场在未来会长盛不衰。

三、差异化和定位

为了简化购买过程，避免每次做购买决策时重新评估产品，消费者常常把产品、服务和公司在心目中进行分类和定位。公司必须筹划定位，使产品在目标市场上赢得最大的优势。在商业计划书中，公司需要阐明如何为目标市场创造差异化价值及如何在目标市场上定位，即自己的价值主张，向投资人表明公司为获取目标市场客户的青睐所做的努力，并且这些努力将有助于公司获取竞争优势。确定价值主张主要有以下几个步骤：

（一）辨认出所有可能的价值差异点和竞争优势

为了找到差异点，公司的营销人员应当设身处地考虑客户与公司产品或服务接触的整个过程。一家精明的公司在与客户接触的每一点上都可以做到差异化。那么以什么样的方式来使产品不同于竞争产品呢？可以在产品线、渠道、人员或形象上进行差异化。

产品差异化是一个持续的过程。一个极端是很难差异化的实物产品，如鸡肉、钢铁和食盐。然而，即使是这些产品，也可以实现有效的差异化。例如，成春鸡蛋声称其鸡蛋中的胆固醇含量比其他品牌低。另一个极端是存在很大差异的产品，如汽车、衣服和家具。这些产品在特征、性能、款式和设计上都可以进行差异化。

首先，公司可以通过快速、便利和细心的送货上门来实现服务差异化。安装和维修服务同样可以使公司实现差异化，一些公司通过提供培训服务和咨询服务，如向客户提供所需的数据、信息系统和咨询服务实现差异化。其次，通过设计渠道的覆盖范围、专业程度和业务来实施渠道差异化，比如亚马逊、戴尔通过高质量的直销渠道将自己和竞争对手区别开来。再次，与竞争对手相比，公司可以通过招聘、培训更多的员工来实现人员差异化。例如，迪士尼的员工以友情乐观的态度闻名，航空服务人员的优雅服务为新加坡航空公司赢得了很好的声誉。人员差异化要求公司谨慎选择与客户接触的员工，并强化对他们的培训。最后，即使竞争性产品看起来是一样的，但基于不同公司和品牌的形象差异化，购买者也会有不同的感知。一个公司或品牌的形象应当能够清楚地向消费者传递产品的独特利益和定位。建立一个鲜明而独特的形象需要不断创新和不懈努力，公司不可能一夜之间通过几个广告就把品牌形象植根于人们心中。

（二）选择合适的竞争优势

假定公司很幸运地挖掘出多个潜在的竞争优势，那么必须决定选择以哪些优势来建立定位策略，并选择以多少或哪些差异点来进行促销。

1. 选择多少差异点进行促销

许多营销人员认为公司应该只向目标市场强调一个利益点。例如，广告巨人李维斯（Levis）曾说过，一家公司应该针对每个品牌发展一个独特的销售主张并一直坚持下去，每个品牌应该选择一个属性并宣传在这个属性上是"第一"的。在信息过度宣传的今天更应如此，因为购买者往往只会记得位于"第一"的品牌或公司。

也有营销人员认为公司可以在多个差异点上进行定位，特别是当两个或更多的公司在相同的属性上都声称自己最棒时，这一点显得尤为重要。目前，越来越多的客户希望通过购买一件具有多种功能的产品来满足自己的多样化需求，在这种情况下，公司可以通过宣传产品的多个属性来吸引更多的客户细分市场。

2. 对哪些差异点进行促销

并非所有的品牌差异点都是有意义或者有价值的，并非每个不同点都可以变成好的差异点。而每个差异点在创造客户利益的同时，也会潜在地增加公司的成本。因此，公司必须谨慎地选择差异点，以便与竞争对手相区别。从某种程度上讲，一个有价值的差异点必须满足下列标准：

（1）重要性。即可以给目标购买者让渡很高的价值。

（2）区别性。即该差异点是其他竞争者所没有的，或者公司可以在这一点上更加与众不同。

（3）优越性。即该差异点明显优于通过其他方式获得的利益。

（4）可沟通性。即对于购买者而言，差异是可传递的和可见的。

（5）领先性。竞争者很难模仿该差异点。

（6）可支付性。购买者可以支付购买该差异点。

（7）盈利性。公司可以通过该差异点而获利。

（三）选择总体定位策略

价值主张指基于差异化和定位的利益矩阵，并回答"为什么消费者要购买你的品牌"这一问题。公司所有可能的价值主张见图3-4，是公司产品定位的基础。图中最深色的五个方格代表优胜的价值主张，能给公司带来竞争优势的差异化和定位；次深色的方格表示失败的价值主张；而中间浅色方格充其量只能表示边际主张。下面我们将讨论五种优胜价值主张，公司可以基于这些价值主张来定位产品：高质量高价格、高质量中档价格、中档质量低价格、低质量低价格和高质量低价格。

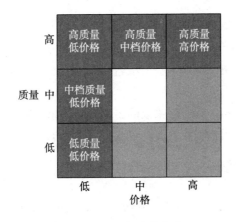

图 3-4 可能的价值主张

1. 高质量高价格

高质量高价格是指提供高质量的产品或服务的同时，制定高价格来维持高成本。有些创业公司的产品蕴含突破性的高科技，与现有产品相比具有较强的差异性和核心竞争优势，并且在研发阶段付出了较高的成本，这些产品可以考虑采用"高质量高价格"定位。然而，"高质量高价格"策略是很脆弱的，它们往往会导致声称有相同质量但价格比较低的模仿者涌现。因此，需要通过注册专利、推陈出新等方法来保持有效的定位。

2. 高质量中档价格

公司可能会通过推出高质量但是价格稍低的品牌来应对竞争者的高质量高价格定位策略。例如，为了与宝马和奔驰等品牌竞争，丰田推出高端品牌雷克萨斯并通过与相关汽车性能逐项比较不断向消费者传递其"高质量中档价格"的定位。高质量中档价格是创业公司主选定位战略之一，其可以通过向消费者提供同等价格的更高性能产品打击现有竞争对手，快速占领市场。

3. 中档质量低价格

中档质量低价格策略是一个很强大的价值主张——每个人都喜欢便宜的价格。例如，以更低的价格提供同等质量的戴尔电脑和折扣商店沃尔玛，它们提供与百货商店或专卖店相同的品牌，但是强大的购买力和低成本运作使它们能以很低的价格出售产品。很多公司企图通过建立模仿性强且低价的品牌，从市场领导者手中抢夺市场。例如，AMD 生产出了一款比市场领导者英特尔的微处理器芯片价格更低的芯片。

4. 低质量低价格

低质量低价格的产品也有市场，很少有人在所购买的产品上都需要、想要或者能够支付"最好"来换取低价位。例如，很多旅游者在住宿时，都不愿意支付那些在他们看来不必要的东西，如游泳池、附属饭店或者枕头上的薄荷香味。低质量低价格的定位意味着以更低的价格来满足消费者更低的性能和质量要求。

5. 高质量低价格

优胜的价值定位还要数高质量低价位策略，很多公司都声称能够做到这一点。短期而言，一些公司可以达到这样的定位，但是时间一长，公司就会觉得维持这种定位非常困难。提供更多价值通常会带来更高的成本，很难达到低价的承诺。试图做到这两者的公司通常会输给定位集中的竞争对手。

在商业计划书中，公司应该阐明采取的定位策略和相关依据，以充分的理由说明公司采取某种定位策略可以吸引目标客户，并以此提升竞争优势。

市场细分、目标市场选择、差异化和市场定位是公司确定服务的目标客户的基本流程，也是制定营销计划的前提。本书第四部分沈阳森之高科科技有限公司商业计划书在 3.6、3.7 和 3.8 给出了市场细分、目标市场和市场定位。3.6 市场细分从地域和应用领域两个角度对市场进行细分，其中，地域分国内和国际两大部分，应用领域分为舞蹈教育领域、科研领域、体育领域等八个领域，并分析运用捕捉产品在各个领域的用途和市场份额。3.7 目标市场首先确定在国内市场发展；其次，从八个应用领域中选择舞蹈教育领域、科研领域、体育运动训练领域和虚拟现实领域作为目标市场，并对上述四个领域进行简要分析。3.8 市场定位确定产品定位是连接虚拟与现实的顶级动捕设备；市场定位是对无线运动捕捉传感器精度要求较高的舞蹈教育领域、科研领域、体育分析领域及虚拟现实领域；核心竞争力是产品精度和定制化服务。该公司的商业计划书通过以上三个步骤明确了自己的目标市场和市场定位，值得读者参考和借鉴，但在目标市场选择部分仅给出选择结果，建议读者在后续撰写过程中增添选择依据，使选择结果更具说服力。

课后习题

1. 市场结构的类型有哪些？分别有什么特征？为什么要在商业计划书中阐述公司面

临的市场结构类型?

2. 在行业分析中为什么要运用宏观分析的PEST方法,从中能获取什么结论?
3. 行业分析的主要分析内容包括哪些?分析时应该注意哪些问题?
4. 对公司所处市场现状和趋势进行分析的主要内容有什么?
5. 市场细分需要遵循哪些原则?如何进行市场细分?
6. 什么是公司的价值主张,对公司产品或品牌进行定位包括哪些步骤?

即测即练

自学自测　扫描此码

第四章

竞争分析

【重点问题】

1. 如何使用波特五力竞争模型对产业内部竞争状况进行比较分析?
2. 如何与竞争对手进行比较分析?
3. 如何识别自身竞争优势?
4. 如何构建竞争壁垒?
5. 面对未来竞争,如何维持自身竞争优势?

【学习目标】

1. 理解并会使用波特五力竞争模型。
2. 理解并会使用 SWOT 分析法。
3. 掌握竞争对手的识别与评估方法。
4. 了解竞争强弱对比分析表。
5. 了解竞争优势分析的五个维度。

第一节 基本理论:初步了解公司竞争分析

一、波特五力竞争模型

(一)波特五力竞争模型简介

对行业结构的理解与掌握是形成公司竞争优势的基础。迈克尔·波特(Michael E. Porter)教授的研究为影响行业竞争的结构化因素提供了分析框架,并给出了一些基本的竞争战略。波特认为行业内部的竞争根植于其基础的经济结构,并且超过了现有竞争者的行为范围。一个行业内部的竞争状况取决于五种基本竞争作用力,即现有公司间竞争、潜在进入者、替代品威胁、购买者议价能力和供应商议价能力,波特将这五种竞争作用力融合到一个模型中,用来分析特定行业的竞争情况,简称为波特五力竞争模型(见图4-1)。这些作用力汇集起来决定了该行业的竞争强度和产业利润率。根据该模型,一个公司的竞争战略就是要通过合理运用这五种竞争作用力来保卫自己,从而在行业内部占据有利竞争地位。由于这五种竞争作用力的总合力对每个竞争者来说都是显而易见的。所以,策略制定的关键就是要从表面现象深入到背后事实，进而分析竞争压力的源泉。综上所述，该模式能够合理地分析企业的竞争环境，对制定企业竞争策略产生了很大的影响。

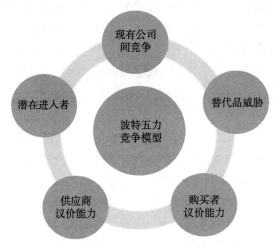

图 4-1　波特五力竞争模型

（二）商业计划书中的波特五力竞争模型

撰写商业计划书时要将波特五力竞争模型应用到行业竞争分析中去，创业公司应该依据波特五力竞争模型的核心内容，按照一定的步骤与顺序，对公司自身所处的行业竞争环境进行分析。具体可以参照以下步骤进行：

1. 确定公司所处的行业

对公司所处的行业进行精准定位是运用波特五力模型进行行业竞争分析和制定竞争策略的重要前提。只有深入了解该行业的特点、市场规模和发展趋势，才能更好地制定适合公司的竞争策略和未来发展规划。初创公司可以根据公司的主要产品与服务、公司的主要供应商与客户、市场调研和行业报告等来确定自身所处的行业。

2. 详细分析五大竞争作用力

在对行业进行精确定位后，初创公司要根据行业特点深入分析五大竞争作用力，这是应用波特五力竞争模型的关键步骤。撰写者在对五大作用力进行分析时，可以考虑从以下方面进行：

（1）现有公司间竞争。现有公司之间的竞争在五种作用力中最强大。为了赢得市场地位和市场份额，它们通常不计代价获取竞争优势。在有些行业中，竞争的核心是价格；在另一些行业中，价格竞争很弱，竞争的核心在于产品与服务的特色、新产品革新、质量和耐用度、保修、售后服务、品牌形象等。在下列情况下，现有公司间的竞争会变得很激烈：行业内有大量的或实力均衡的竞争对手、行业增长速度缓慢、较高的固定成本或者库存成本、行业内各公司间的产品差异化水平较低或者行业转化成本较低、行业的退出障碍较大等。撰写者需要通过对这些因素的详细分析来确定现有公司间竞争的激烈程度。

（2）潜在进入者。行业的潜在进入者，可能是一个新创办的公司，也可能是一个来自其他行业采用多元化经营战略的公司，它会带来新的生产能力，并要求获得一定的市场份额。潜在进入者进入行业后会使行业的产能增加，当产能大于需求时，行业的平均利润将减少。对于特定的市场来说，潜在进入者面临的竞争威胁主要来自进入市场的壁垒。在商业计划书中，撰写者可以通过对以下几个问题的分析向投资人展示该行业对于潜在进入者来说是否存在较高的进入壁垒：是否存在规模经济、产品是否存在差异化、是否存在转化成本、分销渠道的数量、是否存在与规模无关的成本劣势等。

（3）替代品威胁。替代品一般是指与现有产品相比，能够发挥同种功效和满足同样需求的产品。如果替代品价格更低廉或效率更高，整个产业可能会因为替代品的出现而遭遇重创。来自替代品的竞争压力主要有三个方面：替代品的价格是否有吸引力、替代品在质量和性能等方面的优越性、消费者转换难度和成本。例如，如果本行业产品的替代品价格越低，质量和性能越高，转换成本越低，那么该替代品给该行业带来的竞争压力就越大。撰写者可以通过对这三个方面的深入分析向投资人介绍本行业产品的替代品情况。

（4）供应商议价能力。在分析供应商的议价能力时，撰写者可以考虑从以下几个方面入手：供应商和需求者的数量对比、产品的标准化程度或可替代性、供应商提供产品的比例等，这些因素都会从不同程度上影响本公司供应商的议价能力。以产品的标准化程度为例，如果一家供应商生产了一种独特的组件，其他供应商无法提供替代产品，那么这家供应商就具有较高的议价能力，可以将价格提至更高的水平。

（5）购买者议价能力。在大多数情况下，购买者会通过货比三家来寻找性价比最好的产品，这时他可以向卖方施加更多的压力，从而成为一股强大的竞争力量。以下几个因素可以增强购买者的议价能力：较低的转换成本、大批量采购、行业产品差别不大、购买者向供应商方向的整合能力强等。商业计划书的撰写者可以参照这几个因素对公司下游的购买者进行细致的分析，厘清购买者群体的特点，如此才能更好地针对其特点制定相应策略，从而为本公司争取更多的利益。

值得注意的是，撰写者可以通过图表的形式将以上分析结果列在商业计划书的行业分析部分，并且力求以精练的语言向投资人传递公司所处行业的竞争情况，使他们对相关情况有一个大致的了解，从而为投资人的投资决策起到支撑作用。

3. 根据分析结果制定竞争策略

根据波特五力模型的分析结果，公司可以制定相应的竞争策略。撰写者需要根据对五大竞争作用力的分析结果及影响行业竞争的关键因素，制定相应的策略来应对各种情况，并指明制定这种策略的依据是什么。例如，如果供应商的议价能力很强，可以考虑与供应商建立更紧密的合作关系，或者通过提高产品的差异化来降低供应商的影响。如果购买者的议价能力很强，可以考虑通过降低成本或提高产品质量来增强公司的竞争力。

4. 根据行业未来趋势调整策略并持续改进

在制定好目前的竞争战略后，公司应居安思危，保持高度的危机意识。公司应密切关注行业动态和竞争态势，预测行业未来的发展趋势，及时调整自身策略，以适应未来的竞争环境。此外，还要根据策略的执行效果进行持续改进，确保策略的有效性。这部分内容体现了公司对未来发展战略的长远考虑。考虑未来行业环境的不确定性与动态性，撰写者可以不必事无巨细地撰写所有内容，但是应该体现公司对行业发展的前瞻性考虑。

二、SWOT 分析法

（一）SWOT 分析法简介

SWOT 分析法是对公司的优势（strengths）、劣势（weaknesses）、机会（opportunities）和威胁（threats）的分析。它集合了公司（内部）分析、环境（外部）分析和组合分析的结果，即基于内外部竞争环境和竞争条件下的态势分析。此种分析法将与公司密切相关的各种主要内部优势、劣势和外部的机会和威胁等，通过调查列举出来，并按照矩阵形式排列（见表 4-1），然后用系统分析的思想，把各种因素相互匹配起来加以分析，从中得出一系列相应的结论。这些结论通常带有一定的决策性，公司会依据这些结论确定公司的战略定位，从而最大限度地发挥优势、利用机会。

表 4-1 SWOT 分析矩阵

外部分析	内部分析	
	优势 S	劣势 W
机会 O	SO（利用）	WO（改进）
威胁 T	ST（监视）	WT（消除）

SWOT 分析法的目标是使公司资源与环境之间达到最佳匹配状态，以使公司获得可持续竞争优势。要达到这个目标，公司应遵循四个原则：①竞争战略应以公司优势为基础；②减少劣势或避免劣势；③发掘机会，特别是发挥公司的自身优势；④减少对抗和威胁。

（二）商业计划书中的 SWOT 分析法

初创公司在进行 SWOT 分析时可以参照以下三个步骤进行：

1. 分析环境因素

结合各种调查研究方法和专家团队分析，给出公司所处的各种环境因素，即外部环境因素和内部环境因素。外部环境因素包括机会因素和威胁因素，它们是外部环境中对公司的发展有直接影响的有利和不利因素，属于客观因素；内部环境因素包括优势因素和劣势因素，它们是公司在发展过程中自身存在的积极和消极因素，属于主观因素。在调查分析这些因素时，不仅要考虑到历史与现状，更要考虑未来发展问题。

来自组织机构外部的机会因素具体包括技术创新、新产品、新市场、新需求、外国市场壁垒解除、人口和社会变化、贸易自由化、竞争对手失误等。

来自组织机构外部的威胁因素具体包括新的竞争对手、替代产品增多、市场紧缩、行业政策变化、进口威胁、经济衰退、客户偏好改变、突发事件等。

来自组织机构内部的优势因素具体包括有利的竞争态势、充足的财政来源、良好的公司形象、技术力量、规模经济、差异化的产品、市场份额、成本优势、广告攻势等。

来自组织机构内部的劣势因素具体包括设备老化、管理混乱、缺少关键技术、研究开发落后、资金短缺、经营不善、高成本、市场定位不好、产品积压、竞争力差等。

SWOT方法本质上是一种将外部环境与内部环境紧密结合起来的系统思维方法，这种方法可以把对问题的"诊断"和就此开出的"处方"联系在一起，其最大优点是考虑问题系统全面。

2. 构造SWOT矩阵

将调查得出的各种影响因素根据影响程度排序，构造SWOT矩阵。在此过程中，将那些对公司发展有直接的、重要的、大量的、迫切的、久远的影响因素优先排列出来，而将那些间接的、次要的、少许的、不急的、短暂的影响因素排列在后面。此外，将内部优势与外部机会进行匹配，分析后得出SO策略并填入对应位置；将内部劣势与外部机会进行匹配，分析后得出WO策略并填入对应位置；将内部优势与外部威胁进行匹配，分析后得出ST策略并填入对应位置；将内部劣势与外部威胁进行匹配，分析后得出WT策略并填入对应位置。

3. 制订行动计划

在完成环境因素分析和SWOT矩阵的构造后，需要对SO、ST、WO、WT策略进行甄别和选择，确定公司目前应该采取的具体战略与策略。制订战略计划的基本思路是：发挥优势因素，克服劣势因素，利用机会因素，化解威胁因素。运用系统分析方法，将各种环境因素相互匹配起来加以组合和思考，得出一系列公司未来发展的可选战略和对策。

公司竞争分析几乎是每一份商业计划书中都会涉及的内容，需要引起撰写者的足够重视。本书第四部分沈阳森之高科科技有限公司商业计划书的3.3给出了竞争分析的撰写思路。该创业者利用波特五力竞争模型分别从进入壁垒、替代品威胁、买方议价能力、卖方议价能力和现存竞争者之间的竞争五个方面阐述了无线运动捕捉传感系统这款产品面临的行业竞争环境。通过分析可知，无线运动捕捉系列产品的进入壁垒较高，替代品威胁中等，买方议价能力和卖方议价能力均比较弱，现存竞争者之间的竞争压力较小。因此，公司可通过确定高效的营销方式和方案加强产品的宣传与推广，加大产品技术研发，把握产品需求，抓住市场机遇，成功率较高。这部分的撰写思路值得我们借鉴和参考，但是如果能够在此列出更多的调研数据，进一步支撑得出的结论，效果会更好。

第二节　对手分析：知己知彼方能百战百胜

在商业计划书中运用波特五力竞争模型对行业竞争进行分析时，现有公司间的竞争是一个比较重要的方面。这些公司与本公司处于同一个行业，生产同一种产品，提供同一种服务，因此，这些与本公司处于同一竞争赛道的竞争对手会对公司的盈利能力和市场份额产生直接影响。基于这个原因，商业计划书的撰写者在撰写这部分内容时，一般需要重点分析公司的竞争对手。对竞争对手进行分析，一般需要遵循识别竞争对手、评估竞争对手和竞争强弱对比分析等流程（见图4-2）。

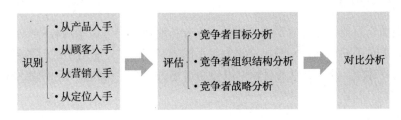

图4-2　竞争对手分析的流程

一、识别竞争对手

每个公司都有自己的竞争对手，只有对竞争对手进行调查，知己知彼才能百战不殆。在撰写商业计划书时，许多创业者会低估市场中竞争者的实力，对竞争对手进行分析时草草了之，甚至认为没有竞争对手。但是有经验的投资人不这样认为。对竞争对手进行详细了解和分析会让投资人认为公司对市场进行了严谨而详细的调查，也有足够的实力经营这一项目。

实际上，在一般市场中，大部分市场份额常常被一些大公司占据。因此，创业者在分析竞争对手时一般需要先从行业领先者开始分析，并且提供真实详细的资料，增强投资人对项目可实施性的信心。具体分析时可以从以下几个方面着手：

（1）说明处于行业领先地位的公司销售额占全行业销售额的百分比，产品所占的市场比重，以及市场占有率的变化趋势是增加还是减少。

（2）说明哪些公司在行业历史中占有过领先地位。

（3）说明在过去的三年或者五年中哪些公司的销售额在稳定增长。

（4）说明在市场中，整体的竞争激烈程度是在加剧还是减弱。

上述因素的研究结果最好使用图表展示，可以使数据一目了然。在具体分析过程中，可能公司一时间无法明确自己的竞争对手，以下四种方法可以帮助公司识别其竞争对手：

（1）从产品入手。销售同类产品与提供同类服务的公司一般就是本公司的直接竞争对手，这种竞争对手也可以叫作同业竞争对手。有些公司的产品虽然与本公司产品不属于同一类，但属于本公司产品的替代品，此类公司也是竞争对手。

（2）从客户入手。如果某公司产品所满足的目标客户与本公司是相同的，那么该公司可能是本公司的竞争对手；相反，如果目标客户不同，那么这样的对手不能称为竞争对手。

（3）从营销入手。如果公司之间在广告、促销、市场推广上都存在竞争行为，那么它们之间很可能存在竞争关系。

（4）从定位入手。产品定位在同档次的公司通常是竞争对手。

对一个公司来说，竞争对手并非固定唯一的，而是变化的，市场中随时有新竞争对手进入，也有原竞争对手退出，在商业计划书中要指出那些可能出现的新竞争对手。

二、评估竞争对手

为了更加全面地对竞争对手进行分析，在分析时可以参考以下内容：

（1）竞争对手的目标。一般包括竞争对手的经营理念、竞争对手的财务目标、竞争对手的业务发展目标。其中，财务目标可以使用市场占有率、获利能力和销售增长率等指标进行说明。

（2）竞争对手的组织结构。包括竞争对手高层的背景和经历、竞争对手的职能结构、员工的激励措施和培养要求等。

（3）竞争对手的战略。包括竞争对手的产品策略、渠道营销战略、发展战略、研发战略、生产战略和价格策略等。

对竞争对手的信息进行收集和整理是竞争分析的基础工作。获取竞争对手信息的渠道有竞争对手的年度报告、各种报纸和杂志、行业出版物、竞争对手广告、市场调查、供应商等。收集到大量竞争对手的资料后，还应建立完善的竞争对手分析数据库，以便在撰写商业计划书时可以充分、及时地使用。

三、竞争强弱对比分析

与竞争对手相比，创业公司有哪些竞争优势，是一份商业计划书中需要详细回答的问题。在这部分论述中，最好以图片和表格的形式将优劣势进行直接比较，不仅直观明了，而且方便得出结论和制定对策。此外，在进行具体的产品分析时也可以应用图表对比分析方法，通过产品性能和数据的比较可以让投资人直观感受到本公司产品和竞争对手产品之间的差异和优势。利用竞争强弱对比分析表不仅可以将创业公司与其主要竞争对手或所有竞争对手进行对比，还可以找出公司相对于竞争对手的优势和劣势，并制订出相应的行动超越计划（见表4-2）。

以广告为例，创业者可以认真观察全部竞争对手的广告，并提出问题和进行比较。观看过竞争对手的广告之后，可以提出下列问题：他们以什么作为吸引客户的特色？他们集中关注怎样的强项——技术能力或方便性？他们的广告要点对于目标市场有多重要？他们在哪里做广告——电视、广播、报纸、杂志或者广告牌？他们的广告是否比本公司的更奏效，是否应该重新评估一下本公司广告？本公司的广告还有什么需要改进的地方？

表4-2 竞争强弱对比分析表

对比项目	竞争者的情况	本公司的情况	相对于竞争者		应采取的超越/改善计划
			优势	弱势	
价格					
质量					
服务					

续表

对比项目	竞争者的情况	本公司的情况	相对于竞争者 优势	相对于竞争者 弱势	应采取的超越/改善计划
位置					
广告					
性能特色					
产品结构					
可靠性					
交货					
方便可用性					
形象					
荣誉					
渠道					
财务状况					
客户忠诚度					
保修					
技术卓越性					
新产品革新					
定位及战略					
市场占有率					
管理					
员工培训					

对与本公司处于同一个赛道的竞争对手进行分析,是商业计划书竞争分析的重要组成部分。竞争对手会直接影响本公司是否能够在行业中存活下来,只有清晰且直观地体现了本公司与竞争对手的强弱对比,才能让投资人理解本公司在行业中所处的地位及未来的发展空间。因此,撰写者在写这部分时,一定不要有所遮掩,应尽可能真诚地在计划书中说明竞争情况。

第三节 优势分析:识别和构建公司护城河

一、识别竞争优势

在商业计划书中运用 SWOT 分析法对公司的情况进行分析时,优势分析是比较重要的方面。撰写商业计划书的目的之一就是要凭借公司的竞争优势,吸引投资人的投资兴趣,从而为公司或公司即将运行的商业项目争取更多的资金支持,以实现公司的长远发展。因此,撰写者应该不吝笔墨,详尽地说明公司的竞争优势,以彰显公司的投资价值。撰写者可以从竞争的五个维度,即优势竞争产品三要素、市场细分、差异化竞争、营销策略和地区策略进行阐述。

（一）优势竞争产品三要素

所谓优势竞争产品三要素，指的是成本、效率和用户体验。创业者可以从这三个方面来阐述公司产品的竞争优势所在。

1. 成本

在公司运营中，成本是一个极为重要的因素，投资人一般不会将资金投入到那些在各方面成本都远高于行业平均水平的公司。与之相反，他们往往更加青睐那些各方面成本相对较低的公司，因为更低的成本意味着公司有机会拥有更大的利润空间，从而给投资人带来更多的投资回报。

2. 效率

高效率是公司持续高速发展的秘密。从业务层面来看，公司效率包括生产运营效率、营销效率等多个方面。以零售行业为例，重要指标"库存周转天数"便是公司生产运营效率的一种直观体现。京东将原有大型零售公司 60~70 天的库存周转天数通过各种途径缩短至 30 天，这一举措带来的运营效率的提高不仅降低了库存成本，而且为其开展其他业务留出了时间。

3. 用户体验

良好的用户体验能够为本公司赢得数量众多且更加忠诚的客户。公司可以通过提供高品质的产品给用户以良好的体验。客户在使用过品质较好的产品之后便难以再接受那些品质相对较差的产品，他们往往会对公司的产品产生一定的依赖性和忠诚度，因此愿意为此付出一定程度的溢价。

（二）市场细分：占领垂直市场

很多创业者认为，公司的基本策略就是让本公司的产品与服务满足现有的市场需求。然而，随着市场经济的发展，新生公司不断涌入，使得行业竞争越来越激烈，行业市场也日趋饱和。有限的市场容量及大量同质产品的存在使行业中的公司获利越来越少。为了避免这种激烈的同质化竞争，越来越多的公司选择开发新的领域，在自己擅长的细分市场进行深耕。占领垂直市场便是对众多细分市场的一个选择。

垂直市场是指由一群公司和客户组成的市场，这些公司和客户围绕一个特定的利基市场相互联系。垂直市场中的公司适应该市场客户的专业化需求，一般不为更广泛的市场服务，他们能够为垂直市场的客户提供精细化的服务。公司在占领垂直市场之后，可能会拥有产品定价和制定行业标准等方面的话语权。

（三）差异化竞争：做能够占领客户心智的产品

"竞争的基本单位是产品的品牌。"对于一家公司而言，产品的设计、开发、制造和销售等各项业务活动的开展无不渗透着公司品牌的建立，公司的核心价值通过品牌来体现。对于大多数客户来说，品牌承担了产品的大部分价值，可以降低客户在购买过程中的信任成本，唤起其对品牌的熟悉感，让消费行为轻松顺畅。

因此，创业公司需要通过对产品进行精准定位来建立品牌。在找准产品定位后，公司还要进一步将本公司产品与同质产品进行区分，进行差异化竞争。那么如何彰显这种差异化呢？

一个简单有效的方法就是根据产品特点，简洁明了地把这种差异表现出来。如果公司的产品市场销量很好，就可以用数字把公司的销售量表达出来，就像大家在淘宝购物时，总会留意一下这件商品的成交量是多少；如果产品在市场上供不应求，那么无论是对客户还是对投资人都会产生极大的吸引力；如果产品是某个品类的开创者，那么仅凭借"前无古人"这一点，公司的产品已经具有足够的吸引力；如果公司品牌是年代久远的老字号，或者一代人的儿时记忆，则可以将目标客户的怀旧心态作为卖点，这种情怀对于他们也极具吸引力。

另一个比较有效的方法是锁定某一客户群体，指出该产品对这一特定群体的影响力。例如，步步高点读机，"哪里不会点哪里"锁定的就是中小学生群体和工作繁忙无暇顾及孩子的学生家长，从而成功占领了这个客户群体的心智。

公司产品与同行业竞争者产品的差异点，既是产品的核心价值，也是客户选择公司而不选择其他人的理由。所谓差异化，不是产品生产者心中的差异化，而是消费者心中认可的差异化。对于新类型的产品来说，无须过分强调其差异性；而对于那些竞争激烈的产品，差异化会起到极为重要的作用。创业者在商业计划书中一定要注意体现产品的差异化，生产出最能占领客户心智的产品。

（四）营销策略：有无较强的传播能力

以客户需求为出发点，根据客户的消费习惯有计划地组织商品销售活动，就是营销策略。在商业计划书中创业者要向投资人阐述公司的营销策略，好的营销策略可以为商业计划书锦上添花。随着互联网经济的飞速发展，越来越多的公司注重借助互联网这一平台进行产品营销。由于互联网具有用户数量多、传播速度快和覆盖面广等显著特点，依托此平台进行的产品营销也往往具有诸多优势。

1. 互联网营销的特征

（1）互联网营销的前提条件是公司需要让他们的产品对客户有价值。一般而言，产品的价值越高，信息发散的速度就会越快。互联网营销使用的方法之一就是让客户将有价值的产品以一种自发自愿的方式推广出去。

（2）互联网营销构建通信平台并提供可以交换的信息，便于客户之间相互通信以实现赢利。具有创意的互联网营销计划可以达到使用他人资源来宣传公司产品的目的。

（3）具有全球性、即时性和互动性的特点。借助功能强大的互联网，公司可以在很短的时间内向全球客户传播信息。携带产品信息的媒体文件通过即时消息、论坛和电子邮件等方式在全球范围内迅速传播，而且这种传播方式成本极低。

（4）几何倍数的传播速度和高效率的接收。一方面，互联网这种传播方式本身就具有信息传播迅速的特点；另一方面，互联网营销下目标客户在很大程度上是通过人际关系和群体交流自发、自愿地传播产品信息。因此，这种营销方式具有几何倍数的传播速度。同时，熟人之间产品信息的分享会在很大程度上提升目标客户对产品的信任度，从而使他们较为容易接受这些信息。

2. 实现互联网营销的途径

一般情况下,公司为了实现互联网营销会采用以下四种途径(见图4-3):

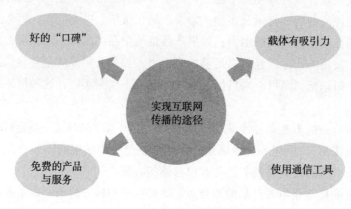

图4-3 实现互联网营销的途径

(1)为人称道的好"口碑"。出于多种原因,人们总是存在倾诉欲望,想要告诉别人他们的经历。这种言语交际对人的影响非常大,它是人与人之间较为常见且有效的交流方式,人们对于口头言语往往表现出高度的信任。在竞争激烈的互联网时代,"口碑"这个古老的词汇仍然显示出神奇的力量。

(2)提供免费产品与服务。"免费"是人们进行消费时始终关注的一个词,如果一种产品与服务是免费的,它将赢得目标客户极大的关注度并激发他们的购买欲望。创业公司可以借助这一消费心理进行产品营销,例如免费赠送产品或免费提供服务,可以增加产品与服务的使用人数并从中得到有价值的数据信息,为进行互联网营销提供有利条件。

(3)承载信息的主体必须具有吸引力。单一且无趣的营销形式对目标客户缺乏吸引力,亦不会增加他们对品牌的好感度。而创新才会吸引大量的目标客户,互联网营销更需要不断创新,以使公司的营销理念更加先进。公司可以将加工美化后、具有显著吸引力的产品信息传达给目标客户,这不仅可以改变消费者的谨慎态度,甚至可以促使其从单纯的消费者转变为积极的传播者。

(4)使用通信工具进行传播。QQ、微信、电子邮件等通信工具具有成本低廉、展示直观和使用人群数量庞大等优点。利用这些通信工具可以使大部分人积极参与到公司的产品营销过程中来。为了传播信息,公司有必要利用这些为人熟知的通信工具进行产品营销。

(五)地区策略:产品将在什么地区建立竞争优势

创业公司在进入行业市场时,会考虑这样的问题:公司的产品将要在哪些地区进行销售?在此地区进行销售是否会遭遇同行业竞争对手的抵制?将会面临何种程度的抵制?因此,创业公司对于销售地区的选择将会对其所面临的竞争形势产生重要影响,公司必须在综合考虑各方面的因素之后,采用适当的策略,慎重选择所要进军的地区。

1. 多点竞争策略

多点竞争中的"点"即"市场",其含义包括以下几点:①区域市场或者国家市场,如广州市场或者中国市场;②细分市场,如高档市场、中档市场和低档市场;③一个产品生产销售线或者一个经营单位,如专门生产洗衣机的公司;④以上各个部分的不同组合,如广州地区的洗衣机市场。

从以上几点来看,如果一个公司有多个地区、多个细分市场、多个产品线或多个行业的子公司,则该公司在多点竞争中比较具有优势;反之,就可能存在更多的竞争劣势。在多元化的公司集团中,市场是子公司及区域市场(如某个国家洗衣机市场)的组合。从某种角度来说,市场是商业世界的战场。在不同的特定战场上利用多点竞争理论和方法,公司就可以总结出广泛适用的策略。

(1)积极的攻击策略。如果甲公司具有多点竞争攻击的优势,乙公司有多点竞争反击的劣势。接下来,甲公司可以集中各个市场和子公司的资源,对乙公司采取积极的攻击策略。在这种情况下,乙公司很有可能会因自身的局限性导致反击失败,被迫退出市场。

(2)纠缠进攻策略。甲公司察觉到乙公司正准备进入一个目标市场,且该市场对甲公司非常重要。甲公司可以采取纠缠进攻的战略:甲公司去进攻乙公司的主要市场,迫使乙公司暂时停止进入新的目标市场,转而防范甲公司对其主要市场的攻击。

(3)诱骗策略。如果甲公司和乙公司围绕着一个主要战场竞争。有竞争力的乙公司觊觎甲公司的目标市场A,并且目标市场A对于甲公司更为重要,甲公司为了阻止乙公司,使用诱骗策略:首先假装退出主战场,诱骗乙公司改变战略方向,先把资源用于争夺主战场而放弃争夺目标市场A。

除了应用于区域竞争战略外,多点竞争还可以应用于产业竞争、客户竞争、产品竞争等。

2. 区域相对垄断策略

在很大程度上消除竞争并形成相对垄断是一种十分具有竞争力的手段。公司可通过自身建设、收购和兼并等方式,形成在区域内相对垄断的地位。通过对该区域的控制,实现价格稳定,减少不必要的成本,才能提高竞争力,消除现有市场的恶意竞争。对该地区的相对垄断是区域竞争的有力工具。许多公司通过区域垄断取得了成功。一般而言,区域相对垄断计划包括自建、兼并、收购、合资或形成战略联盟。

应当指出的是,区域内的过度垄断容易滋生懒惰,可能会使公司丧失创新精神和热情。因此从长远来看,它可能不利于公司发展。除了在区域竞争战略中的应用,相对垄断还可以应用到产业战略、顾客战略和产品战略中。创业者在商业计划书中分析公司竞争优势时可以对产品的地区竞争策略加以分析,好的地区策略也是公司竞争的有力武器。

二、构建竞争优势

在对公司已有的竞争优势进行详细阐述之后,撰写者还可以考虑对公司如何着手强化这些竞争优势进行介绍。这样可以给投资人留下较好的印象,即创业者确实在认真地经营公司并且立志将公司发展壮大。强化竞争优势可以让公司拥有强大的护城河。因此，创业者在撰写商业计划书时要对护城河理论有深入的理解，并建立自己的护城河，才能立于不败之地。护城河的构建主要有构建高品牌认知度、提高进入成本和构建多重准入壁垒三大策略。

（一）构建品牌认知度

很多公司希望拥有高认知度的品牌并为此确立相应的品牌战略，但等到此战略真正要付诸实施时才发现困难重重：品牌认知度与品牌之间的关系是什么？品牌广告到处都是，是否代表着消费者对此具有较高的认知度？媒体的大量宣传是否代表着品牌的高认知度？消费者的一致认可和赞扬是否代表了品牌的高认知度？创业者要先想明白这几个问题，理解品牌认知度的意义，再着手撰写商业计划书。

如何构建品牌认知度可能是许多公司常常在思考、谋划的问题。事实上，公司的品牌认知度不是由一两个因素就能决定的，品牌认知度的决定性因素和内容非常多，不是单一维度就可以表现出效果的，而是公司计划好品牌战略并将其落到实处的良好结果。即使是同类品牌，市场认知度的决定性因素也不尽相同。

总体来看，构建品牌认知度的关键有四点。

（1）树立价值观的影响力。价值观的影响力是实现品牌长期效应的核心力量。价值观是产品与服务的基石。如果公司没有强大的核心价值观，其产品也很难达到较高的品牌认知度。

（2）强大的核心竞争力。产品需要不断优化用户体验以维系客户关系，这就要求公司必须拥有强大的技术支持，利用高超的技术和优质的服务逐渐培养出一个庞大的客户群。

（3）创新的品牌洞察力和营销能力。创新可以使品牌在时代的飞速发展中基业长青。例如可口可乐50年前已经取得了市场领导地位，今天它仍然是产品营销的典型代表。

（4）保持长效。建立客户和市场对品牌的认可，必须持之以恒保持长效。品牌的高度不是口头上的高度，也不是创业者设想出来的高度，而是最终产品的市场价值。

构建品牌高认知度，既不是基于生产者，也不是基于卖家，而是从客户的角度出发进行品牌管理。为什么建立以客户为导向的品牌定位？因为以客户为导向能够更好地理解和满足客户的需求，对产品的销售和推广更有利。

产品的名称让人耳熟能详，客户购买公司的产品时无须思虑太多，这是品牌高认知度的表现之一。品牌的高认知度是创业者在商业计划书上所展示的宏伟蓝图，需要科学理论支持和与之匹配的执行能力。因此，以目前的认知水平使品牌的认知度实现飞跃很有可能成为创业者的妄想。构建品牌高认知度、为品牌创造高价值的捷径之一是提高创业者的认知能力，并按照商业计划书上的规划一步步去实现公司的发展战略。

（二）提高进入成本

进入成本是新公司想要进入市场、参与市场竞争需要付出的成本。因为产业内的公司已经拥有了一定的优势，新公司想要进入市场就需要承担一种额外的成本——进入成本。此类成本的高低反映了市场内已有公司优势的大小，也反映了新进公司所遇阻碍的大小。

原有公司为了构建公司的护城河，可以采取提高进入成本的手段阻止新公司的进入，以防市场竞争愈来愈激烈。一般情况下，原有公司可以通过以下方式提高进入成本：

1. 规模经济

规模经济意味着在一定时期内公司所生产产品的单位成本将随着产品数量的增加而降低，这一现象几乎适用于各个环节，如原材料采购、产品制造、销售、售后服务等。规模经济迫使那些想要进入行业市场的新公司只能加大投资，扩大生产规模，或者为了规避风险只能进行小规模生产，从而使新公司的竞争力降低。

2. 资本需求

资本的需求使新公司进入市场的壁垒变高，公司在生产设施和前期宣传的投入越多，进入成本就越高。原有公司希望通过建立障碍以阻止新公司进入该行业。例如，施乐采取复印机租赁而不是售卖的方式，使自身的流动资金增加，让准备进入行业的新公司望而却步，这构成了该行业现有参与者的优势。

3. 建立销售渠道

新进入者进入行业时可能会发现，产品的理想分销渠道已经被行业内原有公司占据，自身必须通过降价、增加广告费用等方式促进其产品被分销渠道接受，这些都阻碍了公司进入该行业。例如，当新进入者进入商场销售新产品时，就必须使零售商在相应的商品货架上为本公司的新产品空出一定的位置。为了使零售商出售本公司的新产品，公司必须做出一定程度的利益牺牲。通常，原有公司已经与批发渠道或零售渠道建立了合作关系，这种关系可能是排他性的。如果新进入者无法进入原有渠道，只能花费更高的成本建立新的渠道，或者放弃进入市场。

4. 原创产品技术

现有公司可以通过专利保密的形式独享产品和技术设计，防止新进入者模仿产品的生产工艺与流程。除此之外，原有公司还可以利用自己先进入市场的优势来阻止新进入者获取最优资源，使新公司无法获得合适的生产资源。

总之，原有公司可以采取各种措施来提高进入成本，阻止新公司进入行业市场。因此，新公司在进入行业市场时可能会面临许多障碍及来自许多利益相关者的压力，但这种障碍和压力有正反两面。原有公司利用这些方法阻止新公司进入行业市场，新公司也可以"以其人之道还治其人之身"，利用这些障碍进入市场，可以通过分析这些障碍的入口，逆转思维，有效避免风险。

（三）构建多重准入壁垒

准入壁垒是指行业外其他公司或品牌进入该行业必须付出的代价。追求消费者忠诚度的公司一般都试图建立自己行业的市场壁垒，以阻止其竞争对手的大规模入侵。构建准入壁垒可以从以下几个方面入手。

1. 品牌壁垒

品牌壁垒是指利用品牌效应来保护产品。消费者在想到或提及某类产品时，首先会想到的是本公司的品牌而不是其他竞争对手的品牌。较大的品牌往往通过长期不懈的品牌形象塑造和历史、文化、政治等内外因素的有效整合，形成坚实的品牌壁垒，并拥有一批稳定的忠诚消费者。

2. 区域壁垒

区域壁垒是指在本地市场和周边区域市场中建立品牌效应，借助区域品牌使本公司的品牌在该区域产生强大的亲和力和影响力，牢固地建立起区域壁垒。然而，需要注意的是，随着市场经济的快速发展，区域壁垒在当前日益开放的市场竞争环境中也存在一定的风险。例如，在相对开放的区域市场竞争环境中，其他竞争对手可以联合起来，将更多的市场投资、更精确的营销策略和更个性化的新产品相结合，来突破区域壁垒。

3. 渠道壁垒

渠道壁垒是指利用品牌对主要子渠道的准确分析，选择一个最适合自己品牌的主要攻击渠道，将资本和精力专注于一个方面，在短时间内为自己的品牌建立最稳固的市场防御。然而，渠道壁垒容易被竞争对手以更高的渠道建设成本和新的促销活动突破，因此，构建渠道壁垒更多的是作为公司的短期战略。从长远来看，还应该构建其他有效的市场壁垒。

4. 习惯壁垒

习惯壁垒是指通过不断培养消费者使用自己品牌的习惯，让消费者逐渐适应其产品或服务的特殊使用方法，从而不愿接受其他竞争对手的产品。习惯壁垒的市场风险在于较长的潜伏期，公司是否能够坚持这个长周期至关重要。但是，一旦形成基于习惯壁垒的广泛认可，公司将会有大量长期忠诚的消费群体。

对现有竞争优势和强化竞争优势的举措说明，可以使投资人较为清楚地了解公司的实力，进而决定是否要对公司进行投资。因此，撰写者在撰写这一部分内容时应该详尽地阐述公司的竞争优势，为公司争取更多的资金。

对本公司的产品与服务进行优势分析可以使投资人发现投资亮点，因此这部分内容需要引起撰写者的足够重视。本书第四部分沈阳森之高科科技有限公司商业计划书的 8.5 为我们提供了竞争战略撰写思路。该创业者精准描述了自己的竞争优势：森之高科拥有强大的研发团队及国内领先的无线运动捕捉传感技术，这使森之高科有能力针对不同的领域市场，设计出与该领域市场相契合的无线运动捕捉解决方案。该公司产品具有"精度高、体积小、功能丰富"等特点，在多方面均优于市场上现有的无线运动捕捉产品，这为公司采取差异化竞争战略提供了重要保障。在正确识别竞争优势之后，森之高科的创业者将据此构建竞争优势：公司将采取差异化的形式开发不同类型的无线运动捕捉传感设备，并提供与之相对应的特色化服务。从识别竞争优势再到据此构建竞争优势的过程也是公司对自身产品再认识的一个过程，这个思路值得我们参考。但是，如果能在差异化竞争战略这一部分继续展开，具体阐述将针对不同领域的市场采取何种特色化的服务，效果将会更好。

第四节　未来分析：如何实现公司永续发展

商业计划书中既要展现出公司当下的竞争优势，又要展现出公司对于未来竞争的战略规划。在百舸争流的市场竞争中，公司凭什么能笑到最后呢？凭借的就是公司的竞争优势。未来竞争优势有两个方面需要在商业计划书中阐述清楚：一是面对当下竞争对手与巨头的生存优势；二是在大量的竞争对手涌入之后如何继续保持优势。

一、面对当下竞争对手与巨头的生存优势

相信很多创业者都会发现，初创公司的市场形势越来越严峻。不只是较大的市场，就连很多细分市场都已经被大公司所占据。开始创业的公司应怎样去参与当下的市场竞争，在巨头林立的市场环境下占据自己的一席之地？有三个方面的策略可以学习：①走与商业巨头有差异的差异化之路；②可以借力于商业巨头；③进行创新。

（一）差异化

初创公司在成立之初，决定未来的方向时，可以避免与巨头直接竞争。第一个区别是公司的业务领域存在差异。以美团旗下的美团优选和拼多多旗下的多多买菜为例，二者都是社区团购行业的翘楚。美团优选背靠美团外卖，自上线以来收获了巨大的成功；多多买菜则依靠其在农产品领域的优势，向用户提供价格更加低廉且覆盖面更广的农产品。这一业务领域上的差异使多多买菜在与美团优选的竞争压力下成功存活了下来。

第二个区别是可以制造差异化的产品和服务与行业巨头竞争，如果产品和服务有一定的差异，那么公司可能会拥有生存和发展的空间。例如，陌陌是面对陌生人的社交平台，微信则是面对熟人的社交平台，陌陌通过服务群体的差异化避开了与微信的直接竞争。

除以上两个方式外，公司也可以选择深耕行业巨头未曾涉足的市场空白，将这片空白做到极致，也可以获得一定的生存空间。例如，YY语音是广州津虹网络传媒有限公司旗下的一款游戏语音通讯平台，其功能强大、音质清晰，是一款适应游戏玩家的免费语音软件。在各大商业巨头未成功涉足游戏语音通信行业时，YY语音就成功地占领了该市场。

（二）借力商业巨头

初创公司可以利用商业巨头的巨大影响力帮助公司获得生存空间。这里的借力有两种，一种是做商业巨头的配套产品，以避免与其直接竞争；另一种是做行业巨头的产品服务商。例如，可以为大型的游戏公司做加速器服务。选择一条和巨头合作的路，不仅可以成功地打败竞争对手，在商业巨头的庇护下得以生存，还可以成为商业巨头的合作伙伴。

所以在创业初期，可以选择做商业巨头的合作伙伴，先发展壮大，再垂直发展，这样风险会小很多；或者借助巨头之间的竞争，寻找机遇坐收渔翁之利。

（三）进行创新

创新是引领发展的第一动力，公司应该根据不断变化的市场环境和不断变化的顾客需

求，从公司管理经营的各个层面进行创造和革新，以适应高度不确定的市场。根据创新内容的不同，企业创新可以分为制度创新、技术创新和管理创新。

1. 制度创新

制度创新是指为适应公司面临的新情况或新特点，对原有的公司制度进行修订。制度创新的核心是产权制度创新，它是为调动经营者和员工的积极性而设计的一整套利益机制。只有先进的企业制度安排，才能调动各类人员的积极性，推动技术创新和管理创新的发展。

2. 技术创新

技术创新是指一种新生产方式的引入。这种新方法可以建立在一种新科学发现的基础上，也可以是以获利为目的经营某种产品的新方法，还可以是工艺上的创新。

3. 管理创新

管理创新是指公司把新的管理要素或要素组合引入企业管理系统的活动。它通过对公司各种生产要素和各项职能在质和量上进行新的改变或组合安排，以创造出一种新的、更有效的资源整合模式。

做好以上三点，初创公司也可以在巨头林立的市场竞争中获得生存的空间。公司得以生存的根基就是公司的生存优势，创业者在撰写商业计划书时要将这种生存优势体现出来。

二、大量竞争对手涌入后如何保持优势

持续学习是公司提高核心竞争力的最基本、最有效的方法之一。学习是公司开创美好未来的能量之源。据《财富》杂志分析，现在那些最成功的公司基本上都是学习型公司。荷兰皇家壳牌石油公司的规划总监曾说："当今世界上最大甚至是唯一的竞争优势是能够比竞争对手更快地学习。"无论公司过去的成就多么辉煌，只要停止学习，其知识和能力就会不断老化和退化，这将导致公司在市场上逐渐被边缘化。无论公司是通过自我发展或共同开发，还是通过技术、人才、联盟合作和知识产权市场获得关键技术和技能，都可以逐渐形成公司的核心竞争力。在这个过程中持续学习发挥着重要作用。

为了在大量竞争对手涌入后依然保持竞争优势，公司要对市场的发展趋势有一个准确的把握，为创建、强化核心竞争力而不懈努力。核心竞争力的建立不能一蹴而就，需要不断地改进和积累才能使其高涨，始终引领和推进公司发展。通过公司的重组和积累，可以实现核心竞争力的培育和发展。这个过程主要有三个阶段：首先，发展构成核心竞争力的专业知识和技能；其次，整合这些专业知识和技能建立核心竞争力；最后，发展核心产品市场。市场是实现竞争优势的战场，核心产品所占的市场份额比最终产品所占的市场份额意义更大。

培养核心竞争力的方法有演化法、培育法和合并法三种。演化法是指团队的领导者选择目标，所有员工向着一个目标努力工作，力图在合理的时间内建立核心竞争力；培育法要求公司成立专门小组，全力冲击公司选择的目标，在2~3年内培养出公司的核心竞争

力；合并法是先选择理想的核心竞争力，然后并购有这种能力的公司。

无论是个人还是公司，要先具有竞争优势，才谈得上如何保持竞争优势。创业者要明确目前的竞争优势是什么。是专业的高新技术？技术是不断更新换代的，凭借技术始终引领行业并不容易，关键是要维持好技术人员的稳定性。是产品的用户群？客户也会喜新厌旧，会不断对产品提出新的要求，公司需要提升产品质量又不能涨价太多，这需要公司拥有持续的造血功能。

无论是初创公司还是已经拥有一定行业地位的大公司，都需要具有高度的危机意识，不断更新知识体系，与时俱进，不落后于时代潮流，才能保持竞争优势。

在商业计划书中将公司当前的竞争优势和未来保持竞争优势的战略方案计划好，可以帮助创业者对公司的未来有一个完整的规划蓝图。这种长远又明晰的发展规划会增加投资人对公司的好感。

课后习题

1. 如何应用波特五力竞争模型？应用过后可以得到哪些基本结论？
2. 在公司分析中为什么要运用竞争优劣势分析 SWOT 分析法？
3. 如何识别并分析竞争对手？可以使用哪些方法？
4. 如何进行竞争优势分析？主要包括哪几个方面？

即测即练

第五章

产品与服务

【重点问题】

1. 产品与服务的本质是什么？
2. 如何理解和运用产品生命周期理论？
3. 如何科学和系统地介绍产品与服务？
4. 如何设计产品规划和开发方案？
5. 产品运营模式的三个层次是什么？
6. 如何分析产品与服务的核心痛点？
7. 如何阐述产品与服务的优势？
8. 如何有效提升产品竞争力？

【学习目标】

1. 了解产品与服务的基本内容。
2. 掌握产品三层次理论及运用方法。
3. 掌握产品生命周期的阶段和特点。
4. 掌握产品与服务介绍的思路和方法。
5. 了解产品运营模式的三个层次。
6. 理解产品与服务开发的创意来源。
7. 精准分析产品与服务的核心痛点。
8. 掌握提升产品与服务竞争力的方法。

第一节 产品与服务的基本理论

一、产品三层次理论

20世纪90年代以来，菲利普·科特勒（Philip Kotler）等著名学者使用产品三层次理论（Product Three-level Theory）来表述产品的整体概念，即任何一项产品从理论上都可以分解为三个层次：产品核心层、产品有形层和产品延伸层，并且每一个层次都会增加客户价值。产品三层次理论示意见图5-1。

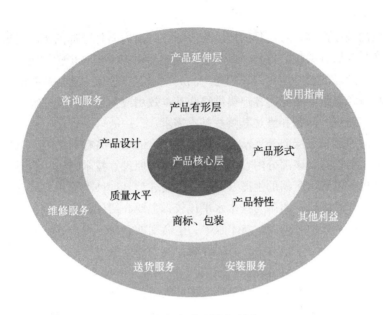

图 5-1 产品三层次理论

（一）产品三层次理论

产品三层次理论的第一层是产品核心层，也称核心产品，是三层次理论中处于内核的部分，是最基础的存在，可以增加核心顾客价值（Core Customer Value）。产品核心层的本质是解决问题，即解决客户真正购买什么的问题的标准；同时也是客户购买产品的核心驱动力，要求产品能够向客户提供产品的基本效用或利益。每一种产品实质上都是为解决问题而提供的服务，其中实体产品往往是解决问题方案的载体。因此，任何产品都必须具有反映客户核心需求的基本效用或利益，以帮助其解决最基本的需求问题。

在内核之外的第二层是产品有形层，可以将产品转化为有形的实体与服务，是可以让客户真正看得见且摸得着的产品层次。在产品有形层必须围绕产品的核心利益构造一个实体产品（Actual Product），这一层次需要展示产品的五个特点：产品设计、质量水平、产品特性、产品形式、商标及包装。值得注意的是，即使是销售纯粹的服务，也必须具有相类似的特点。

在实体产品之外的第三层是产品延伸层，是公司可以为客户提供的一些附加服务和利益，以围绕核心利益和实体产品构造扩展产品（Augmented Product）。客户往往把产品看作满足需要的各种利益的复杂组合，例如，手机不仅是一种数字设备产品，它给用户提供的更是一个完整的解决移动联系问题的方案。当客户购买该产品后，公司不仅要为其提供一个有形的产品，还需要提供一份产品保修单、一份使用说明书、一份便捷的维修服务承诺书、一个当其出现问题需要咨询时可以随时联系的电话号码或者网址，以及让其有机会接触到种类繁多的其他服务的信息。

（二）产品三层次理论的应用

在商业计划书的撰写中要将产品三层次理论应用到产品与服务部分，公司需要依据产品三层次理论的核心内容，对自身的产品与服务进行由内向外延伸的逐层展示。如何清晰明确地展示产品与服务的核心内容？其表达逻辑主要由三个核心步骤构成：

第一步，从产品的核心层出发，阐述产品的核心客户价值。这是最基础也是最核心的部分，需要解释和说明产品能为客户提供哪些基本效用或利益，可以理解为能够帮助客户解决什么核心"痛点"问题和满足其哪些基本需求。

第二步，由产品核心层向外展示产品的有形层，依据产品有形层的五个特点阐述实体产品与服务的主要信息，该部分内容主要介绍产品的原理、技术特点、功能、实体产品的图片和形状，也可以展示产品的生产、商标、包装、型号、种类等相关信息。此外，要在此部分着重展现产品的研发团队与技术水平比较，主要介绍依托实验室、项目组、研发者的基本情况，包括依托项目列表、技术水平、生命周期、认证报告、鉴定报告、专利、研发费用等，还可以包括与竞争对手产品的性能、成本和竞争力比较等，以此向客户提供更加全面、准确、真实的产品信息。

第三步，展示位于最外层的产品延伸层，可以通过产品的相关服务、产品的影响力及产品的未来研发战略三个方面进行介绍。该部分内容主要介绍产品的相关服务，如使用指南、售后服务等保障客户利益的信息。同时，给出产品的获奖状况、新闻报道、已有客户的评价和体验等外部评价证据。此外，还需要阐述产品与技术的横向和纵向延伸、未来的创新发展计划和未来拟研发的新产品等。

通过应用以上三个核心步骤介绍产品与服务，可以更加清晰地展示产品与服务的效用，让客户快速准确地了解到产品与服务是否能够解决自身的需求、能否保障自身的利益并且解决相应的问题。

二、产品生命周期理论

产品生命周期（Product Life Cycle）是指一种新产品从准备进入市场开始到逐渐被淘汰退出市场为止的全部运动过程。产品生命周期是产品在市场经济运动中的经济寿命，即在市场流通过程中，由于客户需求的变化及影响市场的其他因素改变所造成的产品由盛转衰的周期。并且，在这个过程中产品与服务的消费需求、营销、竞争和资源调配都会遵循产品生命周期的驱动。因此，确切了解产品生命周期理论可以准确地掌握公司的产品与服务处于生命周期的哪一阶段，进而为公司调配资源和制订下一阶段计划提供保障。

（一）产品生命周期理论

1966年，美国哈佛大学的雷蒙德·弗农（Raymond Vernon）在《产品周期中的国际投资与国际贸易》一文中首次提出了产品生命周期理论。他的观点是产品的生命周期就像人类的生命一样，需要经历一个诞生、成长、成熟、衰亡的循环。由此，典型的产品生命周期理论诞生了，其主要分为导入、成长、成熟、衰退四个阶段。值得注意的是，并不是所有产品都会经历产品生命周期的四个阶段：有些产品一经推出就迅速进入成长阶段，没有经历导入阶段；有些产品会不经历成长阶段，直接由导入阶段进入成熟阶段；还有些受欢迎的产品，生命很短，会从成长阶段迅速进入衰退阶段，不久就被淘汰了。但是，市场中大多数产品的成长模式都遵循产品生命周期曲线（见图5-2），从导入期、成长期、成熟期，到最后被替代品取代或退出市场的衰退期。其中一些产品会在最后一个阶段通过创新和蜕变又进入新的产品生命周期。因此，产品生命周期的阶段性分析对制订商业计划书中的产品规划起着非常重要的作用，产品生命周期各阶段的特点见表5-1。

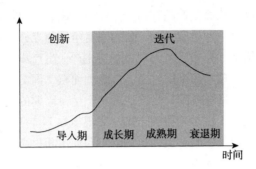

图 5-2　产品生命周期曲线

表 5-1　产品生命周期各阶段的特点

特征	导入期	成长期	成熟期	衰退期
客户	创新者	早期使用者	中间大多数	落后者
成本	较高的研发启动成本	逐步下降，效率提升	下降到一定水平	稳定
竞争对手	较少	有新进入者	竞争对手较多	部分退出市场
营销目标	市场的初步认可	获取市场份额	拓展新市场	减少成本
销量	低销量	销量迅速增长	销量高峰	销量下降
渠道	建立有力的销售渠道	搭建多样性市场渠道	渠道力度增强	渠道逐步单一化
盈利能力	亏损	有利润	利润率稳定	利润降低或亏损

1. 导入期

产品生命周期的导入期是一种新产品刚上市，在市场上尚未普及的阶段，也是产品销量呈快速增长之前的准备阶段。这个阶段是初创公司风险最大、投入成本最多、营业能力较低及需要最多管理磨合的重要阶段，能否平稳度过这个阶段决定了产品未来的发展趋势。因此，需要创业者进行大量的前期市场调研，在真正的市场执行过程中会遇到各种不可预期的困难，甚至遭遇失败，但在此阶段公司仍然有机会不断地挑战营销模式，根据市场需求去研发和更新产品。同时，在导入期客户对新产品并不熟悉，真正购买的人很少，只有极少数追求新鲜事物的创新型客户会进行购买，因此，公司需要花费大量的人、财、物去构建营销渠道、执行各种促销方案，来推销自己的产品以拓展市场。此外，在这一阶段，由于生产工艺条件的制约，导致产品的生产规模较小，生产成本较高，广告费用较高。因此，公司往往无法盈利，甚至会处于亏损状态，但是这种情况一般不会持续太久。这一阶段的市场会表现出如下特征：第一，潜在的市场需求不断增加，尽管销售量很少，但是销售额却在不断增加；第二，其他品牌的产品还没有上市，在市场上没有竞争者，所以新产品极易占据较大的市场份额。如果拥有充足的资源，创业者可以选取具有渗透力的定价方法，从而在竞争者或模仿者进入市场之前抢占更多的市场份额。

2. 成长期

在产品生命周期的成长期，产品销售量快速增长，公司迅速壮大，即产品在试销成功后，进入批量生产阶段。随着导入期产品推出和销售上的成功，产品进入成长期，客户对产品的接受程度越来越高，从而使产品在市场上站稳脚跟，公司得以开拓市场。对于公司来说，这一阶段的发展多是由产量驱动的，公司间竞争的焦点往往是如何赢得新市场，需求量和销售量都在快速增加，公司进行大规模批量生产，生产成本快速下降，利润快速增长。但是，由于竞争对手发现了盈利的机会，会蜂拥而至，同类产品的供应量增多，从而导致价格下跌，公司的利润增长放缓，最终达到整个生命周期的最高水平，致使未来将伴随更大的扩张、融资等风险。这一阶段的市场会表现出如下特征：第一，产品供应紧张，产品数量迅速增加，销售规模不断扩大，市场绝对利润不断提高；第二，不同品牌的产品竞争越来越激烈，市场上的品牌份额也在不断减少；第三，产品的社会供应量大于产品的社会需求量，从而使价格下降，最终实现供需均衡。

3. 成熟期

在产品生命周期的成熟期，公司大规模生产产品，即进入市场竞争日趋激烈的阶段。在经历了成长期后，由于客户数量增加，市场需求逐渐饱和，公司的关注点将转向对市场份额的争夺和产品成本的降低。这一阶段的产品越来越规范化，生产成本也越来越低。为了追求长远目标，公司可能会通过提高现有商品的重复售卖率、加快现有产能的使用频率或对发掘现存产品的新用途来增加销售量。随着市场竞争的日益激烈，同类型产品厂商在产品质量、品种、规格、包装服务等各环节都加大了投入，从而在一定程度上提高了生产成本，利润逐渐降低。这一阶段的市场会表现出如下特征：第一，产品供给过剩，产品价格下降，市场销售量增长，但是市场绝对利润下降；第二，市场上大量的品牌经过不断优化和集中化，形成了一些名牌产品，品牌的净利率升高；第三，产品的性能得到提高，出现了系列产品，公司越来越重视使用非价格竞争要素来赢得客户忠诚度。

4. 衰退期

当产品生命周期的衰退期来临时，公司的产品逐步老化，进入被其他新产品取代的阶段。由于技术进步和消费习惯的变化，导致产品销量和利润不断下滑，市场上的产品早已过时，无法满足市场需要，同时市场上也出现了一些性能较好、价格较低的新产品。为了继续生存下去保持盈利，公司将更加关注如何削减成本，更有效地配置资产，从而使资本投入水平逐渐降低。那些高成本的产品会因为没有利润而被迫停产，在市场上逐渐被取代，市场的容量会越来越小，销售量也会越来越少，最终撤出市场。这一阶段的市场会表现出如下特征：第一，新一代的产品进入市场，使本代产品的供给过剩，生产规模缩小，生产成本增加，本代产品的市场利润不断下滑，甚至出现负增长；第二，本代产品会越来越少，市场占有率不断下滑，最后几乎为零；第三，目前市场上的竞争主要集中在新一代产品和本代产品的竞争上，因为大多数公司在主流产品进入成长期或成熟期时就开始不断地推出新产品，依次循环迭代，不断地延续公司的盈利点以获取公司新的机遇。

（二）产品生命周期理论的应用

产品生命周期理论揭示了任何产品都和生物有机体一样，有一个"诞生—成长—成熟—衰亡"的过程，需要不断创新，开发新产品。产品生命周期理论对公司经营活动有很大的影响，在商业计划书的撰写中要将产品生命周期理论应用到产品与服务部分，主要表现在市场对产品与服务的需求上。要借助产品生命周期理论，分析判断公司产品与服务所处的不同发展阶段：导入期（试制、试销），成长期，成熟期，衰退期（饱和、衰退、淡出市场）。然后，推测产品与服务今后的发展趋势，正确把握产品与服务的市场寿命，并根据产品生命周期不同阶段的特点，采取相应的市场营销组合策略，增强公司竞争力，抓住市场并赢得市场份额，进而提高公司的经济效益。

第二节　内容介绍：完美掌握核心内容

一、产品与服务的概念

在一份商业计划书中，产品与服务是核心部分，明晰产品与服务的内容极为重要。产品（Product）可以定义为生产者向市场提供的，引起注意、获取、使用或消费，以满足用户欲望或需要的任何事物。广义上的产品指所有具有使用价值的可交易的"标的"，包含物理性产品和非物理性产品（如服务、事情、人员、地点、组织、观念或者上述内容的组合），一般可以用产品这个名词涵盖以上任何一项或全部内容。服务（Services）在社会经济中占有越来越重要的地位，它属于产品，可以指由活动、利益或满足组成的用于出售的一种产品形式，它本质上是无形的，对服务的出售也不会带来服务所有权的转移（如咨询、保险、银行服务等）。无论是产品还是服务，都应该满足客户的需求，产品应该具有高质量、安全、可靠、可持续等特点，服务应该具有便捷、友好、专业、及时等特点。公司需要不断改进和创新产品与服务，以满足客户的需求，提高客户的满意度和忠诚度，从而取得市场竞争优势。

二、产品与服务介绍

在商业计划书撰写过程中，阐述清楚产品与服务是最需要解决的核心问题之一，要让投资人清楚地了解该公司能够提供怎样的产品与服务，这些产品与服务在多大程度上解决了客户现实生活中的"痛点"问题，或者该公司的产品与服务能否帮助其节约开支，增加收入。产品与服务介绍部分的主要内容是对创业项目的产品与服务做系统性描述和说明，并论证其具有先进性、创新性及差异化等独特性。通过对创业项目自身产品与服务的系统呈现（如附上产品与服务的原型、照片或其他介绍等信息），创业者要让投资人或评委理解并认同这样的产品与服务体系能够更好地解决需求痛点，并且具有广阔的市场空间。值得注意的是，产品与服务介绍模块不需要罗列产品与服务说明书的内容，而是需要整理和归纳，用通俗的语言把产品与服务的功能、特点、创新性、研发计划等核心内容叙述清晰，通常主要体现在以下七个方面：

（一）产品与服务的概况

在商业计划书中进行产品与服务概况介绍时，要图文并茂地对公司产品与服务的核心功能及核心价值做出概括性描述。创业者可从以下几个角度去思考与呈现：公司的产品与服务可以解决目标客户的哪些实际需求或痛点？公司的产品与服务具有什么核心功能？公司的产品与服务主要性能有哪些？目前公司的产品与服务预期效果是怎样的？公司的产品与服务有什么实践意义和社会价值？以此让投资人快速了解商业计划书的核心内容。

（二）产品与服务的定位

在商业计划书中展现产品与服务定位，可以让投资人对创业项目有一个宏观的认识。可以通过前期的市场调研、资料调查和分析，呈现出客观且完整的产品与服务定位，进而更好地展示产品和服务与同行之间的共同点和不同点，凸显其竞争优势，增强投资人对产品与服务的了解。可从以下几个角度去思考与呈现：产品与服务的品牌定位、产品与服务的目标市场定位、产品与服务的体验定位。同时，也可以通过地理人文、心理需求、行为方式等要素去细化产品与服务的定位。

（三）产品与服务的技术创新

在商业计划书中如需要撰写此部分内容，需要在权衡知识产权及保守商业秘密的基础上，介绍产品与服务研发背后所具有的创新性技术原理、技术路线和技术突破等核心技术信息，以及产品与服务的技术创新在应用中的实际价值，以体现产品与服务的先进性、可靠性、创新点、差异化特色、核心竞争力等。

（四）产品与服务的比较优势

在商业计划书产品与服务介绍部分，比较优势是必不可少的内容，要通过本产品与服务同竞品之间核心评价指标（如技术指标、功能指标、效果指标、市场指标等）的对比分析，体现本产品与服务同市场现有产品之间的差异，以证明其能够更好地解决客户需求痛点，从而体现竞争力。在这部分，既要对比竞品，又要回应前述需求痛点分析，针对前述市场需求痛点和竞品存在的不足之处，一一对应地提出更优的解决方案。需要注意的是，对比分析过程必须有实际效果和数据做支撑，选取行业内具有代表性的竞品，针对一些核心性能、效果指标及关键要素做出对比分析，如产品设计、属性、性能、商业模式等。

（五）产品与服务的门槛壁垒

门槛壁垒是指一个创业项目或创新产品在技术、研发难度等方面所具备的难以被追赶或超越的条件或因素，是项目具有比较优势和核心竞争力的证明。门槛壁垒这部分就是要论证：自身产品与服务的独特性到底在哪里？为什么自己公司能做但其他公司做不了，或者短时间内做不了，或者即使做了也没法实现超越？在商业计划书中，门槛壁垒部分通常会体现以下内容：知识产权（自主专利、授权专利、非专利独家技术、研究论文等）、权威证明认可（各类比赛或展会获奖、专家评定推荐、权威检测报告等）、研发积累（经长期的难以逾越的研发积累形成的领先优势）、行业经验、独特资源和影响力等。

(六)产品与服务的应用场景

应用场景和目标客户的确定要分清主次和发展节奏。一般来说,早期创业项目越聚焦越好,应聚焦到公司最有优势且最有想象空间的应用场景和目标客户。公司要根据提供产品与服务的情况对应用场景做出说明。例如,有的公司提供的是通用型标准化产品与服务,能够适用于多种应用领域并且存在大量的目标客户,则可以强调该产品与服务适合大规模推广;有的公司依靠自身技术基础为客户提供定制化、个性化的解决方案(如一些技术领先的服装公司和管理咨询行业的公司),要进一步考虑目标客户情绪等情境因素,则需要突出该产品与服务的精准化推广。针对不同的应用场景和目标客户研发生产合适的产品与服务时,公司需要注意抓大放小,即首要抓住主流大规模市场或者抓住正处于早期较容易开拓的市场。

(七)产品与服务的效果验证

在商业计划书产品与服务介绍部分,必须对效果验证进行阐述,这部分内容可以让投资人清楚地了解到产品与服务预期效果的真实性和可行性。可从以下角度去思考与呈现:产品与服务的测试效果、客户应用反馈或实际市场拓展效果的验证说明。通常需要提供关乎实际效果或市场指标的数据等直观证据,如客户口碑与满意度、用户数、用户活跃度、收入、实际订单数、合作意向协议、用户反馈、市场推广速度、市场占有率、社会效益等。

三、介绍产品与服务时应注意的事项

产品与服务介绍是整份商业计划书的主体内容,是一个必不可少的部分,在进行这部分内容撰写的过程中不可以掉以轻心。思路明确、层层紧扣、简明扼要的撰写风格能够让投资人看出整份商业计划书的品质,所以在撰写产品与服务部分时要注意以下四点:

(一)将自己置身于客户的位置

在商业计划书撰写过程一定要把自己放在客户的角度来描述产品与服务,避免产品定位不准,用户画像模糊,应用场景太宽泛、不聚焦等现象。要简明扼要地介绍产品可以解决客户的什么问题,能够为客户带来什么好处,最终实现什么目标。产品与服务能否真正解决客户需求痛点,需要对此认真调研和思考,深度接触和理解客户,而不是闭门造车。只有产品与服务满足客户的利益需求,产品与服务的发展策略才能获得成功。

(二)不可过于苛求细节

产品与服务不要过分苛求细节,也不可面面俱到,如果公司同时经营多种产品与服务,应该在本部分集中描述一种,并且要避免阐述产品与服务的具体使用流程、方式、功能等详细信息。因为创业资源的有限性使公司不可能经营好几种商品与服务,风险投资有一个不成文的规则:绝不能投资于拥有两个以上风险项目的公司。此外,商业计划书主要是展现给投资人的,没有必要也不能进行产品与服务的详情论证,加入过多的细节势必会影响投资人的关注焦点及深入理解。因此,在这一阶段要尽量运用清晰、间接、通俗易懂的语句来精准介绍自己的产品与服务,要尽可能避免使用过于复杂的技术术语和大量的引证信息等内容。

(三)深入了解竞品

明晰产品与服务核心竞争优势的同时也应当深入了解竞品及其不足,将自身产品与服务的关键性创新点、明显优势和核心竞争力等内容与竞品进行对比分析。竞品分析要精准对比指标,采用翔实的数据,体现公司自身产品与服务的硬实力。没有实际效果和数据支撑,只泛泛谈论竞品规模小、专业水平低、没有成熟的商业模式等,是没有说服力的。因此,需要有理有据,利用清晰的数据、图文等内容加以辅助,让投资人能更加直观地了解产品与服务的核心竞争力。

(四)有效的市场验证和用户反馈

产品与服务的介绍不能只主观地讲公司自己的想法和点子,要明确产品与服务的最终目标是给投资人带来利润,即核心目的是赚钱。因此,在介绍的基础上还需稍加笔墨用于预期市场前景或者客户反馈等有价值的市场信息,以让投资人清晰地知道产品与服务的价值。如果产品与服务已经经过测试,就应当依据其发展的不同阶段提供有效的数据信息,以更好地呈现出公司在市场验证和用户反馈方面所做的努力及结果,这比技术上的论证更有效,更能激发投资人的投资热情。

四、产品与服务的规划及开发

在商业计划书的撰写中除了需要介绍现有的产品与服务,还需要阐述产品与服务的开发状况与未来规划(如过去已经投入开发和未来打算开发的产品与服务项目)。这部分对于风险投资人尤为重要,他们需要投资的是能将成果转化为市场产品并获取利润的产品与服务,此外,他们还要求这些公司能洞悉市场变化,依据客户需求将产品与服务进行迭代创新,因为推陈出新也是产品与服务获取可持续竞争优势的保证。

产品与服务的规划及开发包括产品与服务的结构规划和系列化、各种产品与服务的定位、产品与服务线的长度和宽度、产品与服务的生命周期规划等。合理的规划可以对产品与服务更新速度进行把控,尽量实现公司成本投入与利润产出的最优化,不断提升公司的核心竞争力。产品与服务规划过程一般分为三个阶段,即市场细分及选择阶段、新产品与服务定位阶段、新产品与服务规划和开发阶段(见图5-3)。

在本部分阐述中,撰写人应主要介绍投入研发的资金,包括过去已经投入的和未来打算投入的资金,同时必须指出所有这些研发投入所要实现的目标。阐述的重点内容包括公司的技术研发力量和未来的技术发展趋势,公司研发新产品与服务的成本预算、研发进度、时间规划等。此外,风险投资人在这里主要关心公司的技术研发队伍是否具有足够的实力把握市场上产品技术发展的脉搏,是否能够迎合顾客的需要开发新产品、开拓新市场,是否能够保证公司未来竞争发展对技术研发的需要,应该在仔细评估公司实力的基础上,对此给出详细的说明。

第五章 产品与服务

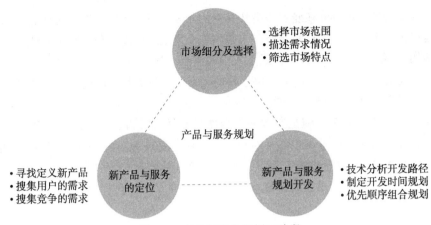

图 5-3 产品与服务规划三阶段

产品与服务是整份商业计划书的主体内容，也是投资人和其他评审者重点关注的核心部分，撰写时不可以掉以轻心。本书第四部分沈阳森之高科科技有限公司商业计划书的1.2、2.2 和 1.3 给出了产品介绍和产品核心竞争力分析的撰写思路。分别从产品简介、技术特点、功能用途、未来规划方向、产品核心优势等多个角度和层面介绍了无线运动捕捉传感系统。用简洁精练的文字来介绍该产品与服务的概况，并强调从运动捕捉核心技术出发在运动数据化、虚拟现实、科学研究、行为数据化等六大领域深入开展，突出产品与服务的定位。同时，说明核心技术属于技术秘密，强调产品与服务的技术创新之处，阐述行业的竞争壁垒较高以凸显产品与服务的比较优势，并且通过附加产品实物图、用户穿戴示意图等信息展示产品与服务的效果，有助于投资人全方位地了解该产品与服务，值得借鉴和参考。

第三节 痛点分析：精准服务目标客户

一、识别不同类型的痛点

"痛点"一词来自医学界，主要是指当人们生病时，通过按压穴位焦点可以发现对疼痛非常敏感的地方，这一敏感部分被称为痛点。由此衍生出客户的消费痛点，通常情况下指的是客户在体验产品与服务过程中原本的期望没有得到满足而造成的心理落差或不满，这种不满表现出来就是一种"痛"。商业计划书产品与服务部分就是要充分挖掘这种市场不能充分满足，但是客户迫切需要满足的因素。因此，要明确如何找到需求痛点。

痛点是从客户需求出发，去设计使其满意的产品与服务。根据客户需求的不同，痛点可以分为四种类型：强刚需痛点，即核心痛点；次刚需痛点，即次生痛点；弱需求痛点，即外在痛点；伪需求痛点，即潜在痛点（见图 5-4）。核心痛点是指所有客户在某件产品与服务出现以前，一直存在的痛点。次生痛点是指解决完一种核心痛点之后产生的另一种让客户难以接受的新痛点。外在痛点是指从客户的角度来看，其能够明显感知到的痛点。潜在痛点是指客户不知道一种产品与服务未来该怎么发展，即需要公司来定义产品与服务的未来。例如，"夏天热，冬天冷"曾经是人们的痛点（核心痛点），也是产品与服务需要解决的问题。起初，人们通过生产电风扇这种产品来解决夏天热的问题，但是并没有真正解决"冬暖夏凉"的需求。随着空调的横空出世，人们"冬暖夏凉"的需求得以满足，因此空调比电风扇更有未来。但是空调并不会立马普及，因为其在解决了"冬暖夏凉"的老痛点时，又带来了"技术不成熟"的新痛点（次生痛点），同时客户在购买空调时能够感受到"价格太贵""电费过高"等其他痛点（外在痛点），但是客户却无法提出如何改进空调这种产品，也不知道空调未来会发展成什么样子（潜在痛点）。

图 5-4　痛点分析

商业计划书的产品与服务首要挖掘的是客户真正的强刚需（核心痛点），或者至少是次刚需（次生痛点），这样才能保障投资人的利益，吸引投资人的关注。此外，如果现有的产品与服务已经投入市场运营，并且已经取得较为优异的成绩，可以进一步挖掘弱需求（外在痛点）和伪需求（潜在痛点）。例如，手机厂商推出的系列产品，初始版本解决了客户通话的核心痛点，并且通过升级不断完善由此衍生的次生痛点，再到近年来不断迭代的新版本所展示的令人出乎意料的外观、功能等因素，就是在不断地挖掘并解决客户的外在痛点和潜在痛点。

二、精准击中核心痛点

核心痛点来自客户尚未被解决的真实需求，是产品与服务诞生的原动力。产品与服务想要成功，只有解决客户亟须解决的问题，满足其对应的核心需求，才能找到一个符合发展趋势和处于风口上的创业方向。因此，在商业计划书的产品与服务部分一定要快速且准确地击中客户的核心痛点，主要分为三个步骤：第一步，必须确定产品与服务的出现是为了满足客户的需求，而不是解决产品与服务开发人员所预想的客户需求；第二步，产品与服务解决的是广大客户的需求，而不是解决部分客户或特定消费群体的需求，即产品与服务要具有普适性；第三步，说明产品与服务解决的是客户一直存在但尚未满足的真实需求，是刚需。例如，曾经受到共享单车、共享充电宝等"共享经济"启发而创造的某共享篮球产品与服务，同样采用制造商提供出租业务，客户缴纳押金，按小时计费等运营模式，但是"共享篮球"这款产品与服务运营不足一年就草草收场。其原因在于，这个产品与服务的出现是源于部分人群抱怨打篮球时带球不方便或偶尔走到篮球场想要投篮却找不到球的需求，很明显这款"共享篮球"的产品与服务不具备普适性，并不能解决所有人共同的痛点，也并不是客户的刚需。

三、发展并且维系客户

痛点分析要瞄准目标客户市场的需求和痛点，需求越刚性越好，痛点越强烈越好，有助于精准描绘产品与服务的客户画像，进而发展并维系客户。在商业计划书中需要描述产品与服务的目标客户市场，公司通过前期的细致调研和客户核心痛点等具体分析，确认产品与服务可以解决的刚性需求，定位目标市场及目标客户群，描绘出精准的客户画像（例如，客户属性信息：年龄、性别、职业等；客户行为信息：搜索行为、购买行为等）。通过客户画像描绘，可以发展产品与服务的主要客户，并且按照不同标准、不同等级、不同类型的产品与服务推荐给主要客户，增加其曝光率和销售量等。

除了向目标客户市场宣传、推荐、销售产品与服务外，还应注重对正在使用和已经使用过的客户群体进行维护，以便于收集更多关于外生痛点及潜在痛点的需求信息，帮助产品与服务进行更新迭代。首先，可以加强对新投入产品与服务的关注，重视不同领域具有影响力和价值的试用客户，收集他们在试用产品与服务之后给出的评价信息，这些信息对于产品与服务未来发展方向的调整具有客观意义及参考价值。其次，可以建立并完善客户管理机制，为正在使用和已经使用过产品与服务的客户提供人性化、便捷化的延伸服务，解决客户在使用阶段遇见的小麻烦，提升客户的体验感。通过产品与服务的客户维护，可以增加与客户的互动，获取更多的有效信息，进而有助于设置基于产品与服务特色、符合客户需求、激发客户参与或者客户间积极互动等的创意营销活动。

第四节　凸显优势：快速吸引天使投资

一、产品与服务的竞争优势

不具备任何竞争优势的产品与服务，一般很难引起投资人的兴趣。因此，充分发掘产品与服务在某一方面或多方面所具备的优势，并且在商业计划书中以简洁有力的文字将这些优势展现给投资人是极其重要的。商业计划书的产品与服务部分可以重点从创新、市场占有率、销售渠道、推广、价格五个方面来展现产品与服务的竞争优势。

（一）创新

产品与服务的创新是指创造某种全新的产品与服务，或者对正在运营的某种产品与服务的部分要素进行创新（如性能升级、功能改造等）。可以在商业计划书撰写过程中着重说明产品与服务的创新方式。

1. 全新产品与服务

全新的产品与服务是指创造出某类产品的第一款。换而言之，在这类产品与服务出现前，市场上从未出现过相同类型的其他产品与服务，这款产品与服务可以开拓一个全新的市场。全新产品与服务的前景具有无限可能：一方面，其可能因为解决客户的核心痛点及次生痛点获得市场的高度认可，进而收获很高的回报；另一方面，可能因为产品与服务设计不够成熟，回报周期长等情况产生很高的风险。因此，在向投资人介绍某种全新的产品与服务时，需要从如何提高回报率和如何降低风险两个角度来阐述。

2. 重新定位的产品与服务

重新定位的产品与服务是指对已有的产品与服务再次运营，包括重新定位于一个新市场或应用于一个新领域。如果已有的产品与服务在原来的市场中有很好的表现，那么重新定位的产品与服务对投资人来说也非常具有吸引力。相反，如果已有的产品与服务在原来的市场中表现得并不理想，那么投资人对已有的产品与服务在新领域中的表现就会持更加谨慎的态度。因此，在阐述重新定位的产品与服务时首先要阐述其在原有市场的优异表现，再强调其在新领域的未来发展趋势。

3. 已有产品与服务的补充

已有产品与服务的补充属于现存产品与服务系列的一部分，但对于市场来说，它们也有可能是一种"新"的产品与服务。推出这类产品与服务的目的可能是补全产品线（如旺旺集团在原有的牛奶饮品基础上，推出牛奶糖、牛奶饼干等多种产品），也可能是发现更具市场表现力且可以补充已有产品与服务功能要素等配套的系列产品与服务（如苹果公司在原有的 iPhone、iPad、Mac 等基础上，推出 Apple Watch、Air Pods 等补充产品）。投资人会充分考虑已有产品与服务的市场表现和市场预测分析情况，以此判断这类补充的产品与服务是否具有发展前景。

4. 改进的旧产品与服务

改进的旧产品与服务从本质上说是已有产品与服务的替代品，是对已有产品与服务的更新换代。同已有的产品与服务相比，改进的产品与服务在性能上往往都会有所提升，能够向客户提供更高的内在价值（如小米智能家居系列产品中的"米家高温无线洗地机"）。但值得注意的是，改进的旧产品与服务能否吸引投资人的关键同样在于已有产品与服务的市场表现。

（二）市场占有率

产品与服务的市场占有率不仅是衡量产品与服务市场情况的一个重要指标，更能直接影响投资人对产品与服务是否具有市场竞争力进行判断的重要参考。如果产品与服务有较好的市场表现，那就应该在商业计划书中主动将这些重要数据列举出来；如果产品与服务没有很好的市场表现，则可以通过分析产品与服务的未来表现进行预测，增加投资人对产品与服务市场发展趋势的了解，进而产生投资兴趣。

（三）销售渠道

销售渠道在产品与服务的竞争中也是非常重要的环节，产品与服务的销售渠道多，销售量就会相应增加，要想把握市场竞争的主动权，就要积极拓宽产品与服务的销售渠道。在商业计划书中介绍产品与服务时，如果公司在产品与服务的销售渠道方面有优势，则需要重点展示，进一步说明产品与服务可以在市场上有更好的表现。产品与服务拥有多元化的销售渠道（如美的、格力等公司的多元化销售渠道），即线上、线下等渠道，就可以让投资人对产品与服务的优势有更深入的体会。

(四)推广

产品与服务的推广优势可以改善产品与服务的销售状况提高市场占有率,并且随着科技的发展,推广的方式也日新月异,各个公司为了提高自己的竞争优势,采用各种各样的推广方式(如抖音、快手等 APP 平台上的视频推广和软文推广等),让更多的客户了解并购买公司的产品与服务。如果公司具备先进的推广理念和方式,特别是在市场中经过实践并取得了一定的成绩,一定要在商业计划书中进行详细的介绍,这类内容投资人很感兴趣,可以紧紧抓住投资人的目光。

(五)价格

在产品与服务的竞争中,价格是最重要的因素。同类的产品与服务中,价格低廉的产品与服务会获得更多的市场,现在不少公司都把低价战略纳入自身的战略体系中,通过较低的价格获得客户的喜爱,提升产品的销售量,抢占市场份额。商业计划书中的产品与服务价格优势涉及多个方面,如产品与服务的进货渠道、生产工艺和生产规模等。在保证产品与服务的质量、技术等环节不存在任何问题的情况下,产品与服务的价格优势能从侧面反映公司的发展规模和运营策略,能够让投资人对公司进行全面的评估,提高对公司和产品与服务的认可度。

二、提升产品与服务竞争力

在构思和撰写产品与服务部分时,最应该表述清楚的问题就是如何通过产品与服务的优势体现出公司的核心竞争力,以有效地防止其他公司模仿自己产品与服务的创意。产品与服务的竞争力可以来源于产品与服务的差异化和经营管理的差异化。但是,如果公司产品与服务的差异化和经营管理的差异化都不显著,那么该公司就要去思考如何提升产品与服务的竞争力,否则很难得到投资人的青睐。因此,公司可以从产品差异化和经营管理的差异化两个方面着手,主要体现在以下五个方面:

(一)通过创新塑造差异化优势

持续创新可以为公司带来产品与服务差异化的竞争优势。公司产品与服务在经营初期往往会因为核心专利或者全新创意具备一定的竞争优势,但是随着竞争者的不断模仿和新创意的出现,这种竞争优势会逐步减弱甚至丧失。因此,只有不断创新产品与服务,才能使公司获取更多的市场份额和进入更多的细分市场。小的产品与服务创新是针对产品与服务的附属属性进行创新,如外在包装、特殊服务等;大的产品创新是对产品与服务的核心属性进行创新,如内在性能等。这两种创新模式都能在一定期限内提升产品与服务的竞争优势。

同时,公司还必须关注新产品与服务推出的速度,应该尽快推出和迭代已有的产品与服务,使要求高质量且需求多样化的客户能够尽快拥有全新的产品与服务,进而提高客户的满意度和忠诚度,这也是公司向客户转移的附加价值。对于公司来说,快速丰富产品与服务的生产线,也是提高生存能力和品牌知名度的保证。当存在多个细分市场时,由于细分市场之间的壁垒不是硬性的,各个细分市场之间会有一些影响,公司产品与服务一个系列内部的各个产品与服务之间也会出现一定的竞争,其中一个产品与服务的畅销会剥夺其他产品与服务的部分客户(如 vivo 手机的 X 系列产品与 Y 系列产品之间会存在一定的客户竞争),但是公司会在整体上获得竞争优势(如 vivo 手机的不同系列产品可以帮助其在与其他品牌手机的市场竞争上增加竞争优势)。因此,公司不能仅依靠创业之初的某个核心产品与服务去应付客户日益多样化的需求,还应不断推出新的产品与服务,完善产品与服务生产线来不断提升产品与服务的竞争力。行业内的弱势公司和新进入者由于资源有限,不能四处出击,因此一般只能在个别细分市场形成攻势和优势。公司要想获得更多的客户和细分市场,就必须不断地推出新的产品与服务,丰富产品与服务系列,尽量减少市场空白,逐步成为行业内的领导者。

(二)依托科技进步推出高新技术产品

技术进步给整个社会带来了重大变革,更为公司提供了快速发展的动力和机遇。一个公司如果能在技术变革时期把握住最新的技术和创意,并不断快速推出蕴含高新技术的新产品与服务,就能使自己快速脱颖而出。在每个行业里都有这样依托技术进步而快速发展的创业公司。著名的阿里巴巴公司就是依托高新技术进步而快速推出了网上交易平台。并把电子商务演绎到极致状态。因此,创业公司应该着重关注高新技术的发展,有助于提升产品与服务的竞争力。

(三)形成战略联盟

公司可以通过联盟的力量与竞争对手竞争,通过团队与个体竞争特别容易获得竞争优势,因为战略联盟能够形成一种系统的力量,特别是互补资源和产业链上的联盟能够使公司的产品与服务具备其他单一产品无法拥有的优势。某些产品与服务技术的开发成本非常高,单个公司无力承担这么大的开发风险,但如果可以与行业内大型的公司和高校科研院所等形成战略联盟共同进行开发,就可以形成巨大的技术创新优势。战略联盟不仅仅局限于技术,在产业链中的战略联盟也可以给公司带来巨大商机和竞争力,如渠道联盟等。

(四)塑造强势品牌

公司如果拥有一项核心专利或创意产品与服务,在创业初期可以把品牌塑造作为一种获取竞争优势的有利途径。产品与服务的工艺、形态等容易被模仿,专利也终究会过期,唯有在客户心中鲜活的品牌永不过时,这是产品的核心价值所在,更是客户选择产品与服务的重要理由。品牌的塑造越来越成为企业提升客户忠诚度最有力的工具,特别是当公司的核心产品是一项服务或创意时,因为这些产品与服务特别容易被其他进入者模仿,所以品牌是最能形成差异化优势的地方。品牌塑造可以让产品与服务具有差异化,也可以产生让客户认可的差异化,一旦成功塑造了产品与服务的品牌,当其再推出新类型的产品与服务时,就无须过分宣传和推广,因为客户已经对品牌有了一定的认可度,产品与服务的差异化占据了主导性。在同质化市场中,凡是注重品牌塑造的公司都能获取更多的竞争优势。

(五)有效管理客户关系

公司的新产品与服务可能面对的是一个崭新而没有竞争对手的市场,在创业初期会比较容易获取超额利润，但是随着模仿和替代产品与服务的产生，市场竞争逐步激烈，公司要想继续获取超额利润将会是非常困难的事情。而有效管理客户关系可以维护公司在市场上的优势地位。开发一个新客户的成本远超维系一个老客户的成本，因此，建立客户资料库，与已有客户保持长期关系，通过给予客户更多价值来留住老客户，对于公司来说是非常划算的，这也为后进者设置了一个较大的障碍，进而提升了自身产品与服务的竞争力。

  产品与服务的竞争力和竞争优势可以来自多个方面，撰写这部分内容时需要对其足够重视。本书第四部分沈阳森之高科科技有限公司商业计划书的 2.1 项目介绍部分给出了凸显产品与服务优势的撰写思路。我们可以看到，该产品的核心竞争力是其技术优势明显，各项技术参数高于行业内现有的运动捕捉产品，该产品通过技术创新、推出高新技术系列产品来塑造差异化优势。并强调现在主要发展方向为 C 系列产品的研发销售，但是还有 D 系列、S 系列及 Single 系列产品的研发，通过对产品与服务规划和开发的阐述让投资人对公司的产品与服务发展战略和可持续创新能力都有进一步认识，值得借鉴和参考。但是，如果在商业计划书中单独列出一节，从多个角度阐述公司产品与服务的竞争力，进一步分析得更细致一些，效果会更好。

课后习题

1. 自选一个熟悉的产品与服务，试着向评审者展示该产品与服务。
2. 创业者如何运用产品生命周期理论？
3. 试着自选一个产品与服务，根据营销活动的三个基本要求写一份营销活动策划。
4. 举例说明，可以从哪些角度阐述公司产品与服务的竞争优势？

即测即练

自学自测　扫描此码

第六章

营销与商业模式

【重点问题】
1. 营销组合基本理论如何应用?
2. 制订营销计划包括哪些程序?
3. 如何设计商业模式?

【学习目标】
1. 理解4Ps、7Ps、4Cs和4Rs等营销组合理论。
2. 掌握营销计划的制订流程。
3. 理解营销计划中的营销策略组合。
4. 掌握商业模式的九个维度。
5. 理解盈利模式的八种类型。

第一节 营销组合理论

一、4Ps理论

1953年,营销学者尼尔·博登(Neil Borden)提出,市场营销的目标就是更好地销售产品,但产品销售效果的影响因素并不局限于广告和推销,由此提出了"市场营销组合"的概念,若想达到营销的最好效果,就要使用"组合"思维。20世纪60年代,美国营销学教授杰罗姆·麦卡锡(Jerome Mccarthy)在论文中提出了四种最重要且最可控的营销效果影响因素,包括产品(Product)、价格(Price)、渠道(Place)和促销(Promotion),即4Ps理论(The Marketing Theory of 4Ps)。在商业计划书的营销部分,创业者应当主要从这四个方面入手详述公司的营销策略,公司需要花大量的时间和精力去思考生产什么商品、如何定价、如何铺设购买渠道及如何进行促销。

(一)产品

产品是指公司为了满足客户某种需求和欲望,向客户提供的有形商品或无形服务,包括产品种类、质量、特色、品牌名称、包装、产品服务等。公司应注重产品的功能,根据自身的能力,确定提供给目标市场的商品和劳务的组合,研发产品时要将产品的功能诉求放在第一位，体现产品的优势和竞争力。在商业计划书中需要向投资人展示公司能够提供什么样的产品与服务去满足客户的需求，这对于公司的生存和发展至关重要。

（二）价格

价格是公司销售收入和利润水平的直接影响因素，是在考虑成本、需求、竞争等因素的基础上，根据公司定价目标而制定的，包括产品定价、折扣、价格变动等。在商业计划书中，需要考虑以下几个问题：公司的合理利润及客户可以接受的价格是否得到考虑？定价是否符合公司的定位和品牌形象？价格是否符合公司的竞争策略？

（三）渠道

渠道是指某种货物或劳务从生产者向客户移动的过程中取得这种货物或劳务的所有权或帮助转移其所有权的所有公司和个人。很多公司并不直接面对客户，而是注重培育经销商和建立销售网络，通过分销商来加强公司与客户的联系。在商业计划书中，创业者可以用简洁的文字描述公司的渠道策略，体现出该策略的竞争优势即可。

（四）促销

促销是指公司为达到特定目的而弹性运用若干促销工具和方法，目的在于将公司的产品或服务信息传达给客户，并说服、催促客户购买。在过去，公司主要通过杂志、电视广告对自己的产品或服务进行宣传，而如今随着信息技术的飞速发展，线上线下渠道非常丰富，除了高度发达的媒体渠道，公司还可以利用社交媒体，通过网红和KOL（关键意见领袖）来向客户"种草"产品。创业者要注意，在商业计划书中应重点描述具有可行性的促销策略，向投资人展示如何有效地运用促销组合开拓市场，而不是设想脱离现实、过于理想的市场开发计划。

二、7Ps 理论

随着社会生产力的提高，产品的服务密集度日益提升，服务营销学也逐渐受到人们的关注。与传统营销观念不同，服务营销观念认为客户购买产品只是销售过程的起点，除了产品能否成功售出，公司更要注重产品提供过程中的客户感受。1981年，布姆斯（Booms）和比特纳（Buettner）在传统4Ps理论的基础上提出了人员（People）、有形展示（Physical Evidence）、过程（Process），构成了7Ps服务营销组合理论，这成为服务营销的基本框架之一。若创业公司的主营业务是服务类，则可以在4Ps理论的基础上，从人员、有形展示和过程三个角度进一步拓展营销策略。

（一）人员

人员指作为服务一部分的所有人员的活动，包括提供服务的生产者或操作者、接受服务的客户及在服务环境中的其他客户的活动。一方面，提供服务的生产者或操作者可以完全影响客户对服务质量的认知与喜好，作用和其他销售人员类似；另一方面，在服务环境中某些客户的活动也会影响到其他客户对服务产品的感知。

（二）有形展示

有形产品可以进行自我展示，而服务难以进行直观展示，因此客户看不到服务。但客户可以看到服务相关的工具、设备、员工、信息，也可以获取其他体验过服务的客户的感知。一切可以用来展示或传递服务特色与优点的有形因素，均可以称作服务的有形展示。服务产品的不可感知性，要求服务营销学要研究服务的有形展示问题。

（三）过程

过程是用来实际传递服务的操作系统或者方法。由于服务具有不可分离性，客户在服务过程中或多或少地会参与其中。因此，服务过程是客户感知服务质量的关键所在，也是客户评估服务质量的重要过程。在服务过程中，服务任务流程、服务时间进度、标准化和定制化都会影响到客户的服务质量感知。

创业者在撰写商业计划书时，需要对营销策略予以重视，可以参考上述角度由浅入深地向投资人展示公司营销策略的价值，增强投资人对公司的投资信心。

三、4Cs 理论

在商业计划书中，除了描述常规的市场营销策略外，也可以渗透当代的市场营销组合理念，进一步突出公司的市场导向，从而吸引投资人。20 世纪 90 年代，美国学者罗伯特·劳特朋（Robert F Lauterborn）提出了与传统营销的 4Ps 相对应的 4Cs 理论（The Marketing Theory of 4Cs），即客户（Customer）、成本（Cost）、便利（Convenience）和沟通（Communication）。传统 4Ps 理论是企业导向而非真正的客户导向，体现由内向外的经营思维，本身带有销售观念的痕迹。而 4Cs 理论的经营哲学则刚好相反，其体现由外向内的经营思维，是市场观念的具体体现。从 4Ps 到 4Cs 的变化如表 6-1 所示。

表 6-1　4Ps 理论与 4Cs 理论

公司视角（4Ps）	客户视角（4Cs）	从 4Ps 到 4Cs 的变化
产品（Product）	客户（Customer）	更关注客户的问题
价格（Price）	成本（Cost）	更关注客户的总体成本
渠道（Place）	便利（Convenience）	快速有效地交付
促销（Promotion）	沟通（Communication）	构建有价值的客户关系

（一）客户

客户主要指客户的需求。公司所做的一切行为，生产的一切商品，提供的一切服务，其核心都是为了满足客户的需求。同时，公司提供的不仅有产品或服务，还有由此产生的客户价值。因此，创业者在这部分可以具体描述为顾客带来了何种价值、满足了何种需求。

（二）成本

成本不单是公司的生产成本，还包括客户的购买成本。理想的产品定价应既低于客户的心理价格，还能够使公司实现盈利。此外，客户的购买成本不仅包括其货币支出，还包括其为此消耗的时间、精力和体力及购买风险，因此在商业计划书中，要将这些成本全面地考虑进去。

（三）便利

便利即为客户提供最大的购物和使用便利。4Cs营销理论强调公司在制定分销策略时，要更多地思考如何使客户感到便利，而不是仅考虑公司如何更顺畅地将产品或服务送达客户。关于这部分，在商业计划书中可以重点突出为客户提供的便利性，如描述完善的售前、售中和售后服务。

（四）沟通

公司应同客户积极有效地双向沟通，建立基于共同利益的新型公司与客户关系。这不再是公司单向地促销和劝导客户，而是在双方的沟通中找到能同时实现各自目标的通途。与客户沟通包括向客户提供有关商店地点、商品、服务、价格等方面的信息。如何影响客户的态度与偏好？如何说服客户光顾商店、购买商品？如何在客户的心目中树立良好的公司形象？创业者可围绕4Rs理论来撰写沟通策略。

四、4Rs理论

2001年，美国学者唐·舒尔茨（Don E. Schultz）提出了4Rs理论（The Marketing Theory of 4Rs），用以阐述全新的营销要素。4Rs理论认为，随着市场的发展，公司需要从更高层次上以更有效的方式在公司与客户之间建立有别于传统的、新型的主动性关系。4Rs分别指关联（Relevance）、反应（Reaction）、关系（Relationship）和回报（Reward）。4Rs理论以关系为导向，着眼于公司及客户建立互动及双赢的关系，从而形成独特的竞争优势。如果创业者更注重公司与客户之间形成良好的关系，可以围绕以下四个方面来撰写营销策略：

（一）关联

关联即在竞争的环境中，公司必须时刻关注客户的需求及其变化，提高客户的满意度和忠诚度，提高客户转换的成本，同时需要与上游公司形成战略网，提高整个战略网的竞争力。

（二）反应

反应即公司应在客户的需求变化时，甚至变化前做出适当的反应，以便与客户的需求变化相适应。在相互渗透、相互影响的市场中，对公司来说最现实的问题不在于如何制订、实施、控制计划，而在于如何及时地倾听客户的抱怨、希望、渴望和需求，并快速做出反应来满足客户的需求，这也是创业者在商业计划书中需要重点体现的内容。

（三）关系

关系即关系营销，公司应当与客户建立长期、稳定且密切的关系，降低客户流失率，从而降低营销费用。由此公司的营销战略也相应地改进：从一次性交易转向强调建立长期友好合作关系，从着眼于短期利益转向重视长期利益，从客户被动适应公司单一销售转向客户主动参与到生产过程中，从相互的利益冲突转向共同的和谐发展，从管理营销组合转向管理公司与客户的互动关系。对于这部分的撰写，创业者可参考以上方面内容进行构思，突出关系营销的核心所在。

（四）回报

对公司而言，市场营销的价值在于能为公司创造短期或长期的经济效益。因此，一定的、合理的回报既是正确处理营销活动中各种矛盾的出发点，也是营销的落脚点；既是维持市场关系的必要条件，也是营销发展的动力。

综上所述，4Ps、7Ps、4Cs、4Rs 等营销组合理论之间不是取代关系，而是完善、发展的关系。由于公司层次不同，情况千差万别，市场、公司营销还处于发展之中，所以至少在一定的时期内，4Ps 理论还是市场营销的一个基础框架，4Cs 理论则提供了很有价值的思路。4Rs 理论并不会取代 4Ps 理论、7Ps 理论、4Cs 理论，它是在这些理论基础上创新与发展的结果。对于商业计划书的撰写而言，4Ps、7Ps 理论重视产品或服务导向而非客户导向；4Cs 理论以"关注客户"为座右铭，强调以客户为导向；4Rs 理论则以公司与客户建立良好关系、实现双赢为宗旨。由于三种理论分别具有不同的特点，分别适用于不同的营销场景，创业者可以根据产品特点、导向偏好或公司的价值观选择从不同的理论角度切入来设计营销策略组合的设计。营销组合理论的发展阶段见表 6-2。

表 6-2 营销组合理论的发展阶段

营销组合理论	提出时间	代表学者	主要内容	营销理念
4Ps 理论	20 世纪 60 年代	尼尔·博登 杰罗姆·麦卡锡	产品（Product） 价格（Price） 渠道（Place） 促销（Promotion）	产品/服务导向
7Ps 理论	1981 年	布姆斯 比特纳	人员（People） 有形展示（Physical Evidence） 过程（Process）	
4Cs 理论	20 世纪 90 年代	罗伯特·劳特朋	客户（Customer） 成本（Cost） 便利（Convenience） 沟通（Communication）	客户导向
4Rs 理论	2001 年	唐·舒尔茨	关联（Relevance） 反应（Reaction） 关系（Relationship） 回报（Reward）	关系导向

第二节 营销计划：实现营销目标的沟通工具

营销计划是一个以年度为基准的计划，着眼于与产品、价格、渠道和促销有关的决策，并考虑如何将计划加以实施。商业计划书在本部分需要阐述公司产品与服务如何从生产现场到达客户的营销策略,向投资人说明如何通过为客户提供满意的产品与服务来实现公司目标。此外,如何制订营销计划、进行市场调研也是本部分的核心内容。

一、营销计划的制订目的和原则

(一)营销计划的制订目的

营销计划是公司为实现预定的市场营销目标、对未来市场营销活动进行规划和安排的过程,它是公司战略管理的最终体现。只有营销计划制定得合理,才能保证公司营销目标的实现,也能够增强投资人的信心。营销计划要能够实现公司的经营方针、营销目标要符合发展计划、利益计划、损益计划、资产计划的内容。

(二)营销计划的制订原则

为保证营销计划的科学性和可行性,营销计划的制订应遵循以下原则:

(1)战略性原则。即从战略的高度对公司营销目标、营销手段进行整体性、长期性、层次性、动态性的规划和设计。整体性就是从全局出发,统筹考虑全局的目标、效益和效果;长期性就是要处理好项目眼前利益和长远利益的关系;层次性就是在总揽全局的情况下,注重每个层次之间的有效衔接;动态性就是要注意全局的动态发展,善于抓住市场的动态规律,避免市场变化触动全局的根基。

(2)信息性原则。制订营销计划建立在掌握大量而有效的营销信息的基础之上,如果缺少足够可靠的信息,营销计划的科学性和合理性就会被质疑。同时,计划赶不上变化,营销计划的实施过程中可能会出现实际与计划不符的问题。迭代方案也应当在充分调研现有信息的基础上进行,掌握大量的市场信息是营销计划能够顺利执行的保证。

(3)系统性原则。营销计划的系统性体现在两个方面。一方面,营销计划工作是公司全部经营活动的一部分,需要相关部门的支持与配合,如促销活动、货款收回、风险应对等,要分别与市场部门、财务部门和风险管理部门合作。另一方面,制订营销计划需要综合考虑各方面影响因素,如宏观环境因素、竞争对手、消费需求、市场情况等,并充分挖掘众多因素中对公司营销有利的部分。

(4)时机性原则。营销计划要把握好重要的节点时机,如店铺开业,利用节假日开展产品促销活动,利用各种大型活动开展品牌推广与宣传等。

(5)权变性原则。所谓权变就是要求计划在动态变化的复杂环境中及时准确地把握发展变化的目标、信息,预测事物可能发展变化的方向、轨迹,并以此为依据来调整策划目标和修改策划方案。

(6)可行性原则。是指行动计划方案在技术、资源、方法等方面是否具有可操作性,是否达到并符合切实可行的计划目标和效果。可行性原则要求营销计划方案要时刻为项目的科学性、可行性着想,避免出现不必要的差错。营销计划方案不仅要提出开拓市场的思路,更要在创新思维的基础上制定出创造市场、开拓市场、扩大市场整体性的系统性策略和措施。

(7)创新性原则。营销计划必须运用创新思维,提出解决市场问题、实现营销目标的新创意、新方法、新手段，甚至创造新的生活方式和消费观念，唤起客户的购买欲望，把潜在客户转换为现实客户。

二、营销计划的制订流程

营销计划的制订流程包括确定总体目标、市场营销调研、机会与风险分析、拟定营销目标、拟定营销策略、确定行动方案和明确营销预算等多个阶段，创业者可按照上述阶段来制订营销计划，并体现在商业计划书中（见图6-1）。

（一）确定总体目标

首先应根据公司的优势、核心资源及市场需求，确定公司的活动领域及其发展的总体方向，这是公司制订营销计划必须考虑的首要问题。总体目标在战略上属于公司的使命，指引和规定着公司营销活动的方向。它要体现以市场为导向，全面及时反映市场需求，切实可行，符合公司自身实力。

（二）市场营销调研

市场调研是一种通过信息将客户、公众与营销者连接起来的活动。这些信息用于识别和确定营销机会及问题，开展和评估营销活动，监督营销绩效，深化人们对营销过程的理解。

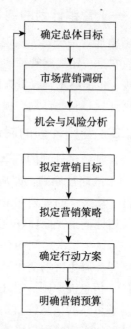

图6-1 营销计划制订流程

市场调研指出了解决这些问题所需的信息，设计收集信息的方法，管理并实施信息收集的过程，分析结果，最后沟通得出的结论及其意义。简单地说，市场营销调研是指运用科学的方法系统，客观地辨别、收集、分析和传递有关市场营销活动各方面的信息，为制订有效市场营销决策提供重要依据的活动。

市场调研解决的主要问题包括：现有客户由哪些人或组织构成？潜在客户由哪些人或组织构成？这些客户需要购买哪些产品或服务？为什么购买？何时何地及如何购买？

（三）机会与风险分析

当市场调研收集了所有信息后，公司要以有助于做出最佳决策的方式对这些信息进行分析和展示。通过机会与威胁分析，阐述来自公司外部的能够左右未来的因素，以便考虑可以采取的行动。对所有机会和威胁，要分出轻重缓急，使更重要、更紧迫的问题得到应有的关注。通过优势与劣势分析，说明公司在资源、能力方面的基本特征。

（四）拟定营销目标

拟定营销目标是公司营销计划的核心内容，在市场分析基础上对营销目标做出决策。计划应建立财务目标和营销目标，目标要用数量化指标表达，要注意目标的可行性、合理性，并有一定的开拓性。

（1）财务目标。财务目标即确定每一个战略业务单位的财务报酬目标，包括投资报酬率、利润率、利润额等指标。

（2）营销目标。财务目标必须转化为营销目标。营销目标可以由以下指标构成：销售收入、销售增长率、销售量、市场份额、品牌知名度、分销范围等。

（五）拟定营销策略

拟定公司将采用的营销策略，包括目标市场选择、市场定位、营销组合策略等。比如公司营销的目标市场是什么，如何进行市场定位，确定何种市场形象，公司拟采用什么样的产品、渠道、定价和促销策略等。

（六）确定行动方案

各营销策略确定之后，要真正发挥效用，还必须转化为具体的行动方案，在方案中明确：①要做些什么；②何时开始，何时完成；③由谁负责；④需要多少成本。

按上述问题列出详细的行动方案，以便于执行和检查。例如，市场营销管理人员如果想把加强促销活动作为提高市场占有率的主要策略，那么就制订相应的促销行动计划，列出具体行动方案，包括选择广告公司、评价广告公司提出的广告方案、决定广告题材、核准广告媒体计划等。

（七）明确营销预算

营销预算即列出一张实质性的预计损益表。在收益的一方说明预计的销售量及平均实现价格，预计销售收入总额；在支出的一方说明生产成本、实体分销成本和营销费用，以及再细分的明细支出，预计支出总额。最后得出预计利润、收入和支出的总额。公司的业务单位编制出营销预算后，送上层主管审批。经批准后，该预算就是材料采购、生产调度、劳动人事及各项营销活动的依据。

三、营销策略组合

完成市场营销环境分析后，下一步就是在此基础上设计市场营销策略。不要忽略营销策略在商业计划书中的重要性，它常常是创业失败的主要原因，投资人也可参考此内容来分析自己是否能够通过投资获得收益。基于 4Ps 和 7Ps 理论，在商业计划书的营销计划中，创业者可以主要从产品、价格、渠道和促销四个方面入手详述公司的营销策略；对于服务产品，创业者可以在此基础上，从人员、有形展示和过程三个方面进一步阐述营销策略。

（一）产品策略

产品策略是营销策略的核心，是价格策略、渠道策略和促销策略的基础，它需要解决的问题就是应该用哪种产品来满足用户的需求。就商业计划书而言，具体可以从产品组合、产品品牌和产品服务三个方面来展示产品策略的内容。

1. 产品组合

产品组合策略是指根据市场需求和内部生产能力，确定公司生产经营规模和范围的决策，并结合产品组合的广度、深度和关联性不断调整。公司在制订产品组合策略时，应根据客户需求、内部资源、技术能力等因素，通过科学的分析权衡，做出合理的产品结构决策。当市场因素发生变化时，公司应灵活地调整产品组合，尽可能实现效益最大化，提高公司的利润水平。产品组合策略具体包括如下几种：

（1）扩大产品组合策略。具体围绕产品的广度和深度进行调整。拓展广度指在原产品组合中增加一条或多条产品线。当公司预测现有产品线的销售额和利润率可能面临下降的风险，就应考虑在现行产品组合中拓展新的产品线。加强深度指在原有的产品线内增加新的产品项目，增加公司经营的品种。

（2）缩减产品组合策略。缩减产品组合，即缩短产品线，适当减少经营范围，实现产品专业化。若市场状况良好，扩大产品组合可能为公司带来更多的盈利机会。但当市场不景气或原料、资源紧张时，缩减产品组合反而会对利润率产生积极影响。公司应果断放弃产品组合中利润率较低甚至亏损的产品线或产品项目，避免不必要的资源浪费；可以集中资源投入到利润率高、竞争力强的产品线和产品项目中。

（3）产品线延伸策略。产品线延伸策略是指局部或全部改变公司原有产品线的市场定位。每一个公司生产经营的产品都有其特定的市场定位。产品线延伸策略可以分为向上延伸、向下延伸和双向延伸三种。①产品线向上延伸策略。公司原来生产中档或低档产品，如今新推出高档或中档的同类产品，即产品线向上延伸策略。这种方式可获得更多的利润，可作为正面进攻的竞争手段，提升公司的形象，完善产品线，满足不同层次客户的需要。②产品线向下策略。公司在原来生产高档或中档产品的基础上，再生产中档或低档的同类产品。公司采用这一策略可反击竞争对手的进攻，既可弥补高档产品减销的空缺，又可防止竞争对手乘虚而入。③产品线双向延伸策略。原来生产中档产品的公司同时扩大生产高档和低档的同类产品。采用这种策略能够占据同类产品的市场地位，延伸经营范围，提升公司的核心竞争力。

2. 产品品牌

品牌是一个名称、术语、符号、标记，或是这些因素的组合，用以识别一个公司的产品或劳务，并区别于其他竞争者。商标是品牌中的标志和名称部分，向工商行政管理部门注册，并受法律保护。商标拥有者具有专用权，可以有偿转让商标。品牌策略是产品决策的组成部分，是指公司依据产品状况和市场情况，合理、有效地运用品牌商标的策略。品牌策略通常有以下几种：

（1）统一品牌策略。指公司经营的所有系列产品使用同一品牌的策略。这种策略可以降低推广新产品的成本，节省大量广告费用。采用这种策略的公司必须严格控制所有产品的质量，以维护品牌声誉。

（2）个别品牌策略。指公司对各种不同产品分别采用不同的品牌。这种策略的优点是可以把个别产品的成败同公司的声誉分开，不因个别产品信誉不佳而影响其他产品，不会对公司整体形象造成不良后果。

（3）扩展品牌策略。指公司利用市场上已有一定声誉的品牌，推出改进型产品或新产品。采用这种策略，既能节省推销费用，又能迅速打开产品销路。但前提是，扩展的品牌在市场上已有较高的声誉，扩展的产品也必须是与之相适应的优良产品。否则会影响产品的销售或降低已有品牌的声誉。

3. 产品服务

产品服务是指为支持产品的销售而向用户提供的附加服务。产品服务策略的制定可以体现在服务项目、服务形式和服务水平等方面。

（1）服务项目。由于用户需求不断增加，产品的服务项目也越来越多，如免费运送和安装、技术指导、质量保证、提供信贷服务等。了解用户对不同产品的服务需求，选择能够最大限度地满足用户的服务项目，自然可以提升产品的竞争力。

（2）服务形式。产品服务分为固定服务和流动服务两种形式。前者是指设立服务网点，服务周边的用户；后者则是采取上门服务的策略，定期或不定期地进行走访、检查、维修。选择哪种服务形式，取决于用户的需求和竞争者的策略。

（3）服务水平。不管服务项目是否完备，服务形式是否灵活，若没有较高的服务水平，用户的需求同样无法得到满足。因此，服务水平高低最终决定了产品服务策略成功与否。公司只有不断提高服务水平，才能取得用户的信任。

（二）价格策略

1. 定价的基本方法

创业者应当在特定的定价目标指导下，依据对成本、需求及竞争等的研究，运用价格决策理论，对产品价格进行计算。价格可以非常迅速地变化，还可以向市场传递所期望的价值定位。然而，定价决策是很复杂的过程，需要考虑一系列的因素，如公司及其营销战略、目标市场和定位、客户、竞争和营销环境。有效地设计和实施定价策略不仅要求创业者理解客户的心理，还要掌握制定和调整价格的系统方法。

1）成本导向定价法

成本导向定价法是公司以产品单位成本为基本依据，再加上预期利润来确定价格，是最常用、最基本的定价方法。成本导向定价法又衍生出了总成本加成定价法、目标收益定价法、边际成本定价法、盈亏平衡定价法等具体的定价方法。如果在商业计划书中展现成本导向定价法，创业者可以简单介绍，让投资人一目了然。

（1）总成本加成定价法。在总成本加成定价法下，要把所有为生产某种产品而发生的耗费计入成本的范围，计算单位产品的变动成本，合理分摊相应的固定成本，再按一定的目标利润率来决定价格。其计算公式为：单位产品价格＝单位产品总成本×（1＋目标利润率）。采用总成本加成定价法，确定合理的成本利润率是关键，而要确定成本利润率，必须考虑市场环境、行业特点等多种因素。

（2）目标收益定价法。公司通过决定目标投资回报率来确定产品的价格，许多公司都在使用这种方法。其计算公式为：单位产品价格＝单位产品变动成本＋（总固定成本＋总目标利润）/预期销售量。

（3）边际成本定价法。边际成本是指每增加或减少单位产品所引起的总成本的变化量。由于边际成本与变动成本比较接近，而变动成本的计算更容易一些，所以在定价时多用变动成本代替边际成本，而将边际成本定价法称为变动成本定价法。采用边际成本定价法时以单位产品变动成本作为定价依据和可接受价格的最低界限。在价格高于变动成本的情况下，公司出售产品的收入除完全补偿变动成本外，尚可用来补偿一部分固定成本，甚至可能提供利润。

2）需求导向定价法

需求导向定价法即根据市场需求强度不同、客户对价格的不同心理反应来确定产品价格的一种新型定价方法。具体方法包括：

（1）认知价值定价法。客户的需求价格受其对产品价值的认知和需求强度的影响。价值认知度偏低，他们的需求价格也低；反之则高。需求强度低，他们的需求价格也低；反之则高。因此这一定价方法的特点是以客户的认知价值为定价基础，而不是以产品实际价值为基础。采用这一定价方法的要点是准确估计客户的价值认知度和需求强度：估计高则定价偏高，产品销售量就会减少；估计低则定价偏低，公司利润就会减少。

（2）差别定价法。即公司针对不同细分市场对产品价值的认知度和需求程度不同而造成的需求价格差异，为同一产品确定不同价格，满足不同细分市场的价格需求。采用这一方法的前提是确有需求价格差异的细分市场，并且不同的细分市场之间能有效分隔，不会出现低价格细分市场对高价格细分市场的产品转移。比如旅游景点对成人、学生、老年人收取不同费用的门票，工业用电与居民用电的价格标准不同，航空公司淡季与旺季的票价不同等。

3）竞争导向定价法

竞争导向定价法的特点是公司并不重视价格与成本、价格与需求的必然联系，而是参照竞争对手的价格水平确定公司产品的价格，或低于或等于竞争对手，以应付或避免竞争。这种定价方法适用于维持、扩大市场占有率，具体方法主要包括以下几种：

（1）随行就市定价法。为了避免竞争特别是价格竞争带来的损失，大多数公司采用随行就市定价法，即将公司某产品价格保持在市场平均价格水平上，利用这样的价格来获得平均报酬。此外，采用随行就市定价法，创业者不必全面了解客户对不同价差的反应，从而为营销、定价人员节约了很多时间。采用随行就市定价法时，最重要的就是确定目前的行市。在实践中，行市的形成有两种途径：第一种途径是在完全竞争的环境里，各个公司都无权决定价格，通过对市场的无数次试探，相互之间取得一种默契而将价格保持在一定的水准上；第二种途径是在垄断竞争的市场环境下，某一部门或行业的少数几个大公司首先定价，其他公司参考定价或追随定价。

（2）产品差别定价法。产品差别定价法是指公司采取各种营销手段，使同种同质的产品在客户心目中树立起不同的产品形象，进而根据自身特点，选取低于或高于竞争者的价格作为本公司产品价格。要运用产品差别定价法，公司首先必须具备一定的实力，在某一行业或某一区域占有较大的市场份额，客户能够将公司产品与公司本身联系起来。其次，在质量大体相同的条件下实行差别定价是受限的，尤其对于定位为"质优价高"形象的公司来说，其必须支付较高的广告、包装和售后服务方面的费用。因此，从长远来看，公司只有提高产品质量，才能真正赢得客户的信任，才能在竞争中立于不败之地。

（3）密封投标定价法。许多大宗商品、原材料、成套设备和建筑工程项目的买卖与承包等，往往采用发包人招标、承包人投标的方式来选择承包者，确定最终承包价格。一般来说，招标方只有一个，处于相对垄断地位，而投标方有多个，处于相互竞争地位。标的物的价格由参与投标的各个公司在相互独立的条件下来确定。在所有投标者中，通常报价最低的投标者中标，它的报价就是承包价格。这种竞争性的定价方法就是密封投标定价法。在密封投标定价法下，投标价格是公司能否中标的关键性因素，确定投标价格是创业者需要重点考虑的工作。首先，根据自身的成本，确定几个备选的投标价格方案，并依据成本利润率计算出公司可能实现盈利的各个价格水平。其次，分析竞争者的实力和可能报价，确定本公司各个备选方案的中标机会。竞争者的实力包括产销量、市场占有率、信誉、质量、服务水平等项目，其可能报价则在分析历史资料的基础上得出。再次，根据每个方案可能的盈利水平和中标机会，计算期望利润。每个方案的期望利润＝每个方案可能的盈利水平×中标概率。最后，根据公司的投标目的来选择投标方案。

2. 定价策略

创业公司初期，因为大多数新产品是初次进入市场，其产品定价策略也与一般产品有所不同，其定价策略可以包括撇脂定价策略、渗透定价策略和满意定价策略。

（1）撇脂定价策略。撇脂定价策略又称高额定价策略，即在新产品投放市场的初期，利用客户求新、求奇的心理动机和竞争对手较少的有利条件，以高价销售，在短期内获得尽可能多的利润。以后随着产量的扩大、成本的下降、竞争对手的增多，再逐步降低价格。

（2）渗透定价策略。渗透定价策略又称低额定价策略，是指公司把其创新产品的价格定得相对较低，以吸引大量客户，提高市场占有率，实现盈利的策略。在市场竞争激烈的环境中，采用此策略有积极的作用，因为定价低，在市场潜力大、竞争者容易渗透的情况下，给予竞争者价低利少、无利可图的印象，从而抑制竞争者的渗透。

（3）满意定价策略。满意定价策略是介于撇脂定价策略和渗透定价策略之间的一种中间定价策略。因价格水平适中，生产者、中间商和客户各方面都能顺利接受。在新产品刚进入市场的阶段，将价格定在高价和低价之间，力求使买卖双方均满意。

3. 定价流程

第一步，确定定价目标。公司价格的制定是一种有计划、有步骤的活动，是实现公司营销目标和总战略的具体工作。利润、竞争、投资收益率等都是公司常见的定价目标。值得注意的是，每种目标都有其适用的状况，创业者应结合公司的情况与条件来选择恰当的定价目标，以便在定价的过程中能有所依据，且在整体环境有所变化时能机动地运用定价方法与策略，而非静观其变、错失良机。

第二步，分析市场需求。每种价格都会导致不同水平的需求，因此会对公司的营销目标产生不同的影响。价格变动与需求变动之间的关系可以通过需求曲线获得。一般情况下，需求和价格存在反向关系：价格越高，需求越低；反之，价格越低，需求越高。但是，对于某些高声望的商品来说，需求曲线有时会有正斜率，这是因为客户认为较高的价格意味着更好的品质。但是，如果价格定得太高，需求水平也会降低。

第三步，估算产品成本。公司商品价格的最高限度取决于市场需求及有关限制因素，而最低价格不能低于商品的经营成本费用，这是公司价格的下限（这里不包括短期的、由于某种原因个别品种的价格低于经营成本费用的情况），低于这个限度，公司将无法维持再生产和继续经营。因此，制定价格要在公司目标已定、市场需求已摸清的情况下进行。

第四步，分析竞争状况。在由市场需求和公司成本所决定的价格范围内，创业者还必须考虑竞争对手的成本、价格和可能的价格反应。首先，分析公司竞争地位。公司及其产品在市场上的竞争地位对最后制定价格有重要意义，要对公司的主要市场和竞争能力做出基本的估计，列出公司目前处于何种状况，并在分析过程中考虑有关重要的非商品竞争能力，如服务质量、渠道状况、定价方法等。其次，协调公司的定价方向。公司要从各种公开的财务资料或其他材料中，或者从以购物者身份索要的价目表中了解竞争对手产品的价格，以使公司价格的制定更主动。这方面工作要考虑到公司的定价目标及策略。例如公司为了避免风险，可采用"随行就市"的方法，跟着行业中主导公司的价格、主要竞争对手的价格走，也可以在与竞争公司中主导公司的产品进行全面比较后，决定高于或低于竞争公司的价格。但要注意，当公司在一个行业中单独制定较高或较低的价格时，提价或降价都应意识到风险的存在，应做全面的分析，并配合各项有力措施。最后，估计竞争对手的反应。创业者要把即将可能采用的价格及策略排列出来，分析、估计和预测采用某些具体价格策略可能引起的主要竞争对手的反应，如财务、技术、管理方面的优势和劣势，非价格因素的长处与缺点，现行的营销策略及竞争对手的反应的历史资料，使公司的有关决策人员知己知彼，从而制定相应的策略和采用适当的方法。

第五步，选择定价方法。制定价格需要考虑成本、客户需求和竞争对手的价格等因素。首先，成本是最低价格；其次，竞争对手的价格提供了制定价格的参考点；最后，客户对产品独特属性的评价决定了产品的最高价格。

第六步，选定最终价格。在选定最终价格时，创业者必须考虑其他附加因素：考虑客户的心理；考虑既定价格政策，避免扰乱既定价格体系；考虑供应商、竞争对手、销售人员等对价格的反应；考虑政府会不会干涉和制止，是否符合有关法律规定等。

（三）渠道策略

营销渠道（或分销渠道）是指产品的所有权从生产地点向消费地点转移过程中的具体通道或路径。是公司在将产品传递给最终客户之前，构建的与各类分销商之间进行交易、分摊成本和确定利益分配方式的综合体系，其中各类分销商具体指批发商、零售商及其他辅助机构，也包括物流配送商。对于商业计划书的撰写而言，要将渠道策略简洁明了地展现在投资人眼前，体现出该策略的竞争优势。

1. 直接渠道或间接渠道

（1）直接渠道。指产品直接从生产者销售给最终客户，转移过程中不经过任何中间商。如工业用品，直接渠道是其销售的主要渠道。在消费品市场，直接渠道有扩大优势，具体形式包括公司直销、销售员上门推销、邮寄销售和网络购物等。直接渠道具有及时性、有利于客户直观地了解市场、有利于控制价格等优势。但也存在一些劣势，如销售费用高、销售范围比较受限等。

（2）间接渠道。指产品从生产领域向最终客户转移过程中经过若干中间商的渠道，是一种多层次的渠道。间接渠道主要适用于消费品销售，有些工业品也采用间接渠道营销。间接渠道能够有效减少交易次数，从而节约时间和资金成本，公司可以专心地将精力和资源投入到产品生产中。但是由于中间商的介入，其不利于生产者和客户的双向信息沟通，公司难以及时把握客户需求，客户也难以了解公司情况。

2. 长渠道或短渠道

（1）长渠道。指生产者利用两个或两个以上的中间商，把产品销售给客户或用户。一般适用于销量大、范围广的产品。长渠道的优势在于能够充分利用各个中间商的职能，发挥各自优势，从而提升销量。但也存在流通费用增加，客户成本提升等缺点。

（2）短渠道。指生产者利用一个中间环节或自己销售产品。一般适用于销售批量大、市场较集中的产品，或本身技术复杂、价格较高的产品。短渠道能够有效缩短商品到达客户手中的等待时间，减少商品使用价值的损失，有利于开展售后服务。其劣势是由于生产者承担多个商业职能，不利于集中精力和资源进行生产。

3. 宽渠道或窄渠道

分销渠道的宽或窄，取决于渠道中每个层次包含的中间商数量。例如，产品生产后由批发商批发，这个层次中如果批发商很多，则渠道就宽；批发商销售给零售商，这个层次中如果零售商数量多，则渠道就宽。根据渠道宽窄的不同，分销可以分为密集分销、选择分销和独家分销三种方式。

（1）密集分销。是指最宽的销售渠道，即在同一渠道环节层次上，生产公司尽量通过众多的中间商来推销其产品。这种策略的重点是扩大市场覆盖面或快速进入一个新市场，使众多客户或用户能随时随地购买到这些产品。一般消费品中的日用品和产业用品中的通用机具多采用密集分销的方式。

（2）选择分销。是指生产公司在某一地区仅通过几个最合适的中间商推销产品。如此，公司可以与选中的中间商形成良好的协作关系，并期望得到高于平均水平的推销努力。选择分销策略的重点是着眼于市场竞争地位的稳固，维护本公司产品在该地区良好的信誉，同时使生产者取得足够的市场覆盖范围，比密集分销成本低，控制力也更强。

（3）独家分销。是指生产公司在某一市场对一种产品仅选择一家批发商或零售商销售，通过双方协商签订独家经销合同，规定生产公司不得让第三方承担购销业务。这一策略的重点是控制市场、控制货源，或者是彼此充分利用对方的商誉和经营能力，增强自己的推销能力。这样可调动中间商的经营积极性，其销售额可达到或超过通过众多中间商销售的总和。

（四）促销策略

1. 促销工具

促销工具分为四种，每一种都有不同的特点和具体的应用形式，创业者可根据公司情况和产品服务特点选择促销策略，并体现在商业计划书中。具体见表6-3。

表 6-3　促销工具的应用形式及特点

促销工具	具体应用形式	特点
广告促销	电视、户外广告、传单、电影画面、销售点陈列、外包装广告、工商名录、互联网等	单位展示成本低，传播范围广，可重复多次
公共关系促销	赞助、演讲、新闻发布会、慈善捐款、公司杂志等	高度可信，以非销售导向的形式将信息传播给客户
人员推销	展览会、交易会、销售展示、奖励节目、销售会议等	与客户面对面接触，使客户感觉有义务进行反应
销售促进	折扣、赠品、优惠券、卖点展示、展演等	吸引客户注意，强烈刺激购买

（1）广告促销：指由明确的主办者以付费方式进行的创意、商品和服务的非人员展示和促销活动。广告促销是公司非价格竞争的一种有效策略，也是使用最广泛、效果最明显的促销手段。

（2）公共关系促销。指公司利用公共关系的维护和宣传来展示品牌形象，并为产品或服务推广做市场宣传的营销手段。公共关系旨在建立公众对公司的良好印象，在协调公众与公司利益方面具有特殊效果。

（3）人员推销。指与一个或多个潜在购买者面对面接触的推销，以介绍产品、回答问题并达成交易等为目的。相对而言，人员推销较适于推销性能复杂的产品。当销售活动需要更多地解决问题和说服工作时，人员推销是最佳选择。

（4）销售促进。指一种通过利益刺激客户需求的、辅助性的、临时性的促销方式，其常见的利益形式有优惠券、降价、奖券、赠品等。销售促进的优势方式多样，且见效较快，能够通过直接的利益刺激客户马上产生购物行为。

2. 促销组合

任何一种促销工具都不能适应所有场合，而且不同促销工具的特点不同。因此，应对促销工具进行组合使用。但公司营销的目标不同，适用的促销工具不同，相应的促销工具的组合也有所差异。各促销工具目标的差异具体见表 6-4。

表 6-4　促销工具目标的差异

促销工具	营销目标	
	目标实现期	影响范围
广告促销	近期	广
公共关系促销	长期	广
人员推销	近期	小
销售促进	中期	中

若公司的营销目标是快速增加产品销量，提高其市场占有率，则应结合人员推销、广告促销和销售促进，以在尽量短的时间内获得经济收益。若公司的营销目标是树立公司形象，为其新产品进入市场开拓市场条件，则应结合广告促销和公共关系促销来加强与公众的联系，从而实现其长期目标。因这两个营销目标不同，公司采用的广告促销的具体手段

和内容也不同。因此，在进行促销工具的组合时，创业者应综合考虑产品、营销对象与营销目标，选择最适合公司的促销组合工具来拟定营销策略。

（五）人员策略

服务产品是由服务人员直接向客户提供的一种无形产品。客户在购买有形产品时，不会关注产品是由谁设计研发生产的，无形服务则不同，如患者去医院接受治疗服务，会关注提供服务的医生的口碑如何，经验是否丰富。因此，在一定程度上，服务人员提供的服务就是客户感知服务的全部内容，服务人员的形象、态度以及技能水平都会影响客户对服务质量的感知。针对主营业务为服务的公司，创业者可围绕以下三个方面设计人员策略：

（1）获取客户信任。服务公司以广告方式表达对客户利益的重视，必须依靠服务人员提供与之相应的服务来完成，在提供服务的过程中服务人员与客户建立良好的互信关系，将在很大程度上影响和决定客户对服务质量的满意度。

（2）提升专业程度。服务人员尽可能是专家，或是经验丰富的人员，这样才能使客户相信服务人员有完成预期服务的能力。

（3）打造完美形象。服务人员应从公司整体利益出发，并以团队精神要求自己，才能发展并维持个人和公司的形象，并使其与客户心目中所具有的形象保持一致。

无形服务的不可直观感知性，使购买服务的客户对其得到的服务的评价远不如对向他提供服务的服务人员的评价完整和准确，因此"人员"是服务营销策略"7Ps"组合的最重要组成部分。

（六）有形展示策略

有形展示是指服务过程中能被客户直接感知或能够提示客户服务信息的有形物体的总和。服务产品的主体是无形的，而有形展示则为客户在消费服务型产品时提供更直观的体验，帮助客户把握服务产品，增强其信任感，提高其满意度。根据有形展示的构成要素进行划分，主要包括三个方面：服务环境、信息沟通和价格展示，在商业计划书中可参考这三个方面对有形展示策略进行描述。

1. 服务环境

服务环境有三大类型：背景要素、设计要素和社交要素。

（1）背景要素。指客户不太会意识到的环境因素，如气温、温度、气味、声音、整洁度，通常被客户认为是构成服务产品内涵的必备型因素。其存在并不会使客户感到兴奋和惊喜，但如果背景要素达不到客户的期望，就会对客户购买服务的决策带来负面影响。

（2）设计要素。包括美学要素和功能要素。这类要素被用于改善服务产品的包装，使产品的功能更为明显和突出，以建立有形的、赏心悦目的产品形象。

（3）社交要素。这类要素是指在服务场所内一切参与及影响服务产品生产的人，包括服务人员和其他在服务场所出现的各类人员。服务人员的言行举止皆可影响客户对服务质量的期望与判断。

2. 信息沟通

在服务型产品的消费中，信息沟通是时时刻刻的。信息沟通展示通过公司本身和其他多种媒体传播来展示服务。通过不断的信息沟通展示，尽可能使无形服务转化为有形服务，向客户传递有关服务的线索，让客户初步形成对无形服务的特征感知。信息沟通展示的常用手段有：服务有形化和信息有形化。服务有形化在信息交流过程中强调与服务相联系的有形物，把与服务相联系的有形物推至信息沟通中，从而让抽象的服务变得具体。信息有形化的方法之一就是鼓励对公司有利的口头传播，向客户提供一种确切的承诺，从而减少客户在购买服务时的心理风险。

3. 价格展示

价格展示对于服务产品之所以重要，是因为客户通过价格能够大概了解服务产品的水平。价格能培养客户对服务产品的信任。在服务行业，正确定价特别重要，因为服务是无形的，而价格体现的服务水平和质量对客户来说是可见的。

（七）过程策略

过程即服务交付给客户的程序、任务、活动和日常工作等，是客户消费体验的重要环节。保障服务过程的有效运行，不仅能在对客户服务过程中节约时间、省略不必要的流程，进而提高服务效率，也能提升员工的服务动力与处理突发事件的反应灵敏度。在商业计划书中，创业者可以从服务流程分析、服务流程规范化两个方面向投资人展示过程策略。

1. 服务流程分析

服务流程分析是通过分解组织系统和架构，鉴别客户同服务人员的接触点，并从这些接触点出发来提高公司服务质量的一种方法。流程分析借助流程图分析服务传递过程的各个环节和接触点，包括从前端到后勤服务的全过程。主要步骤如下：

（1）根据服务的各项内容绘制服务流程图，使服务过程一目了然。
（2）识别容易导致服务失误的接触点。
（3）制定体现公司服务质量水平的服务标准和规范。
（4）识别客户能看得见的可展示的接触点。在每个接触点，服务人员都要向客户提供职能质量和技术质量，而客户对服务质量的感知将直接影响公司形象。

2. 服务流程规范化

创业者应针对员工重复性的操作流程进行规范化管理，制定执行标准和规范，从而间接体现公司的服务质量标准。由于在实践中可能存在因人而异的经验服务，而流程规范化能够使用共同的行为标准进行代替，有效消除员工因个人主观因素造成的公司最终服务的随意性、不可预知性，从而更好地满足客户对公司服务的期望，提升公司服务产品的口碑。流程规范化主要包括具体的操作步骤和要求、现实操作质量的记录、反馈评估、分析总结和修订实施等方面。服务流程的规范化并不意味着公司服务工作的机械化，而是为员工不断地反省、改进提供了一个客观的参考依据，从而最终形成每一位员工可以共同遵循的标准。

营销计划是公司为实现预定的市场营销目标，为未来市场营销活动进行规划和安排的

过程，好的营销计划是公司有条不紊地实现营销目标的保证。本书附录舞指科技商业计划书中的4.5.1描述了该公司的营销计划，通过分析其核心技术、现有资源能够创造的价值，确定了主营产品：可应用于AR/VR领域作为手势交互基础设备或手语翻译辅助设备的WUZHI-LINK、可配套智能手表与用户智能家居互联的WUZHI表带。该公司通过大量的市场调研确定了目标市场，包括VR/AR开发公司，体育、音乐教育机构、军工企业等。舞指科技目前的合作客户覆盖了VR/AR、智能制造、家居、房地产、汽车、体育、军工、公益、医院等领域，在此基础上，舞指科技提出了未来三年将进一步扩大已有领域合作伙伴，达成深度合作并打响品牌知名度的目标，并从产品、推广、渠道三个方面提出了营销策略组合。

营销策略在商业计划书中具有重要地位，投资人通常参考此内容来分析自己是否能够通过投资获取利润。本书第四部分舞指科技商业计划书中的4.5.1部分从产品、推广、渠道三个方面提出了该公司的营销策略组合。舞指科技根据不同的发展生命周期阶段拟定不同的产品策略：在导入期，通过技术合作与批量化生产获得订单，以稳固公司基础为主要目标；在成长期，舞指科技计划与小米、科大讯飞等合作伙伴建立无障碍建设；在成熟期，舞指科技以提供客制化服务为切入点，与AR/VR、家居、车载、教育机构等多领域达成商业合作，并不断开拓新业务。舞指科技拟定选择同VR/AR企业建立共同产业链、参观相关展会、公关、媒体平台采访、线上社群营销、直播营销等推广组合策略，从而增加公司产品的曝光率，构造公司的社会影响，同时打造舞指科技的品牌效应。关于渠道方面，舞指科技通过政府集中采购，打造各地区聋人KOL并与其开展合作分销，从而帮助听障人士打造无障碍沟通环境；与VR/AR开发公司进行定制化合作，并根据开发公司需求提供定制解决方案开发服务，替代原有手持设备进行组合销售；此外，采取线上销售+线下推广方式，线上建立天猫店铺、微店等销售平台，线下通过设置体验点位的方式使广大市民体验手势交互产品的诸多优势。上述营销计划和营销策略部分的案例对于商业计划书撰写具有一定的借鉴意义，但是如果能在此基础上补充价格策略部分就更加完整了。

第三节 商业模式：传递获取价值的战略蓝图

一、商业模式的九个维度

商业模式是商业计划书中的核心部分。从撰写商业计划书的角度而言，商业模式反映了创业者如何运用自己所掌握的各项资源实现商业目标。一份高质量的商业计划书需要有一个好的商业模式，如何设计商业模式是创业者需要深思熟虑的问题，因为这是投资人考察初创公司最重要甚至是唯一的标准。

好的商业模式一定是为了更好地为客户创造最大价值，创业者需要梳理公司拥有的资源要素，创建一个有竞争力的运营体系。这个体系要保障公司的可持续发展，且不断获得盈利。在商业计划书中，商业模式需要围绕九个维度展开，分别是：客户细分、价值主张、渠道通道、客户关系、盈利模式、核心资源、关键业务、关键伙伴、成本结构，商业模式画布如图6-2所示。

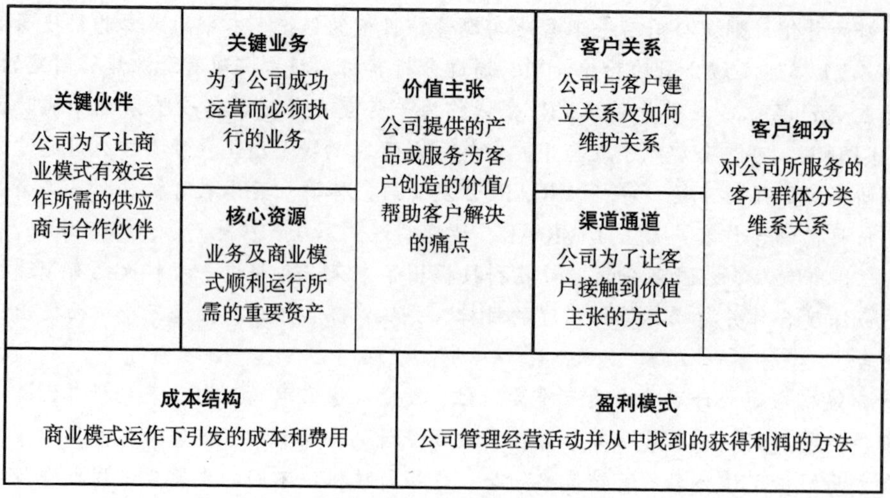

关键伙伴 公司为了让商业模式有效运作所需的供应商与合作伙伴	关键业务 为了公司成功运营而必须执行的业务	价值主张 公司提供的产品或服务为客户创造的价值/帮助客户解决的痛点	客户关系 公司与客户建立关系及如何维护关系	客户细分 对公司所服务的客户群体分类维系关系
	核心资源 业务及商业模式顺利运行所需的重要资产		渠道通道 公司为了让客户接触到价值主张的方式	
成本结构 商业模式运作下引发的成本和费用			盈利模式 公司管理经营活动并从中找到的获得利润的方法	

图 6-2 商业模式画布的九个维度

（一）客户细分

创业者在计划书中要明确公司产品或服务对应的目标客户。客户是商业模式的核心，只有精准地识别客户，向其销售产品或服务，才能实现预期收益。为了更好地满足客户的需求，公司应根据客户的不同需求、行为和特点，将其分为不同的群体。一种商业模式可以服务于一个或多个客户群体，创业者需要在深入了解这些群体的个性化需求的基础上设计商业模式。

（二）价值主张

价值主张即公司产品或服务的核心卖点。完善的客户服务和系统的客户分析可以充分满足客户需求，提高客户的满意度和忠诚度，节省公司营销成本，从而实现客户价值最大化及公司利润的持续增长。在商业计划书中描述价值主张时，要根据客户的需求，判断什么是对客户最有意义的。价值主张是商业模式的核心因素，将客户需求和公司产品能够实现的功能价值建立联系，也是客户购买产品或者服务的原因。

（三）渠道通道

渠道通道描述公司如何同其客户群体达成沟通并建立联系，进而向对方传递自身的价值主张。与客户的交流、分销和销售渠道构成了一个公司的客户交互体系。渠道通道也是客户的接触点，在客户体验中扮演着重要角色，它能唤醒潜在客户对产品的了解，并促成交易转化，保证售后满意度。对于渠道通道部分的撰写，创业者需要保证整体流程清晰流畅、符合逻辑，不要遗漏某些部分。

（四）客户关系

客户关系指确定公司与特定客户细分群体建立的关系类型。公司的每个客户细分群体希望公司与之建立和保持何种关系？哪些关系已经建立？关系成本如何？如何从现有客户身上开发出更多的价值？创业者在撰写客户关系部分时，可以参考上述几个问题深入考虑。所有公司都需要不断加强与客户交流，不断了解客户需求，并不断对产品或服务加以改进，满足客户需求。

（五）盈利模式

商业模式的盈利模式是对公司的经营活动进行鉴别和管理，并在其中找到能获得利润的方法。盈利模式也是对公司各方面资源进行分析整合，找到最适合公司的生产方式、销售方式，以此来实现价值的创造与获取，这在商业计划书中是非常重要的。盈利模式主要包括三个方面：

（1）定价。定价是公司为了实现目标利润而采取的一种方法，一般是建立在主营业务成本的基础上且涵盖利润。

（2）主营业务成本。主营业务成本由公司生产项目产品所需的原材料费用、劳务费用、营销费用、其他费用相加而成。

（3）利润率。利润率是公司最终获得的净利润与全部预付资本的比率，反映了某一时期某公司的利润水平。

盈利模式要结合以上三个方面的要素进行撰写，这些也是投资人重点关注的内容。

（六）核心资源

公司的核心资源是用以支持某个商业模式顺利运转的重要资产。每种商业模式都需要相应的核心资源，公司通过核心资源能够实现价值创造，进而提供价值主张，获得市场份额，保持稳定良好的客户关系，以此获得利润。核心资源包括实物、金融、知识及人力资源，它可以是公司内部自有的，也可以通过租赁获取，或者依靠重要合作伙伴获取。在核心资源部分，创业者可选择性地忽略普遍存在的资源，重点关注具有战略意义的关键资源，并向投资人展示，让投资人看到公司拥有很多关键资源，从而增强投资人对创业公司的信心。

（七）关键业务

关键业务指公司为保障其商业模式正常运行所开展的最重要的业务。每一个商业模式都有相匹配的关键业务，这些业务是一个公司成功运营所必须采取的关键行动。同核心资源一样，它们是公司创造价值、传递价值主张、维护客户关系及获得利润所必需的部分。例如，海尔集团的一项关键业务是制造家用电器，华为公司的关键业务包括生产智能手机等电子产品，普华永道的关键业务包括为企业提供咨询服务、解决方案等。在这部分，创业者可以围绕产品或服务的生产、营销体系及售后服务三个方面，循序渐进地进行撰写，向投资人展现专业水平。

（八）关键伙伴

关键伙伴是指商业模式有效运作所需的供应商与合作伙伴网络，有很多原因促使一家公司寻找关键伙伴，而关键伙伴在许多商业模式中逐渐承担起基石的作用。在商业计划书中需要体现：公司的关键伙伴有哪些、谁是自己的重要供应商、可以依靠伙伴获得何种核心资源，以及合作伙伴所执行的重要工作等内容。创业者要通过计划书向投资人展示，合作双方秉承着共同的理念和目标，并且无须毫无保留地列出所有合作伙伴，只将对自己最重要、最有价值的合作伙伴展现给投资人即可。

（九）成本结构

成本结构描述了商业模式的运营过程所发生的全部成本总和。公司为客户创造和传递价值，维护客户关系，以及创造收益都会发生相应的成本。商业计划书中不仅需要说明公司商业模式的成本结构，还需要针对已经存在的问题或未来可能出现的问题提出应对方案，让投资人了解商业模式的成本结构是合理的，并且具有充分的风险管理措施，从而增强投资人对创业项目的信心。

二、盈利模式的八种类型

商业模式中的盈利模式是对公司的经营活动进行鉴别和管理，并在其中找到能获得利润的方法。盈利模式也是对公司各方面资源进行分析整合，找到最适合公司的生产方式、销售方式，以此来实现价值的创造与获取，这在商业计划书中非常重要。

商业计划书中的利润空间不是随意就可以确定下来的数值，但是将公司的盈利模式等因素作为参考依据，利润空间的可信度就会有所提高。因此，盈利模式完全可以成为投资人判断商业计划书的要素之一。常见的盈利模式可分为八种。

（一）关系质量模式

关系质量模式主要从用户的角度进行研究，具体表现为公司为用户提供各种服务之后，用户对公司及其服务的信任感和满意度。该模式是影响用户是否会长期回购的重要因素。为了提高获得投资的可能性，公司在商业计划书中应当突出其与客户之间的需求关系，特别是客户的认可度。因为用户的认可度越高，证明公司的盈利能力越强。

（二）个性挖掘模式

随着同质化产品越来越多，用户的消费方式逐渐从功能消费型转向价值消费型。在此背景下，公司所能提供的附加价值成为吸引用户的重要因素之一。在个性挖掘模式下，公司要注重挖掘用户的潜在需求，并预测该需求的市场规模，确定该需求是否可以为公司提供长足的发展动力。当上述条件均被满足后，公司要以最快的速度建立品牌壁垒、竞争壁垒或技术壁垒等，从而占据更多的市场份额。在商业计划书中，公司可以介绍其满足了客户的哪一类需求，估计该类需求的市场规模，是否达到提升行业壁垒的水平等。

（三）客户解决方案模式

客户需求不断变化，公司只能随着客户需求的变化而不断提出相应的解决方案，从而获得客户的青睐，这就是客户解决方案模式。客户解决方案模式立足点是为客户解决问题，若公司采取这种盈利模式，在商业计划书中应该突出针对客户的问题，公司如何提供相应的解决方案。

（四）速度领先模式

速度领先模式即公司保持比竞争对手更快的速度，对客户需求做出反应。在许多行业中,创新速度在行业平均水平之上的公司往往能够保持先行者优势,以此获得超额利润。如果公司采取速度领先模式作为盈利模式,就要在商业计划书中把重点放在速度上,充分展示出公司对客户需求的高度敏感状态。

(五)产业标准模式

对于还未发展成熟的行业,公司若想自己的标准具有科学性和可参照性,就要努力使它成为行业标准,使公司占据有利地位。如今经济高速发展,产业标准也在迅速变化,所以公司必须时刻关注市场变化,及时为产品更新换代,以维持地位。如果公司采取产业标准模式作为盈利模式,在商业计划书的介绍中充分突出自己在行业中的地位即可。

(六)数据处理模式

数据处理模式主要依靠数字技术为客户提供有针对性的解决措施,可以帮助公司降低成本,提高工作效率。但是使用数据处理模式的公司必须有一个数据库,并且这个数据库要具备强大的处理能力,否则不能充分保证给用户提供相应的服务。一般来说,投资人都会对采用这种盈利模式的公司另眼相看,因为数据处理模式的数据库必须依靠技术人才才能建立和维护,只有高质量、精技术的人才才能充分保障其运行。因此,公司在商业计划书中应尽量展现出人才优势,从而吸引投资人。

(七)成本占优模式

公司通过对产业价值链的整合,在管理、生产和整合资源的过程中压缩成本,提高生产率。在低成本优势的基础上,公司既为用户提供了良好服务,又更好地实现了自身的盈利。在商业计划书中介绍成本占优模式,公司只需要介绍质量管理、资源整合等方面的成本优势,并且介绍通过这个盈利模式,公司与其他公司之间的成本差距是多少。

(八)中转站模式

公司为帮助社会组织实现物资流、资金流、信息流的高效率运转而提供服务的盈利模式,即中转站模式。在商业计划书中,公司要展现出其强大的中转能力,因为这关系着客户的满意度,中转能力越强,带给公司和投资人的利益就越多。

公司的盈利模式在一定程度上能够代表给投资人带来的利益,因此商业计划书中不能缺少这一部分。公司应该在商业计划书中展现最适合自己的盈利模式,而不是盲目跟风。

三、如何阐述盈利预期

盈利模式是创业者向投资人展示盈利的方式,但是能够盈利多少,才是投资人真正关心的问题。项目盈利预测是公司对项目在未来可获利润进行科学的预测,使其成为投资人做出投资决议的参考依据。因此,在商业计划书中,阐述盈利预期是必不可少的内容。项目盈利预测不能保守,更不能夸大,否则容易造成反效果。对于一般情况而言,盈利预期包括三个部分,即假设、预测财务报表和预测结果,可进一步细分,具体如图 6-3 所示。

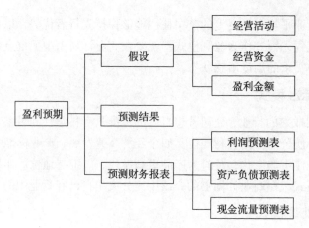

图 6-3　盈利预期包含的内容

在盈利预期的三个部分中，投资人最在意预测财务报表。因此，在商业计划书中，公司应该重点介绍预测财务报表部分。利润表主要是对公司月度、季度和年度的财务状况进行描述，但是要想制作一份完整的利润表，销售额、成本费用、毛利润率都是不可或缺的重要数据。也正因为如此，在商业计划书中想要描述一份完整的利润表是不太可能的，因为在融资阶段，公司项目还没有实现，并没有大量利润可言。但是公司可以对利润表进行预测，将其列入商业计划书中。

资产负债预测表一般负责预测月末、季末、年末等时间段的资产、负债和资本的情况。有人认为现金流量预测表是后期附表，并不重要。其实不然，现金流量预测表的工作十分复杂，需要投入大量人力进行预测，稍有不慎，这份商业计划书就等于作废。

在商业计划书中，盈利预期的三个部分并不需要全部做成表格并展现出来，公司可以选择适合自身发展的报表加入到商业计划书中。商业计划书中需要体现利润预测表、资产负债预测表和现金流量预测表。

在竞争日益加剧的时代，公司若想有生存空间并持续盈利，一定要善于整合内外部资源并且创造新的需求模式，即商业模式，这也是投资人非常关注的内容。本书第四部分沈阳森之高科科技有限公司商业计划书的第四部分给出了公司的商业模式，公司采取指导老师与团队联合开发形式，指导老师提供关键技术指导，团队成员对产品进行技术完善。公司的关键业务是无线独立运动捕捉系统，以消费级量产横向拓展计划项目中老年人危险行为报警系统的产品为例，通过在老年人身上穿戴行为捕捉套件系统、配套手机 APP 等，可以实现跟踪及跌倒报警功能，体现了为工作繁忙的用户及时关注老年人的人身安全提供帮助的价值主张。公司以集团客户和散户并行营销作为渠道通道，并积极参加高科技产品展会，增加产品的知名度和发掘潜在客户群。通过市场调研，公司拟选择北京某国标舞培训学校作为关键伙伴，希望凭借产品自身的硬实力及合作伙伴在国标舞领域的软实力，为公司产品打造广阔的市场。上述内容对于商业计划书中商业模式的撰写具有一定的参考意义，但是如果能够补充客户细分、成本结构等要素会更完整。

课后习题

1. 简述 4Ps 理论与 4Cs 理论的区别。
2. 营销计划的制订包括哪几个阶段?
3. 简述三种基本的定价方法。
4. 简述产品组合策略有哪几种。
5. 设计商业模式需要考虑哪些维度?

即测即练

第七章

运营管理

【重点问题】
1. 公司进行运营管理具有哪些意义？
2. 公司制定运营战略对竞争力有何影响？
3. 公司应当如何科学制定运营战略？

【学习目标】
1. 了解运营管理的基本概念、内容和意义。
2. 理解运营战略的含义及影响因素。
3. 了解运营战略的作用。
4. 掌握运营战略的内容与制定。

第一节 运营管理的基本理论

一、运营管理的定义

运营管理（Operations Management）是指对公司的运营过程进行计划、组织、实施和控制，是与产品生产或服务创造密切相关的各项管理工作的总称。从另一个角度来说，运营管理亦指对生产和提供公司主要产品或服务的系统进行设计、运行、评价和改进的过程。换言之，运营管理就是生产过程的管理。

与人力资源管理和市场营销类似，运营管理是一个有明确管理责任的公司职能领域。运营管理是对公司生产产品或传递服务的整个系统的管理。所有产品或服务的运营都是通过对生产过程的管理来改变某种事物的状态或性质以获得某种"输出"。我们可以通过一个"转化过程模型"来概括公司的本质。简言之，公司就是采用某种装置来"输入资源"以改变某物或自身，并将其转化为"产品或服务的输出"以满足客户需求。

生产一个产品（如电脑），或者提供一项服务（如服务于一位电脑客户），都包括一系列复杂的转换过程。以电脑生产商为例，为了按实际需要生产电脑，并且把它们送到客户手里，需要进行很多转换过程——供应商购买原材料，并且制造电脑零部件；电脑生产公司把这些电脑零部件组装成各式各样在市场上流行的电脑；分销商、代理商和遍布于全世界的公司仓库通过互联网发出电脑订单；地方零售商直接与客户接触，发展并管理所有客户。而运营管理就是管理所有这些独立的过程，并使之尽可能有效。

然而，不同类型公司的运营管理之间是有所差异的。例如，从远处看，一个汽车制造公司和一所医院差不多具备一模一样的外型。它们可能都有几栋大型建筑物，员工在此进进出出，产品或服务也由这里发送出去。但再走近一些，一些明显的差异就会显现出来。首先，一个是汽车制造运营，生产的是实物产品；另一个是服务运营，带来的是病人身体、情绪和行为的某种改变。其次，各个建筑物内部所进行的运营也有实质性的差异。汽车制造公司有金属切割、成形设备和组装生产线，而医院里的则是诊断、护理和治疗设施。这两种运营管理最重要的差异在于输入的资源，虽然它们各自都要输入"员工"和"设施"，但这些输入资源的作用方式大不相同。汽车制造公司员工的工作是改造金属、塑料、布料、轮胎及其他物料，利用它们生产出汽车，最后将汽车销售给全球各地的客户。医院员工的工作则是改变"客户"自身。病人既是运营输入的组成部分，也是运营输出的组成部分，他们自己就是"被转化对象"。了解这一点对于更好地管理运营过程有着十分重要的意义。

事实上，所有的运营管理都符合"输入—转化—输出"这一模型。表7-1列举了不同类型公司的运营管理过程。

表 7-1 运营管理实例表

公司	运营管理输入要素	运营过程	运营管理输出要素
商场	• 代售商品 • 售货员 • 客户	• 陈列商品 • 提供选购建议 • 销售商品	• 客户与商品的结合
医院	• 医护人员 • 诊疗设备 • 药品物资 • 电脑系统	• 诊断 • 护理 • 治疗	• 疗愈的病人
汽车厂	• 汽车零部件 • 汽车厂员工 • 生产设备及设施	• 生产汽车	• 成品汽车
牛奶生产商	• 新鲜牛奶 • 工作人员 • 食品加工设备	• 牛奶杀菌消毒	• 包装牛奶

二、运营管理的内容

（一）从市场竞争的角度看

当前，逐渐激烈的市场竞争对公司的运营管理提出了越来越高的要求，包括时间、服务、成本和质量。时间是指满足客户对产品或服务在时间方面的要求，即交货期要短而准；服务是指提供产品之外为满足客户需求而提供的相关服务，如产品售前服务、售中服务和售后服务等；成本是指满足客户对产品或服务在价格和使用成本方面的要求，即不仅产品在形成过程中的成本要低，而且在用户使用过程中的成本也要低；质量是指满足客户对产品或服务在质量方面的要求：

因此，公司运营管理的根本任务，就是在用户需要的时间内提供所需数量的合格产品或满意服务。为实现运营管理的根本任务，公司需满足以下三个运营管理的基本要求：

1. 保证产品质量

产品质量包括产品的使用功能、操作性能、社会性能（指产品的安全性能、环境性能和空间性能）和保全性能（包括可靠性、修复性及日常保养性能）等。运营管理要实现上述产品质量特征，就要进行适当的质量管理，包括产品的设计质量、制造质量和服务质量的综合管理。

2. 保证适时、适量地将产品投放市场

事实上，产品的时间价值即为公司运营管理中的产品数量与交货期的控制问题。在现代化大生产的时代背景下，产品生产所涉及的劳动力、土地、物料、设备、资金等资源纷繁复杂。如何将这些资源要素在需要的时候筹措、组织并合理投放，是一项十分复杂的系统工程。这同样是公司运营管理所需解决的一个最主要问题——进度管理。

3. 保证合理定价

合理定价包括两个方面，一是如何才能使产品的价格为客户所接受，二是为公司带来一定的利润。这涉及人员、物料、设备、能源、土地等资源的合理配置和利用，生产率的提高，以及公司资金的使用和管理。总而言之，就是公司需要努力降低产品的生产成本。这是公司运营管理所要解决的成本管理问题。

如何在生产过程中保证产品质量？何时、何地投放多少产品进入市场？如何定价能够使利润最大化？这些都是需要创业者解决的实际问题，并且尽可能清楚、详细地撰写在商业计划书中。在公司的实际管理工作中，这三个基本要求是互相联系、相互制约的关系。贸然提高产品质量可能导致不必要的成本增加；为了保证及时交货而赶工，可能造成产品质量的降低和生产成本的增加。所以，公司为了取得良好的经济效益，运营管理需完成计划、组织、控制职能，做到各方面综合平衡。

（二）从公司生产过程的角度看

运营管理的内容也可从公司生产活动过程的角度来分析。狭义的生产是指实体产品的生产制造过程。所以，传统生产管理学的核心内容主要是实体产品生产的日程管理、在制品管理等。但是，为了进行实体产品生产，生产之前需进行一系列的技术准备活动。如生产计划、工艺设计、生产流程等，这些活动可称为生产技术活动。生产技术活动基于产品的设计图纸，所以在生产技术活动开始之前必须完成产品的设计活动。"设计—生产技术准备—制造"一系列活动构成了一个相对完整的生产活动的核心部分。

在当今技术日新月异、市场需求不断变化的环境下，产品更新换代的速度越来越快。一方面，这种趋势使公司有必要定期投入更多的精力和资源来研发新产品；另一方面，由于技术进步和新产品对生产系统的功能要求，公司不断面临着生产系统的选型、设计和调整。从公司管理决策层的角度来看，其决策的范围是产品的研发、生产系统的选型和设计的"自上而下"的方向。而从生产管理职能的角度来看，是为了更有效地控制生产系统的运行，最大限度地实现生产管理目标。从其独特的地位和立场出发，必然要参与产品的开发和生产系统的选型、设计，才能使生产系统运行的前提产品的工艺可行性、生产系统的经济性得到保障。因此，生产管理的关注范围已从传统的内部运作生产系统管理"由浅入深"地延展开来：从这个意义上来说，狭义上是指生产过程的前一阶段；从广义上来说，就是延展到制造过程的后期，更加注重产品的售后服务和市场。这些活动构成了运营管理的研究内容，按照生命周期理论，运营管理可以分为运营系统的设计、运行、维护与改进三个部分。

1. 运营系统的设计

运营系统的设计包括选址、设施布置、岗位设计、工作考核和报酬。运营系统的设计一般在设施建设阶段进行。但在运营系统的生命周期内，运营系统的更新是不可避免的，包括扩建新设施、增加新设备，或者由于产品或服务的变化，运营设施需要调整和重新布局。在这种情况下，就会出现操作系统设计问题。运营系统的设计对其运行有着内在的影响。如果产品或服务选择不当，就会导致方向错误，造成人力、物力和财力不可挽回的浪费。厂址和服务设施选择不当，将直接影响产品或服务的成本，进而影响经营活动的效率和效果，这一点对服务业尤为重要。

运营系统的设计是公司决策的重要组成部分，也是公司经营战略实施的重要步骤，对运营战略有着重要影响。因此，投资人会重点关注公司运营系统的设计内容。运营系统设计是否全面、合理、有竞争力，需要创业者着重考虑。表 7-2 展示了运营系统设计的四方面内容。

表 7-2　公司运营系统的设计

选　址	设 施 布 置	岗 位 设 计	工作考核和报酬
• 长期预测确定所需能力 • 评估市场因素，有形和无形成本因素 • 确定是建造或购买新办公场所还是扩充现有场地 • 选择具体的地区、社区和地点	• 选择物料传送办法和配套服务 • 选择布置方案 • 评估建设费用	• 按照技术、经济和社会的可行性确定岗位 • 确定何时使用机器和人力 • 处理人机交互 • 激励员工 • 开发、改进工作方法	• 工作考核 • 设置标准 • 选择和实施报酬方案

（1）选址。生产服务设施的地理位置在很大程度上影响公司的运营效率和效果。对制造业来说，选址问题是成本控制的关键因素；而对服务业来说，选址涉及公司的盈利效果。因此，在进行选址的过程中，需要结合各种因素进行综合考虑。

（2）设施布置。设施布置是指确立公司或组织内部各个生产或服务作业单位和辅助设施的相对位置与面积，以及布置生产车间内部的生产设备。符合公司运营系统要求的设施布置有利于提高公司运营效率，节约人力、物力资源。设施布置基本类型有固定式布置、工艺专业化布置、对象专业化布置和混合布置。

（3）岗位设计。岗位设计是制定与每个员工工作有关的活动的正规和非正规的说明，包括工作的结构和与同事、与客户之间的联系。

（4）工作考核和报酬。公司需要对员工的绩效进行考核，并且实行绩效与报酬挂钩的政策。这样有助于激发员工的工作积极性，有助于员工改进工作方法，提高工作效率。

2. 运营系统的运行

运营系统的运行主要解决运营系统如何适应市场的变化，根据用户的需求输出合格产品、提供满意服务的问题。运营系统的运行主要涉及生产计划、组织和控制三个方面的内容。

（1）生产计划。生产计划解决生产什么、生产多少和何时产出的问题。包括预测公司产品或服务的需求，确定产品或服务的品种与产量，设置产品交货期和服务交付方式，编制生产计划，安排员工轮班及核算生产进度等。

（2）组织。制订详细的生产计划后，运营管理的组织功能要求对参与公司生产的原材料、机器、设备、劳动力、信息等各要素，生产过程中的各个工艺阶段、各个方面进行合理的组织和协调，进行生产工作，保证按计划完成生产任务。

（3）控制。在公司的生产管理实践中，为了保证计划能够顺利完成，经济、保质、保量、按时完成生产任务，必须对分析工作得出的有关生产过程的信息及时反馈，与运营计划相对比，纠正偏差，这就是运营控制工作。控制主要包括接受订货控制、投料控制、生产进度控制、库存控制和成本控制等。对于订货生产型公司，接受订货控制十分重要。是否接受订货，订多少货，是一项重要决策，它决定了公司经营活动的效果。投料控制主要是决定投什么，投多少，何时投放，关系到产品的出产期和在制品数量。生产进度控制的目的是保证产品按期完工，按期装配和出产。库存控制包括对原材料库存、在制品库存和成品库存的控制，如何以最低的库存保证供应，是库存控制的主要目标。

总之，计划、组织和控制是运营系统的运行管理中不可缺少的三个组成部分。计划工作着眼未来，是对生产工作各个方面、各个阶段的总体安排；组织工作围绕生产过程，保证生产计划的完成；控制工作立足现在，参照过去，根据分析得出的生产信息对生产过程进行纠偏和监督，使各生产环节相互之间紧密结合，保证按品种、按质量、按交货期完成生产任务。

3. 运营系统的维护与改进

任何系统都有生命周期，如果不加以维护和改进，系统就会终止。运营系统的维护与改进包括对设施的维修与可靠性管理，对质量的保证，以及对整个生产系统的不断改进和各种先进的生产方式和管理模式的采用。

三、商业计划书中的运营管理

通过学习运营管理，我们可以了解公司组织运营活动的方式，以及生产产品或提供服务的过程。我们使用的产品或服务都是由运营活动创造出来的，如何对运营活动过程进行有效的计划、组织与控制，是公司管理的首要环节。运营活动是所有公司中耗费最大的部分之一。良好的运营管理是公司降低经营成本、提高经济效益的主要手段。因此，当一个公司想要提高经济效益时，运营活动自然成为关注的焦点。实际上，运营管理是生产商品或服务的组织提高盈利能力的最佳途径之一。

公司如何进行运营管理是商业计划书涉及的基本议题之一。为得到投资人的青睐，提升创业公司在投资前的评估价值，创业者需要尽可能详细、完善地介绍公司的运营计划。特别是对生产实体产品的创业公司来说，在商业计划书中明确地阐述运营管理计划尤为重要。但是对创意服务类公司来说，由于其运营复杂性较低，在这一部分可以侧重介绍岗位设计、位置优势和设施优势等内容。此外，许多创业者在创业初期由于缺乏经验和资金，往往把自己的产品外包给其他公司生产，而更多关注研发和营销等环节，这部分内容也需体现在商业计划书中。

运营系统的设计涵盖了运营管理的多个方面，对推动公司进行运营管理至关重要，也是商业计划书中不可或缺的一部分。本书第四部分沈阳森之高科科技有限公司商业计划书的第六章给出了该公司的生产能力规划和技术与工艺的确定。可以看到其在选址中十分重视产学研合作，由于公司采用 OEM 代工的方式，无须考虑建设工厂的问题，可以在一定程度上减少公司创业初期的成本投入。案例中针对这几个方面的考虑都值得我们学习和借鉴。如果在第六章中补充设施布置、岗位设计、工作考核和报酬的说明，商业计划书会更具说服力。

第二节　排兵布阵：制定最佳的运营战略

运营战略是公司进行运营管理的重要一环，每个初创公司都需要制定合理且合适的运营战略。运营战略的制定、运用可以帮助创业公司提高竞争力，增加获得融资的可能。因此，在商业计划书中需保证一定篇幅阐述公司选择的特定运营战略及原因。

一、运营战略定义与特点

（一）运营战略定义

公司战略是对公司重大问题的决策结果及将采取的重要行动方案，是一种定位，一种观念，是公司在竞争环境中获得优势的重要手段。

公司运营战略是指在竞争环境中，为了适应未来发展的变化，根据公司的总体战略，在运营管理中所采取的全局性的、整体性的指导思想或决策；是在公司整体战略的框架下，根据公司各种资源和内外环境，对与运营管理和运营系统相关的基本问题进行分析和判断，确定总的指导思想和一系列决策和规划。运营是公司创造价值的主要环节，也是公司竞争力的源泉，因此运营管理对于公司的发展至关重要。而作为公司经营战略指导下的一种职能性战略，运营战略具体刻画了公司如何通过运营活动实现公司经营目标，是公司经营战略必不可少的一部分，是公司总体战略成功的保证。

运营战略的着眼点是公司所选定的目标市场。它的工作内容是在既定目标导向下制定公司建立生产系统时所遵循的指导思想,以及在这种指导思想下的决策规划、决策程序和内容。目的是使生产系统成为公司立足于市场并获得长期竞争优势的坚实基础。

(二)运营战略特点

运营战略在公司的经营活动中处于承上启下的地位。向上要遵循公司的经营战略,通过运营战略环节把经营战略细化、具体化;向下要推动运营系统贯彻执行具体的实施计划,以实现经营战略的目标。运营战略在公司经营管理中的位置决定了它具有三个特点。

1. 贡献性

贡献性是指运营战略对公司竞争优势的贡献。通过对产品目标的细化使生产系统具有优先级功能,从而保证竞争优势的突出,为公司竞争提供优质的产品和强有力的后援保证。

2. 一致性

一致性是指运营系统与公司经营目标的一致性,以及运营系统内部硬件与软件要素的一致性,以此保证整个运营系统的目标和优先级。

3. 可操作性

可操作性是指运营战略既是一种计划思想,又要便于贯彻实施。因此,运营战略强调各个决策之间的分解、传递和转化过程,同时注重各项决策的内涵及其相互一致性,以保证决策有效实施。

二、运营战略制定的影响因素

(一)公司外部因素

1. 国内外宏观经济环境和经济产业政策

任何一个公司在制定其经营战略时都需要考虑这个因素。这个因素与运营战略的直接关系主要在于,环境和政策将影响运营战略中的产品决策和生产组织方式的选择。

2. 市场需求及其变化

市场需求及其变化与公司经营战略的制定密切相关,它直接影响着公司经营战略的制定。例如,如果一家公司的经营战略是进军计算机行业,那么应该生产什么样的计算机?如果选择生产高性能的电脑,那么对技术的要求会相当高,且市场价格也不会低,因此销量到底如何很难预测。而现有的生产体系、生产能力能否适应,为了适应必须做哪些改变,这种做法的可行性如何等,这些问题都需要深思熟虑。如果认为最大的市场需求不是昂贵的高性能计算机,而是相对便宜得多的普通计算机,那么应该选择生产普通计算机。因此,运营策略的制定也需要考虑市场需求及其变化,及时考虑转产、新产品开发、扩大产能等战略问题。

3. 技术进步

技术进步从两方面影响公司的生产和运营:一方面是对新产品或新服务的影响,另一方面是对生产方法、生产工艺、业务组织方式本身的影响。随着技术的进步，运营战略必须做相应的调整，或者从一开始制定运营战略时，就充分考虑到技术进步的因素。

4. 供应市场

供应市场主要指所投入资源要素的市场，如原材料市场、劳动力市场、零部件供应市场等。这个因素对公司产品的竞争力有极大的影响。例如，不可靠的零部件供应市场可能会影响产品质量或影响按时交货，从而影响公司在质量和时间方面的竞争优势。

（二）公司内部因素

1. 公司总体业务目标与各部门职能战略

公司的总体业务目标通常由公司的业务战略决定。在公司总体业务目标下，不同职能部门制定各自的职能战略和寻求实现的目标。因此，各职能层面战略的制定，包括运营战略，都受到公司总体业务目标的支配和影响。各职能层级目标强调的侧重点不同，往往会对运营战略的制定产生影响，且影响的作用方向不一致。例如，销售部门往往希望进行多品种小批量生产，以适应市场需求的多元化特点，生产部门则希望尽可能稳定地生产，减少变化，从而提高系列化、标准化、通用化的生产水平，以提高劳动生产率，降低生产成本。再如，生产部门为了保持生产的稳定性和连续性，希望保持一定数量的原材料和在制品库存，但财务部门为了保持资金周转，可能希望尽量减少库存。因此，在同一总体业务目标下，运营战略既受到公司业务战略的影响，也受到各职能部门战略的影响。在制定运营战略时，必须考虑这些相互影响、相互制约的目标，权衡利弊，使运营战略决策能够最大限度地保障公司的经营目标。

2. 公司能力

公司能力对其运营战略制定的影响，主要是指公司与其他竞争公司相比，在经营能力、技术条件、人力资源等方面的优劣势，使公司能够最大限度地发挥自身的优势，避免劣势。例如，如果某种产品的市场需求增加，并且预计这种需求将维持较长一段时间，那么除了市场需求优势外，还必须考虑公司的生产能力和技术能力来决定是否生产该产品。此外，根据公司能力的特点，在制定运营策略时可以侧重于不同的领域。例如，如果一个公司技术力量雄厚，设备精度高，人员素质好，那么在产品选型决策时，可以适当以高精尖的产品取胜；如果公司的生产能力很强，那么就应该集中精力开发和生产与自己生产工艺相似、产品结构相似、制造原理大致相同的产品，这样才能在市场竞争中快速获胜。

还有一些其他影响因素，如过剩产能的利用和专利保护问题等。总而言之，运营战略决策是一个复杂的问题，它虽然不等于公司的经营战略，但也要考虑整个社会环境、市场环境、技术进步等因素，同时还要考虑到公司条件的约束及不同部门之间的相互平衡等，否则将影响公司的生存和发展。作为创业者，制定运营战略时，全面、细致地权衡和分析各个因素非常重要。

三、运营战略的具体内容

运营战略主要包括四个方面的内容：运营的总体战略、产品或服务的选择、设计与开发、运营能力和运营策略。图 7-1 展示了公司运营战略的整体框架。

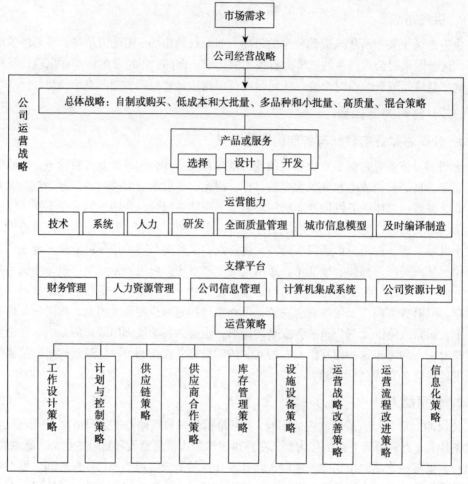

图 7-1　运营战略的整体框架

（一）运营的总体战略

常用的运营战略有五种，包括自制或购买、低成本和大批量、多品种和小批量、高质量和混合策略。

1. 自制或购买

这是公司首先要决策的问题。如果决定由公司制造某种产品或提供某种服务，则需要建造相应的设施，采购所需要的设备，配备相应的工人、技术人员和管理人员。自制或购买决策有不同的层次。如果在产品级决策，会影响到公司的性质：产品自制，则需要建一个制造厂；产品外购，则需要设立一个经销公司。如果只在产品装配阶段自制，则只需要建造一个总装配厂，然后寻找零部件供应厂家。由于社会分工大大提高了生产效率，一般在做自制或购买决策时，应考虑不可能全部产品和零部件都自制。

2. 低成本和大批量

采用低成本和大批量战略需要选择标准化的产品或服务，而不是客户化的产品或服务。沃尔玛超市采取的就是这种战略。沃尔玛通过不断扩大规模、压低进货价格、建立配货中心、压缩广告费用等多种手段尽可能降低成本，以更低的价格吸引客户，发展成全世界最大的零售公司之一。需要注意的是，这种战略往往用于需求量很大的产品或服务。只要市场需求量大，采用低成本和大批量的战略就可以战胜竞争对手，取得成功，尤其在居民消费水平还不高的国家或地区。

3. 多品种和小批量

对于客户化的产品，只能采取多品种和小批量生产战略。当今世界消费多样化、个性化，公司只有采用这种战略才能立于不败之地。但是多品种小批量生产的效率难以提高，对大众化的产品不应采取这种策略；否则，遇到采用低成本和大批量策略的公司就无法去竞争。

4. 高质量

当代社会，客户逐渐重视质量问题。因此，无论是采取低成本、大批量策略，还是多品种、小批量策略，都必须保证质量。

5. 混合策略

将上述几种策略综合运用，实现多品种、低成本、高质量，可以取得竞争优势。现在人们提出的"客户化大量生产"，或称"大量定制生产"，或称"大规模定制生产"，既可以满足用户多种多样的需求，又具有大量生产的高效率，是一种新的生产方式。

创业者应根据公司类型、市场需求、经营模式、价值理念等制定合适且高效的运营战略，并贯彻落实。在商业计划书中，创业者需要明确说明具体选定哪种运营战略并清晰地阐述原因，这对获得投资人青睐大有帮助。

（二）产品或服务的选择、设计与开发

公司进行运营，首先要确定向市场提供的产品或服务，这就是产品或服务选择的决策问题。确定产品或服务之后，就要对产品或服务进行设计，确定其功能、型号、规格和结构。接着，要对制造产品或提供服务的工艺进行选择，对工艺过程进行设计。

1. 产品或服务的选择

提供何种产品或服务，最初来自各种设想。在对各种设想进行论证的基础上，确定本公司要提供的产品或服务，是一个十分重要而又困难的决策。产品或服务的选择可以决定一个公司的兴衰。一种好的产品或服务可以使一个小公司发展成一个国际知名的大公司；相反，一种不合市场需要的产品或服务也可以使一个大公司亏损甚至倒闭。这已为无数事实所证明。产品或服务决策可能在工厂建成之前进行，也可能在工厂建成之后进行。要开办一个公司，首先要确定生产什么产品或提供什么服务。在公司投产之后，也要根据市场需求的变化，确定开发什么样的新产品。

产品或服务本质上是一种需求满足物。以产品为例，其通过自身的功能来满足用户的

某种需求。而产品的功能需要通过特定的产品结构来实现。满足用户需求,可能有不同的功能组合。而不同的功能组合,由不同的产品来实现。因此,可能有多种产品满足用户大体相同的需求。这就提出了产品选择问题。产品选择需要考虑以下因素:

(1)市场需求的不确定性。人的基本需求无非衣、食、住、行、保健、学习和娱乐等方面,可以说变化不大。但每个人对需求的满足程度却有天壤之别。普通的白面馒头就可以果腹,但高档的日式料理也受人欢迎。显然,这两者对食的需求满足程度的差异非常大。人们对需求满足程度的追求是无止境的,因此对产品功能的追求也无止境。随着科学技术进步速度的加快、竞争的激化,人们喜新厌旧的程度也日益加剧,造成了市场需求不确定性增加。

(2)外部需求与公司内部能力之间的关系首先要看外部需求市场不需要的产品,即使公司的技术能力和生产能力再强也不应该生产。同样,对于市场上需求大的产品,若与公司的能力差别较大也不应生产。公司在进行产品决策时,要考虑自己的技术能力和生产能力。一般情况下,当有足够的市场需求时,确定是否生产一个新产品取决于两个因素:一是公司的主要任务,与公司的主要任务差别大的产品不应生产;二是公司的优势与特长,与同类公司比较,本公司的特长决定了生产什么样的产品。

(3)原材料、外购件的供应。一个公司选择制造某种产品必然涉及原材料和外购件的供应。若没有合适的供应商,或供应商的生产能力或技术能力不足,这种产品就不能选择。美国洛克希德三星飞机用的发动机是英国罗尔斯公司供应的,后来罗尔斯公司破产,导致洛克希德公司也濒临破产,最后不得不由美国政府出面担保债务。

(4)公司内部各部门工作目标上的差别。通常公司内部分为多个职能部门,各个职能部门由于工作目标不同,在产品选择上会发生分歧。如果不能解决这些分歧,产品决策就难以进行。生产部门追求高效率、低成本、高质量和生产的均衡性,希望品种数少一些,产品的相似程度高一些,即使有变化,也要使改动不费事。销售部门追求市场占有率,对市场需求的响应速度和按客户要求提供产品,希望扩大产品系列,不断改进老产品和开发新产品。财务部门追求最大利润,要求加快资金流动,减少不能直接产生利润的费用,减少公司的风险;换言之,希望只销售立即能得到利润的产品,销售利润大的产品。

2. 产品或服务的设计与开发

产品或服务的设计与开发是相当复杂且影响深远的运营战略活动。本书第六章已专门介绍了,此处不再重复。

(三)运营能力

运营能力是公司的核心竞争能力,公司可从中获得重要的竞争优势。运营战略的制定与实施,必须先明确公司的运营能力,尤其是公司的核心能力。核心能力是公司独有的对竞争要素的获取能力,是公司在竞争中与竞争对手取得差异的能力。

运营能力取决于运营资源与运营过程。运营资源包括运营系统的技术资源、系统资源(机器、设备自动化系统与运营信息系统)、人力资源等。例如思科公司拥有的核心技术使它能够运用虚拟化制造模式,成为业界领袖;英特尔公司的核心技术和创新能力使它能够长期垄断 IT 业；华为麒麟 9000S 芯片使其在手机行业遥遥领先，具有绝对的竞争优势。运营过程可包括产品或服务研究与开发过程、制造与分销过程（如计算机集成制造城市信息模型过程、准时化编译制造过程、采购与销售等）、运营改善过程（如全面质量管理）等。运营能力的支撑平台是计算机集成制造系统或公司资源计划系统，主要的支撑功能是财务管理、人力资源管理与公司信息管理等。如今公司资源计划系统变得越来越重要，已经成为公司业务经营的主干平台。可以说，良好且高效地运营信息系统是公司重要的运营能力。

公司具备哪些运营能力和资源需要一一在商业计划书中进行阐述。投资人往往更看重公司的潜质，而公司具备的能力和资源就是重要的潜质之一。

（四）运营策略

如何实现运营目标，贯彻运营战略，需要运营经理关注许多具体的决策问题，如产品或服务决策、工艺决策、设施产量决策、质量决策、库存决策等，这就需要相应的运营策略。各个运营策略及运营策略与其他功能策略之间需要相互配合，共同构成统一的整体。

通常运营策略分为两种：结构性策略与基础性策略。结构性策略指对运营设计活动、运营的基础结构产生影响的策略；基础性策略指影响运营计划与控制、供应链管理及运营改善的策略。公司的主要运营策略见图 7-1。

同样的，公司若已存在成熟的运营策略，则需体现在商业计划书中。创业者需要阐明为何制定该运营策略，如何实施该运营策略及该策略给公司带来了哪些益处。部分初创公司在起步阶段还未实施运营策略可以预测公司未来的运营情况并制定相应的运营策略。

四、运营战略制定

运营战略的制定需要充分考虑公司的外部环境和内部条件，并分析本公司与竞争对手的优势和劣势，以满足客户不断变化的需求，最终赢得竞争优势，具体流程见图 7-2。

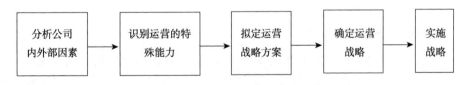

图 7-2　运营战略的制定步骤

外部因素主要包括公司所面临的外部环境（如政治、经济、社会文化、科技）、市场需求及变化、生产技术、供应市场等。内部因素包括公司的经营战略、运营能力、产品特征等。公司运营战略要在综合考虑内外部因素的基础上，最大限度地保障公司经营目标的实现。

运营的特殊能力是指公司在运营领域所拥有的有竞争优势的特征和能力，是运营战略形成的核心力量。识别运营的特殊能力就是要确定运营战略的目标与取向，如扩大现有产品生产规模或者增加高附加值产品的比重，重点开发新产品还是稳定与改进现有产品等。

公司应根据战略目标进一步制定相应的产品战略、组织战略、能力目标及其他战略要点，以实现该目标；根据市场、关键产品与运营特征划分确定各战略业务单位的分工及其相应的目标与任务，必要时可对现有分工进行调整；测算战略期运营系统可能达到的主要绩效指标，如产品或服务的数量与质量、运营成本与获利能力等，并与目标值和标杆公司进行比较，找出差距，提出改进措施；形成战略方案，对各方案进行可行性论证与分析，并就各方案对公司长期竞争优势的影响做出评估。通过方案比较，公司可以选出最优或次优方案，进行战略决策。

一个有效的运营战略应能根据市场需求，针对竞争对手的行为，充分发挥自身的能力，并与其他职能战略相配合，不断提升公司的竞争力。具体战略选择可以多种多样，但必须有利于持续提升公司的竞争优势。只有这样，商业计划书才可能脱颖而出，为创业者获得融资机会。

第三节　齐头并进：展现运营管理的优势

一、对公司运营管理的要求

公司运营管理的最终目的是为公司定义的价值创建模式提供全过程的管控和优化。由此可见，如何选择公司的运营管理方式，取决于公司所定义的价值创建模式。在商业计划书的撰写中，创业者需要明确公司的价值创建模式，清晰说明特定的运营管理计划。以下对三种主要的公司价值创建模式进行分析，产品领先型业务、客户导向型业务、快速反应型业务。

（一）产品领先型业务

产品领先型业务制胜的关键因素是创意和创新，引领产品或服务的潮流和趋势，也就是公司能为客户带来他们并未知晓的产品或服务的价值。这里的关键词是引领、趋势和潮流。如苹果、特斯拉就是这种业务类型的公司。

1. 对公司运营管理的要求

（1）把握客户需求，具有分析产品或服务趋势的能力。公司能够快速准确地洞察行业发展趋势，并找到产品或服务的创新点；能够准确地洞察客户需求的趋势，引领客户潮流。

（2）对信息管理的要求。公司能够快速收集和分析客户需求的趋势，具备强大的产品或服务数据库；能够快速收集和分析产品或服务的趋势，支持产品或服务的创新论证、决策和实施。

（3）过程管理的重点。以产品设计、工艺、品牌和服务等方面的创意和创新领先对手，洞察客户需求的趋势，掌握行业技术的趋势；要有创意的立项、高效的项目实施、准确的项目评估与调整。

2. 重点业务及能力要求

（1）重点业务板块。市场、研发、工艺和项目管理，所有运营资源都围绕这四个业务板块进行要素的整合和关系的建立。

（2）基本能力要求。行业分析和行业信息应用、产品或服务论证、项目管理与运作、客户需求信息收集与分析预测能力。

（3）核心胜任能力。快速学习、咨询收集、解决问题、突破性思维、潮流预测、前瞻性、创造性、开放性。

（二）客户导向型业务

客户导向型业务制胜的关键因素是提供卓越的客户服务，发展长期的客户关系。这里的关键词是客户关系和服务，即该类业务是以满足客户需求为前提的价值创建模式。在公司具备生产某种产品和提供某种服务的前提下，依据客户需求来实现定制化产品或服务。例如，以解决方案模式为客户提供价值的海尔就属于这种业务类型的公司，通常也叫订单类公司。

1. 对公司运营管理的要求

（1）对客户关系管理的要求。能够从多渠道获得客户；建立客户细分、长久关系、分级管理、联动销售等高效的运营管理手段；能够提供帮助客户的行业信息、增值服务；能够将信息由客户的最前端向后端传递和整合。

（2）对信息管理的要求。以客户信息为导向，能够提供全面的客户信息，建立产品商业需求；具备强大的定价能力、服务客户能力；鼓励信息分享，了解客户及需求，确保直接接触客户的人具备充足的知识并能够分享知识。

（3）过程管理的重点。为客户提供独特的解决方案，帮助客户经营自己的公司；明确客户需求，开发解决方案，提供客户服务；管理客户关系，能够围绕客户的获取、维系、发展三个阶段实现系统化的运营管控；加强品牌管理，充分体现与客户之间的服务、合作关系的品牌塑造。

2. 重点业务及能力要求

（1）重点业务板块。包括顾问式营销、方案设计、项目管控、客户关系管理等，尤其是在面对客户需求、整体规划和解决方案设计的过程中，需要调动公司内部大量的资源进行协同。

（2）基础能力要求。客户细分、发展客户关系的能力；客户需求分析能力，能快速形成具有针对性的解决方案；客户沟通能力，要具备较强的专业技术能力；客户需求引导能力，并能够迅速了解客户公司的运作和组织模式，为解决方案的设计带来价值。

（3）核心胜任能力。主动负责，追求卓越，客户为尊，目标导向，创新改善。

（三）快速反应型业务

快速反应型业务制胜的关键因素是流畅的服务、低成本、低价格。在这种类型的业务模式中，最典型的代表就是以连锁方式提供服务的公司，如连锁超市、连锁服务中心等。

1. 对公司运营管理的要求

（1）对客户服务管理的要求。能够完成快速、前瞻性的需求分析；强调运营系统专业化、服务标准化，搭建以效率为根本的客户服务体系，以此支持服务的快速递交。

（2）对信息管理的要求。能够支持客户需求管理、渠道供应链管理、分享管理、品牌管理，有强大的信息化共享体系。

（3）过程管理的重点。通过高效率流程管控，在价格和便利方面实现市场领先优势；产品标准化和服务标准化是价值实现的管理重点，利用长期积累的标准化知识在公司内部实现快速复制。

2. 重点业务及能力要求

（1）重点业务板块。包括产品或服务标准化设计、供应链管理、信息化平台管理、客户服务管理等。

（2）基础能力要求。财务与运作知识，流程、效率管理，风险评估与发展能力，行业分析与信息应用，以及服务水准的持续改进。

（3）核心胜任能力。规范精准，持续改进，团队协作，快速执行。

基于上述三种价值创建模式，我们可以看到不同的选择对运营管理的能力要求有很大差异。因此，在构建公司运营管理体系之前，必须对它们有清晰的认知。运营管理最大的挑战是公司决策层在定位业务时要同时使用上述三种模式。如果这样做，公司的运营管理将矛盾重重。例如，当一个运营部门面对两种以上的模式时，很容易出现资源配置的矛盾，以及交付效率的矛盾。因此，应适当地选择一个最合适公司的运营管理方案。

二、公司不同阶段运营管理的重点

在公司的不同发展阶段运营管理的重点有所不同。公司的发展分为初创期、快速发展期、形成规范期、规范固化期和变革期五个阶段。每个阶段运营管理的关键任务、要素、关系和追求都存在差异。

（一）初创期

运营管理的关键任务：识别市场，确定价值定位，开发产品或服务。

运营管理的要素：围绕产品或服务开发所必需资源的获取与配置。在这个阶段，专业人员和专业技术是最核心的要素。

运营管理的关系：围绕产品或服务开发一个点，建立支持体系，补充和完善稀缺资源。

运营管理的追求：增加产出，也就是能够快速地实现产品或服务的商业化。在该阶段，资源的投入是否过量，以及剩余的、闲置的开发资源如何处理都不是公司的关注重点。

（二）快速发展期

运营管理的关键任务：获取资源，开发运营管理体系。主要包括为快速将产品或服务推向市场而形成的规模销售的营销管理体系，以及为满足市场需求的生产供应链管理体系。

运营管理的要素：基于公司发展的业务规划及各个业务的子规划，如市场、渠道的规划和生产供应链的规划等。

运营管理的关系：关注各种规划之间的衔接性和一致性，以及围绕业务整体规划不断完善业务之间的协同性、资源的衔接性，为满足公司经营结果不断进行优化。

运营管理的追求：增加产出、降低库存，即不断提升销售业绩，最大限度地降低库存。

（三）形成规范期

运营管理的关键任务：基于稳定的核心业务，全面开发业务管控的管理系统，不断提升信息的对称性、资源的连续性。

运营管理的要素：围绕产品流、信息流、资金流等要素形成公司独有的管理规则，以及完整的信息管理系统。

运营管理的关系：从部门级的业务流程上升到公司整体价值流的构建与完善。通过对过程价值的定义，不断调整和优化，实现公司整体价值的资源配置。

运营管理的追求：用不断完善的规则与制度化管理，取代人的管理，持续提高公司的运营效率，即增加产出，降低运行费用，降低库存。

（四）规范固化期

运营管理的关键任务：由业务管理逐步上升到公司文化管理，从视觉、制度和活动三个角度构建属于公司的独有的管理文化。

运营管理的要素：总结提炼公司在发展过程中所积累的成功经验，并将其在执行层面进行有效、快速的复制。

运营管理的关系：围绕公司经营的关键指标，如毛利率，不断优化和调整整体价值流和业务流程，以便为公司的持续盈利带来价值。

运营管理的追求：保证经营效益的可持续性，以及运营效率的稳定性。

（五）变革期

运营管理的关键任务：根据公司业务的发展态势及所处行业的变化趋势，确定公司变革的方向。例如，根本式变革意味着需要跨行业选择；渐进式变革是针对现有产品开发新市场，或者在现有市场开发新产品。

运营管理的要素：公司在以往业务发展过程中构建的核心竞争力，以及在变革方向上更多有效的复用，是降低公司在变革期风险的关键要素。

运营管理的关系：围绕公司变革的追求及产品或服务的迭代升级，将公司内部的各类要素进行重组、调整和补充，打破资源的壁垒。

运营管理的追求：能够快速实现业务的变革，以及新产品或服务的产出。

在上述五个发展阶段中，运营管理需要特别注意：首先，形成规范期以核心业务的相对稳定性和公司整体价值流的完整构建为基础，实现规范化经营管理和信息系统建设，是公司实现规范化经营管理和信息系统建设的重要前提。其次，任何一个公司在形成规范期都会出现业务发展不平衡的情况。例如，有些业务可能已经形成了相对稳定的经营模式，而另一些业务可能仍处于探索过程中。针对这种情况，公司需要针对不同业务的属性和特点，开发合适的运营管理工具，同时提高业务管理能力。但从稳定的业务需求出发，反推不成熟的业务管理能力，是公司运营管理体系不断成熟的标志。最后，公司整体价值流的构建是公司运营管理的核心任务，但公司经常会遇到这样的博弈：是整体价值流优先，还是单个业务流程优先？此时，管理者需要注意，价值流和业务流程是相辅相成的，并没有一定的优先顺序。可以采用先构建多个单一业务流程，逐步叠加到公司整体价值流中，然后根据对整体价值流的梳理和改进，逆向修正单一业务流程的管理方法。这是实际运营管理中非常常见的管理方式。

总之，在公司的不同发展阶段，公司运营管理的重点是不同的。但是，无论存在什么样的区别，公司追求的始终是效益和效率。

三、如何体现运营管理的优势

在商业计划书中说明运营管理的情况时，应尽量在叙述过程中体现出本公司的优势，这样才能增强投资人的投资信心，进而获得融资。

（一）阐述运营流程

要向投资人介绍清楚公司业务的整个运营流程，如商品流通业务中，进货环节如何挑选商品，库存环节如何管理库存，店铺管理环节如何管理员工和销售商品等，都需要交代清楚。同时，在这个过程中还需要充分展现自身优势，以获得投资人的青睐。例如，库存管理如何使畅销商品货源稳定、滞销商品不会积压，店铺设计与竞争对手相比具有哪些特色，用户管理如何做到新客户不断增加、老客户不流失等。

（二）运营过程如何管控

对运营过程的管控也是投资人非常看重的一个方面。因为公司及其业务都会在运营过程中出现各种问题，如何应对出现的问题，或者如何预防和避免可能出现的问题，是投资人非常感兴趣的内容。例如，利用某种先进技术生产产品时，需要考虑该技术是否足够成熟，有没有出现过问题，出现后是如何解决的，能不能避免可能出现的问题等。不要认为谈论这些问题会影响公司获得融资的机会，实际上这些内容同样应该展现给投资人，因为它们不仅不是公司的短处，反而能体现公司处理问题和应对危机的能力。

（三）差异化才是创业优势

执行差异化的运营理念，本身就是一种竞争的优势，对于初创公司而言更是如此。充分说明自身的差异化管理方式，可以让投资人认为公司具备很强的竞争力，从而提高其投资兴趣和信心。例如，大多数牧场只销售奶制品，但认养一头牛控股集团股份有限公司的牧场除了提供这些产品外，还提供认养奶牛和云养牛服务，让用户可以在享受农场乐趣的同时将牛奶带回家。这种服务不仅可以提升销售业绩，还能实现深度推广。

（四）展示运营数据

阐述公司运营情况时，适时地提供一些关键数据，可以提高文字内容的可信度。对于商业计划书而言，介绍运营管理内容时应该重点展示的数据包括用户和销售方面的数据、体现增长趋势的数据、体现重大成绩的数据。初创公司如果暂时无法提供运营数据，可以通过分析预测给出未来运营状况的数据。

每个公司都需根据其特定的价值模式采取最有效的运营管理方案。选择合适的运营管理方案，可以达到事半功倍的效果；反之，可能导致事倍功半。本书第四部分沈阳森之高科科技有限公司商业计划书的 6.7 阐述了严格的成本控制。该公司的主要产品为体育运动捕捉训练设备及科研用品，这类产品是可以通过标准化进行批量生产和控制的，属于快速反应型业务。对其运营管理的核心要求是尽可能压缩成本，以优质的服务和高性价比迅速占领市场。需要以预定的控制目标对产品成本形成的整个过程进行监督，并采取相关措施及时纠正偏差，使实际成本的各种费用支出限制在规定的标准范围之内。因此，沈阳森之高科科技有限公司通过对产品投产前、生产中、流通中的成本控制，以达到降低成本、提高生产效率的目的。沈阳森之高科科技有限公司针对其产品特点采取了低成本的运营管理方案，这种做法具有借鉴意义。在设计商业计划书时，必须考虑采取符合公司特性的运营管理方案。

课后习题

1. 简述公司进行运营管理的价值。
2. 影响公司运营战略制定的因素有哪些？
3. 试分析制定运营战略的困难和影响因素。

即测即练

自学自测　扫描此码

第八章

财务分析与融资规划

【重点问题】

1. 如何编制利润表、资产负债表和现金流量表？
2. 投资回报分析涉及哪些方面？
3. 融资方案包括哪些内容？

【学习目标】

1. 学习并遵循财务预测的原则。
2. 学会利润表、资产负债表和现金流量表的编制。
3. 学会财务指标的计算，对公司经营状况进行分析。
4. 知道如何表述融资规划及资金用途。

第一节 财务规划：专业可信的预测分析

财务规划不仅需要展示未来的财务数据，而且需要介绍公司目前的财务数据。为了让数据更可信，前期需要对大量数据进行统计和分析，让最终出现在商业计划书中的财务数据"有法可循、有据可依"，让人无法怀疑其真实性。投资人期望从财务规划部分判断公司的未来经营财务损益状况，进而从中判断能否确保自己的投资获得预期的理想回报。因此，一份好的财务规划对评估创业公司所需的资金数量，增加获取风险投资的可能性具有十分重要的作用。如果财务规划准备不好，会给投资人留下创业者缺乏经验的印象，可能会降低创业公司的评估价值，同时也会增加创业公司的经营风险。

一、财务预测和假设

（一）财务预测

对资金需求做出正确的判断需要公司精准预测财务状况。即要想获得投资，必须提供清晰的、有逻辑并且有根据的财务预测。财务预测指通过专业的预测方法，将公司未来具有良好发展空间的一面展示给投资人，以增加获得投资的概率。商业计划书中一般只需要展示分析结果。进行财务预测时一般遵循以下原则（见图8-1）。

图 8-1　财务预测原则

（1）连续性原则。财务预测必须具有连续性，即预测必须以过去和现在的财务资料为依据来推断未来的财务状况。

（2）关键因素原则。进行财务预测时，应首先集中精力于主要项目，而不必拘泥于面面俱到，以节约时间和费用。

（3）客观性原则。财务预测只有建立在客观性的基础上，才有可能得出正确的结论。

（4）科学性原则。进行财务预测时，要使用科学方法（数理统计方法），并善于发现预测变量之间的相关性和相似性等规律，进行正确预测。

（5）经济性原则。财务预测中讲究经济性，是因为财务预测涉及成本和收益问题。所以要尽力做到使用最低的预测成本达到较为满意的预测质量。

在进行具体的财务预测前，撰写者可以在商业计划书中对财务预测原则进行说明，如"本商业计划采取求实、稳健、保守的原则进行财务预测。我们不排除在出现不可抗力或难以预测的政治、经济等风险的情况下，财务预测将可能受到较大影响。为此，我们加上了较大的安全系数。这就使得正常情况下，投资者的收益将大大超过本财务预测"。

（二）财务假设

财务规划的预测都是建立在一系列的假设条件基础上的。没有这些假设，财务数据就没有实际意义。只有在思考这些假设条件之后，投资人才能评定财务规划的有效性。公司财务假设是在特定的理财环境下，根据财务活动和财务关系的内在规律，针对未知的或者无法论证的财务现象做出假定或判断，包括公认财务假设和主要财务假设。

1. 公认财务假设

（1）财务主体假设指公司财务工作只服务于特定单位或组织。它是对财务工作的空间范围的限定。有了财务主体假设，才能将一个主体的财务活动同另外一个主体的财务活动区分开来，才能判断某一主体的经营业绩和财务状况。

（2）持续经营假设指在可以预见的未来，公司将按照当前的规模、状态持续经营下去。这是对会计工作的时间范围的限定。持续经营假设是对公司财务做出的时间无限性假设。由于公司财务绩效要求定期反映，持续经营假设还内含了财务分期假设，即把公司无限期的经营时间人为地划分为不同的财务期间，如财务年度、季度、月度等。

（3）理性理财假设指理财行为是理性的，在众多的备选方案中，理性的行为会选择最有利的方案。由于理性理财假设，人们对每一项财务事项都会衡量其代价和利益，并且会选择对自己最有利的行动。理性理财假设是对财务人员行为趋向所做的限定。有了理性理财假设，才能构建财务规划、财务控制和财务分析等公司财务工具。

（4）有效市场假设指公司财务所依据的资本市场是健全和有效的，没有人能够通过投机行为获取非正常的超额报酬。其是对公司财务行为环境所做的限定。在有效市场假设的基础上，可以根据资本市场的反映来判断公司财务行为是否合理。

2. 主要财务假设

主要财务假设是会计核算的基本前提，财务假设不同，得出的结论也会有差距，因此在财务分析部分有必要说明主要财务假设。主要财务假设的提出必须有一定的市场数据支持，而且这个数据必须是有根据的。比如，公司的假设数据来自整个行业连年的增长率和消费调查，那就是有根据的。如果只是管理者认为的、感觉的，就不能算是有根据的假设。公司在提出主要财务假设时应遵循以下两点：

第一，以市场现实为参考，详细准确，保守假设自己的基本条件。

第二，所有有关收入的数字设定为同类的一半，所有有关支出的数字设定为同类的两倍。

此外，公司在撰写商业计划书财务规划部分需要牢记预测和假设的固有特点，谨慎地判断每部分需要什么程度的说明和解释。

二、财务报表

财务报表是最能说明公司财务状况的工具，主要包括利润表、资产负债表和现金流量表。一般在商业计划书中需要给出五年预估的三大报表。由于商业计划书的篇幅有限，可以将财务报表以附件的方式添加到商业计划书文末。如果投资人有兴趣深入了解公司财务方面的数据，可以自行查阅。

（一）利润表

利润表是反映公司在一定会计期间（如月度、季度、半年度或年度）生产经营成果的会计报表。公司在一定会计期间的经营成果可能是盈利，也可能是亏损，所以利润表又被称作损益表。它综合反映了公司在某一特定时期取得的各种收入、发生的各种费用、成本或支出，以及公司实现的利润或发生的亏损情况。对利润表进行分析，可以让投资人对公司的获利能力及盈利增长趋势等有进一步了解。利润表包含多个项目，在商业计划书中一般将收入总额、成本费用总额和利润总额等数据呈现出来即可。利润表预测参考格式见表 8-1。

表 8-1 预测利润表

项　目	第一年	第二年	第三年	第四年	第五年
一、营业收入					
减：营业成本					
营业税金及附加					
销售费用					
财务费用（收益以"—"号填列）					
资产减值损失					
加：公允价值变动净损益（净损失以"—"号填列）					
投资净收益（净损失以"—"号填列）					
二、营业利润（亏损以"—"号填列）					
加：营业外收入					
减：营业外支出					
其中：非流动资产处置净损失（净收益以"—"号填列）					
三、利润总额（亏损总额以"—"号填列）					
减：所得税					
四、净利润（净亏损以"—"号填列）					
五、每股收益					
（一）基本每股收益					
（二）稀释每股收益					

注：根据公司经营的情况，费用和开支可以按业务进行分类，如变动费用、固定费用等。例如，可控制费用包括工资和福利费开支、委托加工或外包服务（转包合同、特殊或者一次性服务等）费、修理和维护（如定期大规模的装修）费；固定开支包括房地产租金、折旧（固定资产分期折旧）费、保险（火灾或财产损失或产品损失，包括工人的赔偿）费、营业执照和许可证费、杂费（不具体的费用，没有独立账目的小花费）。再将各种相关费用和开支记入销售成本、销售费用、管理费用和财务费用中。

（二）资产负债表

资产负债表是主要反映公司在特定日期财务状况的报表，它反映了公司在特定日期所拥有或控制的经济资源、所承担的现实义务和所有者对公司净资产的要求权。它是一张静态的报表，主要组成部分是资产、负债和所有者权益，其基本逻辑关系是"资产＝负债＋所有者权益（会计恒等式）"。负债和所有者权益反映的是公司资金的来源，资产反映的是公司资金的运用情况。一个创业公司刚建立的时候，首先是股东出资，形成股东权益。股东选举形成股东会和董事会，管理公司运营。另外，公司还会向银行等债权人借贷一部分资金，形成公司的负债，债权人对公司的运营没有管理经营权。公司将这些资金投资于机械设备、厂房建筑物、存货、原材料等生产性资产，暂时不用的钱以现金形式存放在银行，因此现金也是资产的一种形式。负债也可以由借贷以外的形式产生，如应付账款、应付工资等。展示资产负债表时，无须将所有项目都罗列出来，投资人也没有兴趣，只需要将主要的项目数据呈现在商业计划书中，让投资人能通过这些数据快速了解公司目前的资产、负债等情况。资产负债表预测参考格式见表 8-2。

表 8-2 预测资产负债表

项　目	第一年	第二年	第三年	第四年	第五年
流动资产					
货币资金					
短期投资					
应收票据					
应收账款（减坏账准备）					
预付账款					
其他应付款					
存货					
待摊费用					
其他流动资产					
流动资产总计					
长期投资					
固定资产					
在建工程					
无形资产及递延资产					
无形资产					
递延资产					
资产合计					
流动负债					
短期借款					
应付票据					
应付账款					
预收账款					
其他应付款					
应付工资					
应付福利费					
应付税金					
应付利润					
预提费用					
流动负债总计					
长期负债					
长期借款					
长期应收款					
其他长期负债					
长期负债总计					
所有者权益					
实收资本					
资本公积					

续表

项　目	第一年	第二年	第三年	第四年	第五年
盈余公积					
未分配利润					
所有者权益合计					
负债及所有者权益合计					

（三）现金流量表

现金流量表是以现金及其等价物为依据，用来反映公司在一定会计期间的现金及现金等价物流入和流出情况的报表，反映了公司获得现金及其等价物的能力。现金流量表中的现金是个广义概念，既包括库存现金和可以用于支付的存款，也包括现金等价物。现金等价物通常指公司持有的短期、高流动性、易于转换为已知金额现金、价值变动很小的投资。相较于前两种财务报表，现金流量表中需要将各方面小计项目和总计项目呈现出来，或者将现金流量表各项数据的最终统计结果进行简要介绍。现金流量表预测参考格式见表8-3。

表 8-3　预测现金流量表

项　目	第一年	第二年	第三年	第四年	第五年
一、经营活动产生的现金流					
销售商品、提供劳务收到的现金					
收到的税费返还					
收到的其他与经营活动有关的现金					
现金流入小计					
购买商品接受劳务支付的现金					
支付给职工及为职工支付的现金					
支付的各项税费					
支付的其他与经营活动有关的现金					
现金流出小计					
经营活动产生的现金流量净额					
二、投资活动产生的现金流量					
收回投资所收到的现金					
处置固定资产、无形资产和其他长期资产所收回的净现金额					
收到的其他与投资活动有关的现金					
现金流入小计					
构建固定资产、无形资产和其他长期资产所支付的现金					
投资所支付的现金					
支付的其他与投资活动有关的现金					
现金流出小计					
投资活动产生的现金流量净额					

续表

项　目	第一年	第二年	第三年	第四年	第五年
三、筹资活动产生的现金流量					
吸收投资所收到的现金					
取得借款所收到的现金					
收到的其他与筹资活动有关的现金					
现金流入小计					
偿还债务所支付的现金					
分配股利、利润和偿付利息所支付的现金					
支付的其他与筹资活动有关的现金					
现金流出小计					
筹资活动产生的现金流量净额					
四、汇率变动对现金的影响					
五、现金及现金等价物净增加额					

财务状况是一个比较受关注的话题，在商业计划书中通常会单独呈现。本书第四部分舞指科技商业计划书的 6.1 对财务前提与财务假设进行了规定说明。此外，财务现状的说明重点体现在该公司过去三年的核心财务指标分析上：收入、利润（毛利、净利）、利润率（有时也可增加纳税额等指标）。在 Word 版商业计划书中，要做更为详细的财务报表分析，即分析资产负债表、现金流量表和利润表。舞指科技商业计划书 6.2 对成本、收入等涉及的指标和预测的原则进行了阐述，6.3 展示了沈阳舞指科技公司 2020 年到 2021 年上半年的利润表、资产负债表和现金流量表，但未具体呈现未来五年预估的三大报表和财务计划。

第二节　财务指标：清晰直观的效益评价

一、财务比率分析

财务报表的数据有时无法真正反映出公司的优势，因此在商业计划书中可以进一步对财务报表的指标进行分析计算，展现公司的各种能力，如偿债能力、营运能力、盈利能力等。适当提供一些关键指标数据并加以分析，可以让投资人更加信服，也更利于他们了解公司的实力。下面介绍一些常用分析指标的含义和计算方法。

（一）偿债能力分析

偿债能力分为短期偿债能力和长期偿债能力。短期偿债能力是指公司偿还短期债务的能力。短期偿债能力不足，不仅会影响公司的资信，增加今后筹集资金的成本与难度，还可能使公司陷入财务危机，甚至破产。长期偿债能力是指公司偿还长期债务的能力。长期偿债能力不足一般可视为负债率较高，容易导致资金链断裂，资不抵债，严重阻碍公司发展。常用的偿债能力分析指标有流动比率、速动比率和资产负债率。

流动比率与速动比率均反映公司短期债务清偿能力。流动比率为流动资产与流动负债之比。速动比率为速动资产与流动负债之比，速动资产是流动资产扣除存货及预付费用之后的余额。一般来说，两种比率越高，表明公司资产在短期内的变现能力越强，短期偿债能力亦越强，反之亦然。一般认为流动比率应在2∶1以上，速动比率应在1∶1以上。流动比率为2∶1，说明流动资产是流动负债的两倍，即使流动资产有一半在短期内无法兑现，也可以确保所有的流动负债得到偿还；速动比率为1∶1，说明现金等具有即时变现能力的速动资产等于流动负债，可以随时偿付全部流动负债。当然，不同行业经营情况不同，其流动比率和速动比率的正常标准会有所不同。应当说明的是，这两个比率并非越高越好。流动比率过高，是指流动资产与流动负债的比率过大，既可表现为存货积压，又可表现为持有现金过多或二者兼有。速动比率过高是指速动资产与流动负债的比值过大，表明现金持有过多。公司存货积压表明公司经营不善，存货可能存在问题。现金持有太多表明公司不善理财，资金利用效率过低。

资产负债率为负债总额与资产总额之比，反映了公司长期偿债能力及未来持续介入债务的可能性。该指标越低，表明资产对债权的保障程度越高，债权人就越倾向于向公司提供贷款，则证明公司举债潜力大，有能力克服资金周转困难；相反，若该指标过高并超出一定范围，公司长期偿债能力降低，债权人利益得不到保障，公司举债将陷入困境。

（二）营运能力分析

营运能力以公司各项资产的周转速度衡量公司资产利用的效率。周转速度越快意味着公司的各项资产进入生产、销售和其他业务流程的速度越快，其形成收入和利润的周期越短，经营效率也就越高。

反映公司营运能力的指标主要有应收账款损失率和应收账款周转次数。应收账款损失率＝当期坏账损失÷应收账款期初余额×100%，该指标反映了公司在一定会计期间的赊销额中，无法收回的坏账占多大百分比，该指标越低越好。应收账款周转率＝赊销收入净额÷应收账款平均余额，表示一个会计年度内，应收账款从发生到收回周转多少次。应收账款周转次数越多越好。

（三）盈利能力分析

公司的盈利能力指的不是公司的盈余水平，而是盈余水平除以为了取得这样的盈利水平而使用的资源的总量，即1元钱的资源产生了多少盈余。绝对的盈余水平在公司之间是不具有可比性的。显然，一个拥有几十亿资产的公司比一个拥有几千万资产的公司盈余更多，但是盈利能力可能是一样的。反映盈利能力的指标主要包括资本报酬率、销售净利率和市盈率等。资本报酬率是净利润与总投资额的比率。销售净利率是净利润除以销售收入的比值。市盈率是普通股每股市价除以普通股每股收益的比值。这些指标都是从各个方面反映公司盈利能力的指标，也是公司成败的关键，只有长期盈利，公司才能真正做到持续经营。因此无论是投资人还是债权人，都对反映公司盈利能力的指标非常重视。

二、投资回报分析

投资回报是投资人十分关心的问题，所以有必要在商业计划书中说明投资人进行投资以后会获得多少投资回报。大部分投资回报主要从静态投资分析（静态投资回收期、投资利润率分析）、动态投资分析（动态投资回收期、净现值、内部收益率分析）及其他财务效益评价（投资利税率、资本净利润率、盈亏平衡分析）三个方面进行。具体到实践中，是全部计算还是选取其中关键的几项，根据自己的实际情况来定。

（一）静态投资回收期

静态投资回收期（Payback Period）是指以项目历年所获净现金流量回收项目最初总投资所需的时间。计算公式：

$$静态投资回收期 = 累计净现金流量出现正值的年份 - 1 + \frac{上年累计净现金流量的绝对值}{当年净现金流量}$$

（二）投资利润率

投资利润率（Rate of Return）是指每一元的投资能够获取的利润。计算公式为：

$$投资利润率 = 年平均利润总额 / 投资总额 \times 100\%$$

式中：

$$年平均利润总额 = 年平均产品销售收入 - 年平均总成本费用 - 年平均销售税金$$
$$投资总额 = 建设投资 + 建设期贷款利息 + 流动资金$$

投资回报率的计算方法比较简单，它具有时效性，是基于某些特定年份计算出来的数据。

（三）动态投资回收期

动态投资回收期是考虑了货币的时间价值计算的回收期。它和静态回收期的评价标准是相同的：如果 Pt（动态/静态投资回收期）$\leqslant Pc$（基准投资回收期），说明项目能在要求时间内收回投资，此项目可行；如果 $Pt > Pc$，则项目不可行。

（四）净现值

净现值指投资方案未来的净现金流量按预计的贴现率贴成的现值。计算公式：

$$NPV = \sum_{k=1}^{n} \frac{A_k}{(1+i)^k}$$

式中：A_k 表示 k 期的净现金流量；

n 表示计算期，本项目 $n = 20$ 年；

i 表示设定的各期贴现率。

（五）内部收益率

内部收益率（Internal Rate of Return）是指计算期内各年净现金流量现值累计等于零时

的折现率。计算公式为：

$$\sum_{k=1}^{n} \frac{A_k}{(1+IRR)^k} = A_0$$

式中：A_0 表示原始投资额；

A_k 表示 k 期的净现金流；

n 表示计算期。

（六）投资利税率

投资利税率是指项目生产经营期内年平均税前利润及年平均营业税的总额与投资总额的比率。计算公式为：

$$投资利税率 = \frac{年平均税前利润 + 年平均营业税}{投资总额} \times 100\%$$

（七）资本净利润率

资本净利润率是指项目生产经营期内年平均所得税后利润与注册资本（或自有资金）的比率。计算公式为：

$$资本净利率 = \frac{年平均所得税后利润}{自有资金} \times 100\%$$

（八）盈亏平衡分析

盈亏平衡分析又称保本点分析或本量利分析，是根据产品的业务量（产量或销量）、成本、利润之间的相互制约关系的综合分析，用来预测利润，管理成本，判断经营状况的一种数学分析方法。一般是通过盈亏平衡点（BEP）来分析项目成本与收益的平衡关系，其中盈亏平衡点是指销售收入等于全部成本时的销售量。计算公式为：

$$盈亏平衡点 = \frac{固定成本}{单位销售价格 - 单位变动成本 - 单位营业税金及附加}$$

当销售量低于盈亏平衡点时，则亏损；当销售量高于盈亏平衡点时，则盈利；当盈亏平衡时，利润为零。因此盈亏平衡点越低，项目投产后盈利的可能性越大，适应市场变化的能力越强，抗风险能力也越强。

第三节　融资方案：合理周密的资金安排

商业计划书的融资方案主要涉及融资说明、资金用途、股权分配等内容。有时为了吸引投资，还可以总结项目的投资亮点。

一、融资说明

股权融资是指公司股东愿意让出部分公司所有权，通过增资的方式引进新的股东，同时使总股本增加的融资方式。也就是说，股权融资后，会带来新的发展资金和股东，原股东在公司的占股比例将被适当稀释。商业计划书中需要说明融资后公司会出让多少股份，最好将融资前后的股份占比展示出来。

公司可以在普通股、优先股和可转换债券及认购股权证等几种融资工具中向投资人提议一种。注意要对有关发售这些金融工具的众多细节问题予以说明，以免投资人产生过多的疑问。

如果出售的是普通股，通常要求说明：①是否分配红利？②红利是否可以累积？③经过一段时期后股份是否回购以便风险投资人撤回投资？④估计的发售价格是多少？⑤该种股权是否有所限制？⑥普通股持有人具有什么样的投票权和注册登记权（安排上市从而变为公众公司）？

如果发售的是优先股，则需要说明：①支付何种股利？②股利是否可以累积？③对优先股有何回购安排？④优先股是否可以转换为普通股？⑤优先股股东是否具有投票权？⑥对优先股权有何限制？⑦是否在董事会具有控制权？⑧如果是可转换优先股，那么转换价格是多少？⑨优先股具有哪些优先权？

如果发售的是可转换债券，需要说明：①债券期限是五年，还是十年？②债券利率以多高为宜？③是固定利率还是变动利率？④该债券可以转换为普通股还是优先股？

如果是发售股票期权，则需要对投资人必须支付的期权购买价格做出说明：考虑投资人兑付期权时的执行价格和购股数量，并说明期权的期限是多长。如果提议的融资方式及有关条款还有协商的余地，那么也应该在商业计划书中予以特别说明。

二、资金用途

商业计划书的最终目的就是赢得投资人的青睐，获得期望的投资。前面财务数据的分析计算向投资人证明了项目的可行性，此时应该趁热打铁向投资人明确提出需要的资金数额，同时需要说明资金的用途。常见的写法是首先说明需要的资金总额，然后详细列出各个项目中需要用到多少资金。这部分内容可以再次落实公司发展的相关业务和事项，也可以让投资人知晓投资的资金会被如何处理。

三、股权分配

（一）股权分配概述

股权一般可以分为资金股权和经营管理股权两个类别。对于资金股权的确定，需要考虑到投资人的类型。一般来说，个人投资者更多地依赖于投资人的个人特性和判断，而机构投资者则更多地依赖于一套价值评估的系统。创业公司在寻找投资人时，通常需要展示公司的团队人才和项目潜力。对于个人投资者来说，他们可能会更加关注创业公司的团队人才和项目前景，而不仅仅是公司的财务数据。因此，创业者需要从团队人才的角度来考虑投资资金所占的股份比例，并且根据投资人的性格和以往投资经历选择不同的介绍方式。在经营管理方面，股权的分配应该根据每个人的职责、岗位和能力进行评估。这可以通过设立一个简单的虚拟股权绩效评价系统来实现。这个系统可以根据创业过程中股东的个人绩效变化来调整股权比例,从而激发股东的积极性和创造力。这种制度是中立的,因此经营股权的分配比例应该是按照职责、岗位来分的,而不是按照人来分的。

(二)股权分配对象

科学的股权架构一定是由创始人、合伙人、投资人、核心员工这四类人掌握大部分股权,这四类人对于公司的发展方向、资金和管理、执行起着举足轻重的作用。因此,创始人在分配股权时,必须考虑这些人的利益,给予他们一定比例的股份。

其中,给创始人、合伙人、投资人、核心员工股权的作用如下:

(1)创始人:掌控公司的发展方向,保障创始人的控制权。
(2)合伙人:凝聚合伙人团队,保证合伙人的经营权与话语权。
(3)投资人:促进投资人进入,保证投资人的优先权。
(4)核心员工:激发员工的创造力,保证核心员工的分利权。

(三)股权分配方式

股份分配方式主要有三种,选择适合自己的就是合理的。

1. 绝对控股型

这种类型的典型分配方式是创始人持有超过 2/3 的即 67%的股份,合伙人占 18%的股份,预留团队股份 15%。这种模式适用于创始人投钱最多,能力最强的情况。在股东内部,绝对控股型虽说形式民主,但最终的决定权还是在创始人手里。

2. 相对控股型

这种类型的典型分配方式是创始人占 51%的股份,其他合伙人加在一起占 34%的股份,员工预留 15%的股份。这种模式下,除了少数事情需要集体决策,绝大部分事情还是创始人说了算。

3. 不控股型

这种类型的典型分配方式是创始人占 34%的股份,合伙人团队占 51%的股份,激励股份占 15%。这种模式主要适用于合伙之间能力互补,每个人实力都很强,而老板只是战略上有相对优势,所以基本合伙人的股份比较平均。

四、股权分配计划

股权分配计划是指在明确股权分配目的的基础上,制定具体的股权分配方案。在制定计划时,需要考虑以下几个因素:

(一)投资额度

投资额度是影响股权分配的重要因素,通常情况下,投资额度越大,股权份额更高。但是,如果投资人仅提供资金却不参与公司的经营,那么股权分配应该以其他因素为主导。

(二)员工贡献

在公司成长的过程中,员工起到了重要的作用,他们对于公司的发展和成功有着不可或缺的贡献。因此，在股权分配计划中，应当考虑到员工的贡献，并给予相应的股权比例。

（三）经营风险

经营风险是任何一家公司都要面临的问题，特别是在创业期间更加突出。因此，在股权分配方案中，需要考虑创业者在创业过程中所承担的风险，以及他们对公司的贡献。

（四）长期回报

股权分配不仅考虑眼前利益，还需要考虑公司长期的发展和回报。因此，在制定股权分配计划时，需要考虑如何合理地分配股权，既能够满足当前的需求，又能够为公司的未来奠定基础。

五、投资亮点

投资亮点是对项目或产品优势的高度总结，其中应该重点归纳总结的方面有：市场机会是否巨大，公司是否在行业中有领导力，产品或服务是否具备核心价值，是否具备创新的或极具优势的商业模式，是否拥有核心资源优势（如政策优势、独家战略合作伙伴等），是否拥有强大的团队与企业文化，运营与财务数据是否具有高光点等。当产品或项目具有明显的投资亮点时，可以首先总结性地说明具体的亮点，再提出资金需求。

要想突出自己的独特之处，有一个相对简单可行的技巧和方法，就是将创业公司的市场定位精准再精准（细分再细分），即便是一个看上去比较大众的产品，只要精准定位于某一群特定的目标客户，也会显得特别独特。例如，做一款公司管理软件，有什么不同吗？没有。但如果是做小微公司管理软件，是否有点不同？如果是专门针对美容美发行业的公司管理软件呢？是否显得更专业了？特色更突出了？因此当创业公司用一个更精准的市场定位或目标客户群定位自己的产品、技术和商业模式时，就会凸显出差异化特征和优势。

同样，撰写者也可以寻找创业公司所具有的与众不同的特点，但切记要找真正与众不同的特点，即人无我有的特点。若创业公司具有多项与众不同的优势、特点，那么可能会更容易凸显亮点，但对于只有独特团队特点的创业公司该如何描述？最好的方法就是展现创业公司各项工作的高执行效率，不管是在产品研发、市场推广、销售，还是在建立合作生态等工作上，都能以超出同行的速度向前推进。

因此，创业公司并不是因为与众不同就能够拿到投资，但独特是必要条件之一，特别是在初创公司中，因为这是投资人为什么在这个赛道上选择投资本创业公司的原因。对于投资人而言，除了创业公司有独特的特点外，还要看这个独特的特点能否为创业公司带来持续的市场领先优势，如果答案是肯定的，那么这种特殊之处就会成为真正吸引投资人的一个亮点。此外，总结投资亮点的语言应该极具感染力，以打动投资人为目标。比如"巨大的电商市场"与"巨大且仍保持高速发展的电商市场"相比，后者明显更具感染力。

融资规划及其相关表述主要是向投资人说明融资方式和相关问题。本书第四部分沈阳森之高科科技有限公司商业计划书的 7.1.1 对现有股本结构与规模进行了简单的描述，在 7.1.2 表明了自己的融资需求、选择的融资方式及出让的股份，在 7.1.4 对资金用途进行了分阶段的详细说明，旨在让投资人更清楚其产品升级、市场开拓及团队建设规划。但未借用一定笔墨展现出产品或项目具有明显的投资亮点，没有更好地激发投资人的兴趣。

课后习题

1. 财务预测应遵循的原则是什么？
2. 财务假设中应该包含哪些内容？
3. 财务预测中应该包含哪些财务报表？
4. 投资回收期在商业计划书中是否必要？为什么？
5. 融资规划部分是否要体现资金用途？为什么？

即测即练

自学自测　扫描此码

第九章

风险管控与资本退出战略

【重点问题】

1. 为什么创业存在巨大风险?
2. 创业公司的风险类型有哪些?
3. 创业公司都有哪些资本退出方式?
4. 如何防范和应对出现在政策、技术、市场、财务和管理方面的创业风险?

【学习目标】

1. 了解风险控制和资本退出的基本内容。
2. 掌握资本退出的基本形式。
3. 理解风险和风险投资的含义与特点。
4. 掌握创业风险的种类和防范措施。

第一节 了解风投:每位创业者的必经之路

市场经济下,每一位投资人都关心投资风险与收益。任何项目都会存在风险,商场如战场,没有风险的项目是不存在的,只不过风险的大小不同。事实上,风险越大的项目往往收益也越高,就看投资人敢不敢投资。投资风险是可以通过科学系统的方法和手段加以控制的,所以投资人会非常重视并研究商业计划书中有关风险分析的部分。

在撰写商业计划书之前,首先需要认识什么是风险投资,风险投资具有哪些特征,如何区分风险投资与其他投资,以及熟悉掌握投资人风险投资的要素、原则与偏好,清楚明确地在商业计划书中说明相关信息才可找到志同道合的投资人。

一、风险投资的内涵

风险投资又称创业投资,是指专业金融家对新兴的、迅速发展的、具有巨大竞争潜力的公司进行股权投资的一种形式。风险投资在承担相应风险的基础上,向公司提供长期股权资本和增值服务,促进公司快速成长,一般在数年后通过上市、并购或其他股权转让方式撤出投资,并取得高额回报。对于渴求投资的创业者来说,他们往往是通往成功道路的希望寄托者。

目前，风险投资作为一种新兴的、高风险、高回报的投资方式和新兴公司的融资手段，具有诸多符合创业公司经营规律的特征，已经成为许多新兴公司扩展业务和上市的重要桥梁。尤其是对于高新技术公司，风险投资逐渐成为科技转化为现实生产力的催化剂，成为科技创业公司日益现实和重要的选择。现代高科技风险投资业务起源于美国，美国风险投资业的繁荣不仅使其高新技术和尖端科技发展保持世界领先地位，对美国经济发展作出了很大贡献，同时也带动了中国国内高新技术和相关行业的发展，促使国内风险投资业务的诞生。风险投资对高新技术公司的科技成果转化过程见图9-1。

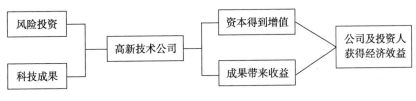

图9-1　风险投资与科技成果的关系

二、风险投资的特征

从上述定义中，我们可以看到风险投资具有如下几个特征：

（一）风险投资是投资公司本身

风险投资与其他形式的投资在获取回报的方式上有很大的区别。其他形式的投资更倾向于关注产品而不是公司本身，但风险投资在关注产品的同时更关注拥有产品的公司，关注决定公司快速成长和发展的各种要素，并且从进入公司那天起就为未来离开公司而努力。从某种程度上说，风险投资不是投资产品，而是投资公司本身。换句话说，公司本身就是投资人的产品。风险投资支持科技成果转化为公司，培育公司成熟、壮大，最后通过出售公司来获得高额回报。对比其他形式的投资，出售公司比售卖一般产品的复杂程度更高、风险更大，因为公司是一个涉及人、财、物合理配置，产、供、销协调合作的系统。高素质的管理团队是公司成功的保障，也是出售公司时最好的套餐。因此，投资人在选择投资对象时，要做好各方面的考察，尤其是管理团队。

（二）风险投资具有高风险

风险投资倾向于投资刚刚起步或尚未起步的新兴初创公司，尤其是高科技公司，这是由高科技公司总体潜在的高成长性所决定的。但公司在成长过程中会面临各种各样的风险和挑战，即使在发达国家，高科技公司的成功率也非常低。然而，由于成功项目的回报率较高，高科技公司仍然可以吸引众多投资人。

（三）风险投资可能带来高回报

资金总会流向风险低、回报高的行业和地区。与其他投资方式一样，风险投资也不是免费的午餐，其采用的股权投资方式也是一种追求超额回报的投资行为。投资人并不是不求回报的天使，正如美国天使俱乐部召集人戈德（Gorder）所说，"我们所做的一切都不是出于慈善目的"。有了这个澄清，初创公司在寻找风险投资时首先应该明确自己的定位。创业公司必须满足投资人的回报要求。只有这样，资本供求之间才有进一步联系的基础和需要。

（四）风险投资是中长期投资

风险投资往往是分阶段的，这也是规避公司发展不确定性的手段之一。投资人在公司初创时投入资金，一般需经数年才能通过资本退出的方式获得收益，而且在此期间还要不断地对有成功希望的公司进行增资，对没有成功希望的公司则要放弃。和其他一次性的产业投资相比，风险投资一般都会对公司进行好几轮投资，因此无法预知其对科技公司未来发展的作用。

（五）风险投资是高专业化和程序化的组合投资

风险投资主要投向高新技术产业，因此要求投资人具有很高的专业水准。在项目选择上要求高度专业化和程序化，精心组织、安排和挑选，尽可能锁定投资风险。为了分散风险，风险投资通常投资于一个项目群，其中包含数个不同的项目，以便于利用成功项目取得的高回报来弥补失败项目的损失。

（六）投资人参与管理风险投资

风险资金与高新技术两个要素推动风险投资事业前进，二者缺一不可。投资人在向创业公司注入资金的同时，为降低投资风险，必然会介入该公司的经营管理，并提供咨询，参与重大问题的决策。必要时甚至解雇公司经理，亲自接管公司，尽力帮助该公司赚取利润并取得成功。

（七）风险投资是投资和融资的结合

风险投资是投资和融资的有机结合，其利润主要来自资产买卖的差价。在融资时，投资人购买的是资本，出售的是自己的信誉，利用投资人对未来收益的预期吸引投资。投资时，投资人购买的是公司的股份，出售的是资本金；退出时，他们出售公司的股份，买入资本和丰厚的利润，以及光辉的业绩和成功的口碑。将资本撤出后，他们会进行下一轮的融资和投资。融资中有投资，投资中又有融资，二者构成了不可分割的有机整体。

三、风险投资与其他投资的区别

从上述风险投资的含义和特征可以看出，风险投资和一般金融投资、银行贷款有较大的区别。

（一）风险投资不同于一般金融投资

风险投资倾向于投资新兴的、迅速发展的、具有巨大竞争潜力的公司，即通常所说的初创期公司，而非成熟期公司。一旦创业成功，投资人便会利用各种手段收回资本，获得巨额利润。风险投资不是只为高新技术公司设定的，但在实践中风险投资较多地关注于高科技产业，主要是因为高科技产业更符合风险投资的投资理念。传统产业一般侧重于生产较为成熟的产品，回报空间较为狭窄，因此风险投资需要开辟新的市场。在这种机遇下，风险投资和高新技术自然而然地联系在一起。风险投资有其明显的周期性。在创始阶段，公司往往出现亏损，随着产品开发成功和市场的不断开拓，此时竞争者不多，产品能以高价格出售，因此可获得高额利润。当新产品进入成熟期，生产者逐渐增多，超额利润消失，投资人此时要清理资产，撤出资金去从事其他新项目的风险投资。

风险投资以投资综合经济效益保证资金回收，即以少数项目的高额利润补偿多数项目的风险亏损，从而维持收支平衡，并在获得盈利的基础上得以发展。而一般金融投资往往追求多数项目成功，但对每个项目不能奢求过高的利润。与一般金融投资相比，创业投资人与被投资人之间往往更注重个人关系，包括理念、观点，甚至习惯，以便较好地相互信赖，建立合作。

（二）风险投资有别于银行投资

从运营条件来看，银行投资运营的条件是平均贷款利率大于存款利率，而风险投资的运营条件是投资平均收益率（风险、失败考虑计算在内）大于投资的期望收益率。由于风险投资面临较大的风险，而相对来说银行贷款的风险要小得多，因此投资人的预期收益率显然应高于平均贷款利率。

从获利手段看，银行以贷款利息获利，注重投资的安全性，尽量避免风险；而风险投资偏好高风险项目所隐藏的高收益，意在管理风险，驾驭风险。风险投资多采取参股的形式投资风险公司，从红利和卖出股份中获利。

从操作方式看，风险投资同样十分慎重地使用资金。在选择有发展潜力的高科技项目时，必须对这些项目进行可行性分析和研究，然后进行投资。一旦投资，投资人不仅要参与创业公司的董事会，对创业公司的发展进行实地管理和经营，而且还要提供各种专业性技巧和其掌握的市场资源，帮助创业公司顺利运营。而银行贷款虽然也要对投资项目进行认真的考察，但并不参与风险公司的管理。

从流动性看，银行贷款追求流动性，关注公司的现状、目前的资金周转和偿还能力；而风险投资追求长期性投资，放眼公司未来的收益和高成长性。据有关统计，风险投资从投资到回收需要 5 年左右，而且在投资期间投资人还需要配合创业公司的发展阶段，给以不同性质的资金融通。

银行贷款需要抵押、担保，其一般投资方向是成长和成熟阶段的公司；风险投资不要担保，不要抵押，它投资到新兴的、有巨大潜力的公司和项目。以上各点区别见表 9-1。

表 9-1 风险投资与银行贷款的区别

项目	风险投资	银行贷款
资产类型	无形资产	有形资产
考核内容	未来增值潜力	现实经营状况
流动性	长期性、流动性差	短期性、高流动性
成熟度	技术较成熟	成熟技术
资本属性	权益资本	借贷资本

续表

项　　目	风 险 投 资	银 行 贷 款
是否参与经营	共同参与经营	基本不参与公司经营和监管
有无抵押	无抵押担保	抵押担保
回报要求	高风险、高额利润回报	以保值、安全为前提
回报方式	股利、股权转让、股票上市	还本收息

四、风险投资的要素

人才、技术和市场是构成风险投资的三个重要因素，而人才是三者中最重要的因素。一个成功的投资人需要熟悉各种人才市场，获得人才，才能成功运营所投资的各种新兴公司。

人才在风险投资活动中起着极其重要的作用，认识和发现人才是投资人进行风险投资的关键因素。投资人需要关注公司的动态，还要评估公司内部人员和公司活动本身的影响力。所谓风险投资行为包括人的活动、人的创造力、商业实践、判断力、知识、技能以及对商业条件的理解。因此，人的因素是风险投资成功的关键。例如，因投资苹果电脑而出名的投资人阿瑟·洛克（Arthur Rock）认为，风险投资的成功在于不断追求新概念。有新概念、新创意，就有新产品、新市场。然而，在选择投资标的时，重要的不是新概念、新想法，而是公司人员的素质。阿瑟·洛克认为，每次犯错都是因为选错了人，而不是想法错了。

技术和市场也是投资人强调的两大因素。因为只有新技术产生，才会有新产品、新需求、新市场机会。当投资人掌握了这三个要素，其风险投资基本就成功了一半。

（一）人才

风险投资界有一句名言：宁可投资技术二流、运营一流的公司，也不要投资技术一流、运营二流的公司。投资人强调技术的独特性，因为它确保产品在进入市场时优于其他竞争对手。当一个公司在进入市场时具有竞争优势，就会拥有更大的市场份额，从而获得更多的利润。然而，创业者经营和管理公司的能力才是前提。通常来说，送到投资人手中的商业计划中最薄弱的环节往往是管理层的人才及其构成。投资人通常通过组织强大的管理团队作为筹集资金的条件来帮助解决人才这一问题。

投资人在衡量参与投资建议的创业群体的业务技能时，通常会考虑以下四点：具有不同业务技能的、经验丰富的管理人员，权力与责任的平衡，商业人才来源，以及获取专业人才的激励措施。

管理团队的关键人物必须对公司有高度的奉献精神、必胜心态、致富欲望、冒险精神，最重要的是个人素质。为了检验承诺的水平，投资人常常坚持要求管理者必须向新公司投入一定数量的资金，使新公司与其个人利益密切相关。

（二）技术

投资人在决定是否选择特定投资方案时，通常会在技术层面考虑以下四点：所采用技术的创造性和独特性，产品创造新市场并产生高利润的能力，技术本身及技术应用的竞争力，以及未开发的潜力——那些可能机会范围之外的潜力。

在评估技术的使用时，投资人寻找技术应用的新颖性和独特性，以及技术的发展是否会开辟一个具有快速增长潜力的新市场。新产品或系统应该能够改进和提高业务绩效、提高服务质量和标准、降低成本。由于这些原因，能够提高生产力的产品、系统或服务是风险投资的良好候选者。

产品的独特特性可以产生高额利润。如果一家公司采用这样的新技术或新技术开发的独特的工程设计，其产品将比竞争对手具有比较优势。因此，独特的功能是公司产品进入市场的有效途径。由于产品具有比较优势，因此较高的利润为公司的长期发展提供了充足的运营资金，其利润还可以用于研发经费，形成公司发展的良性循环。

最后，风险投资人还必须关注该技术开发其他应用的潜在能力，因为该产品在市场上的寿命通常为三年到五年，投资人希望该产品可以重新开发并上市。

（三）市场

评估技术和评估市场很难区分，并且假设所应用的技术是独特的，则所使用的产品范围也有限。因此，必须明确市场范围并进行充分验证，否则项目很难获得投资人的支持。在评估市场时，投资人通常可以从三个方面入手：确认市场容量、产品之间的相对竞争力和潜在的增长机会。

五、风险投资的原则与偏好

风险投资是一种高风险、高回报的投资资本。但投资人在选择投资项目时极为谨慎，这是因为：首先，投资人是以个人业绩、个人声誉、个人魅力作为筹集资金的保证，一旦投资失误，可能会失去个人在风险投资领域的信誉，甚至断送个人的未来；其次，风险投资的对象大多以新兴高科技公司为主，创业时期公司除了没有自己的高科技资产外，还缺乏新产品管理经验，市场前景并不乐观，市场前景未知，存在诸多不确定因素，投资风险自然很高。

（一）风险投资原则

在进行风险投资过程中为了驾驭和化解投资风险，投资人遵循的基本投资原则主要有四个。

1. 分段投资原则

投资人可以根据公司的不同经营阶段进行多次投资，根据经营风险的变化决定进退，以尽可能避免投资损失。对于发展情况趋坏的项目，投资人可以在下一轮投资时慎重考虑是否进一步追加投资。对于那些已经没有挽救希望的公司，则通过清算等手段尽可能收回前期投资。

2. 分类投资原则

投资人可以把已经投资的创业公司分为成功、平凡、失败三类。对成功公司加大投资，强化经营管理，促使其尽快成熟，及早在股票市场上公开上市，以获取最大收益。对平凡公司保持其稳定发展，鼓励与大公司合并，或协助它从银行或其他渠道筹集资金。对失败公司及早提出警告，协助其转变经营方向；或者直接宣布破产，以便把投资风险降到最低。

3. 组合投资原则

投资人在进行投资时通常会投资不同的初创公司或项目。这样，即使一项投资失败，也可以由其他项目的投资收益进行补偿。这一原则以投资组合的经济效率为基础，保证资金回收，以利润弥补损失，在保持收支平衡的基础上逐步发展。

4. 联合投资原则

对于资金需求大的创业公司，投资人经常采用联合投资原则。与其他投资人共同投资，牵头投资人一般持有控制股份，其他投资人则以股份制形式进行合作投资。组合投资是风险投资公司内部资本的组合原则，联合投资则是多笔资本的外部组合原则。

（二）风险投资偏好

风险投资偏好是指投资人对风险的态度和投资偏好，不同投资人的风险投资偏好是不同的。一部分投资人喜欢大赚大亏的兴奋感，而另一部分投资人更愿意求稳。根据对风险的偏好，投资人可分为风险回避者、风险追求者和风险中立者。

风险回避者更倾向于低风险投资；而对于同等风险的投资项目，他们更青睐预期回报率高的项目。与风险回避者相反，风险追求者通常会主动寻求风险，他们的选择原则是当预期收益相同时，选择有风险的投资项目，因为这会给他们带来更大的收益。风险中立者通常既不厌恶风险也不寻求风险，选择投资项目的唯一标准是预期回报的大小，而不管风险状况如何。

从投资偏好来看，不同的投资人因经历和个人喜好不同，侧重于不同的行业、地区和投资阶段，有的投资人只投资某一行业或某一类型的公司。从投资阶段来看，成长期项目是更多风险投资机构的投资重点。

第二节 风险管控：把风险的苗头扼杀在摇篮里

公司在创业经营过程中要正确看待已经出现或可能出现的各种风险，用各种办法合理规避或利用风险。风险管控是风险分析的核心内容，投资人会仔细研究这部分内容。他们想尽可能地搞清楚创业公司可能会面对的风险种类和程度，特别是创业公司将采取何种措施和方案去降低或防范风险。因此，在商业计划书中需要尽可能全面、系统地撰写清楚所有可能的风险及管控方法。

一、风险投资面临的风险种类

风险的种类繁多，划分标准也各不相同。就商业计划书中介绍风险的内容来看，由于公司的目的是创业和发展，因此可能产生的风险都属于动态风险，也就是投机风险。因此，商业计划书中应该主要介绍的风险包括政策风险、技术风险、市场风险、财务风险和管理风险。

（一）政策风险

政策风险主要是指由于社会环境、政策法规变化而产生的风险。政策原因导致的极端风险包括公众抵制产品、政府出台限制性政策等。一个公司的项目或产品是否存在政策风险的可能性，以及发生的可能性有多大，都需要在商业计划书中予以说明。例如，随着政府对新能源汽车补贴的减少，一大批竞争力较差的新能源汽车公司面临被淘汰。因此，政策风险需要公司提前考虑，否则当出现政策风险时，将带来非常巨大的损失。

（二）技术风险

技术风险是指由于技术方面及其变化的不确定性而导致创业失败的风险。创业活动往往表现为将新技术应用于实践并将其转化为产品或服务的过程。创业技术风险具体包括开发风险、转化应用风险、技术寿命风险。高新技术的成功开发和投资必将为投资人带来满意的回报，但存在各种不确定性可能会阻碍技术发展和迭代，导致风险投资的失败。因此，在商业计划书中需明确技术是否可行、期望与实践是否存在偏差等问题。

（三）市场风险

市场风险是指在创业的市场实际环节，由于市场的不确定性导致创业失败的风险。这些不确定环节包括新产品、新技术与市场需求不适应，市场接受时间不确定，产品的市场扩散速度不确定，市场竞争能力和战略的不确定，以及新产品的生产设计能力与市场容量不匹配等。市场风险是导致新技术、新产品商业化、产业化过程中断甚至失败的核心风险之一。在商业计划书中，不仅应针对产品或服务来分析市场风险，还需要根据自身的营销策略进行分析，介绍公司的产品和公司的市场规划可能会面临哪些市场风险。

（四）财务风险

财务风险是指因资金不能适应需求而导致创业失败的风险。创业公司要快速具备一定的流动性、周转率，才能不断地获取项目在高成长阶段的利润，避免在融资不到位的情况下丧失运营能力。财务是创业公司的命根，因此财务风险控制对创业公司尤为重要。在商业计划书中需要说明公司在创业期间和发展期间能否获得足够的资金，资金投入后是否存在其他财务隐患，后续资金能否得到解决，公司自身财务是否存在面临风险的可能等。

（五）管理风险

管理风险是指在创业过程中因管理不善而导致创业失败所带来的风险。其主要影响因素包括三个方面：第一，创业者素质。创业者素质的高低对于创业活动成功与否起到决定作用。创业者应具有强烈的创业精神和创新意识，还需要具有献身精神和强大信念，能吃苦耐劳。此外，还需要有凝聚力，能领导整个团队共同发展。第二，决策风险。创业者不可以根据个人喜怒哀乐或不切实际的个人偏好做出决策，也不能仅凭个人经验或运气来进行决策，在这里需要实现民主和集中相结合的决策模式。第三，组织风险。组织结构必须伴随创业公司的迅速发展而不断调整，组织结构不适合公司发展往往会成为创业公司潜在危机的根源。

二、风险管控

风险管控是指为预防和阻止风险损失的发生，削弱损失的影响程度，获取最大利益而有目的、有意识地进行策划、组织、控制等活动。这里重点针对政策风险、技术风险、市场风险、财务风险和管理风险五种常见风险的管控方法进行说明。

（一）政策风险管控

政策风险管控的成功主要取决于公司对国家宏观政策的理解和把握，以及管理层对市场发展趋势的正确判断。根据政策风险发生原因的不同，政策风险的控制可分为逆向政策风险管控和突变政策风险管控。

逆向政策风险是指因国家政策导向与市场发展方向不一致而产生的政策风险。针对此类风险，公司应避免涉足与政策导向相反的业务或项目。例如，国家政策强调环保，但公司生产污染环境或破坏资源的产品，自然不会得到市场的认可，公司就无法持续健康发展。

政策变动风险管控是指政策突然变化导致市场发展的风险。一般来说，当政策突然发生变化时，国家会有相应的补贴政策，但能否将风险降到最低，还要看公司本身是否有能力快速退出当前的行业或项目，并快速转型投入到其他领域。

（二）技术风险管控

创业公司往往都拥有自主的核心技术或差异化的产品，这些是其获取核心竞争优势的来源。但是技术水平领先往往是暂时的，在某些领域甚至是不进则退。因此，保持技术领先对创业公司来说极其重要。创业公司技术风险防范和控制应注重以下几个方面：深入挖掘研发人员潜力，不断完善和扩展现有产品；不断研发新产品，有节奏地持续推出新产品，防范模仿者和新进入者；紧盯当前科学技术发展前沿，不断引入新的研发理念和思路，吸引顶尖人才进入研发团队；注重知识产权的申请和保护，避免盗版产品影响公司品牌形象。

（三）市场风险管控

面对公司市场风险，其具体防范策略有：在加强产品销售的同时，建立一套完善的市场信息反馈体系，针对核心客户制定合理的产品销售价格，提升公司的盈利能力；加快产品开发，增强市场应变能力，对后进入者设置门槛；实行品牌战略，以优质的产品稳定客户和价格，以消除市场波动对公司的影响；进一步提高产品质量，降低产品成本，提高产品的综合竞争力，增强产品适应市场变化的能力；进一步拓宽思路，紧跟市场发展方向。

（四）财务风险管控

财务风险是指公司以现金偿还到期债务的能力的不确定性。公司财务风险管理的目标是了解风险的来源和特征，努力预测和评估财务风险，进行适当的控制和预防，为公司创造最大利益。创业公司财务风险防控应重点关注以下几个方面：提高创业者的风险意识，确保财务计划的合理性、合法性；增强公司的财务实力和抗风险能力；加强财务风险管理，建立财务评价体系，采取各种手段和措施控制及应对风险；建立科学的财务预测机制，提前安排融资计划，做到投资与融资联动。

（五）管理风险管控

公司应根据自身特点，从以下三个方面对管理风险进行管控：

（1）对管理者进行管控。领导者应加强自身的品德修养，增强团队凝聚力，提高管理效率和效果；应加强与技术创新人员的沟通，从而更科学地对项目进行组织；不断提高管理层所有人员的素质和能力，尤其要注重协调沟通能力的提高，着力培养其管理创新意识和创新能力。

（2）对组织结构进行管控。公司应积极利用多种渠道与社会组织，加强公司内外的信息沟通和交流，注重对知识和经验的有效识别和积累，加强公司知识管理，建立知识储备库；扩大公司开放度，利用各种社会力量，与高校、科研院所建立密切关系，加强组织对创新方向的把握。

（3）对公司文化进行管控。公司应致力于形成良好的公司文化，尤其应该注意塑造创新精神和团队精神，真正把创新作为公司生存和发展的根本，为一切创新活动创造良好的环境。

风险说明和管控是投资人评估创业项目是否值得投资的重要因素，因此，必须在商业计划书中进行详细说明。本书第四部分沈阳森之高科科技有限公司商业计划书的第十章阐述了该公司面临的资金、市场、竞争、技术、管理风险及对应的风险管控方案。面对资金风险，该公司积极寻求风险投资，严格控制成本并设立预警机制；针对市场风险，该公司积极开展营销活动，加大研发力度，提升产品质量；针对竞争风险，该公司努力做好服务和口碑，树立品牌形象，提高产品性价比；面临技术风险，该公司致力于提供个性化、差异化产品，并对核心技术进行双加密，降低核心人员流动率；关于管理风险，该公司计划建立完善的人员培训、协作、提升体系，加强企业文化建设。上述关于风险说明和管控的部分非常详细且具体，值得学习。但市场风险和竞争风险往往可以归属为一类，并且该公司没有考虑政策可能带来的风险，如果补充针对政策风险的管控措施，整体效果会更好。

第三节　资本退出：投资人利益的最后一道防线

投资人的目的并不是获得股息而长期持有被投资公司的股份，而是通过资本退出的方式获得高额回报。这就需要创业公司给出预期的资本退出方式，为投资人带来良好的利润。资本退出方式相当于给投资人一条退路，让投资人更安心地参与公司的发展。因此，创业者需要详细告诉投资人，他们的投资将以何种方式退出，能获得多少预期回报。

目前，资本退出方式主要有四种，即首次公开上市退出、并购退出、回购退出和破产清算退出。

一、首次公开上市退出

首次公开上市退出是指创业公司通过挂牌上市方式让风险资本退出。首次公开上市可以分为主板上市和创业板上市。在这种退出方式下，初创公司既可以保持独立性，又可以在股市获得持续融资的渠道。

创业公司上市时机的选择与创业公司的生命周期密切相关。一般高科技公司的生命周期分为创业期、早期成长期、稳定成长期和成熟期四个阶段，通常第三个阶段是公司上市的最佳时期。因为在此之前公司还需要资本注入，特别是由于其现金流量为负，而股市投资人不愿意投资前景不定的公司。在成熟期，由于创业公司的成长较为稳定，增值潜力已不大，公司上市就没有太大意义。

对于创业公司来说，公开上市往往被视为公司发展壮大的最佳渠道和创业成功的标志，其具有以下优点：可以大规模筹集资本金，大幅度提高公司股东、投资人和创业者的投资回报率；公司股票具有很强的流通性，增加了长期资金的融资渠道；大幅度提高公司知名度，帮助公司获得比未上市时更好的市场信誉；容易吸引管理人才，并用期权来激励他们努力工作。

二、并购退出

并购退出是指创业公司通过被其他公司兼并或收购，从而使风险资本退出。由于创业公司首次公开上市及股票升值需要一定的时间，并且在短期内创业公司可能难以达到首次公开上市的标准。因此，许多投资人可能会采用股权转让的方式退出投资。虽然并购退出的收益不及首次公开上市，但是风险资金能够很快从所投资的创业公司中退出，并快速进入下一轮投资循环。因此，并购也是资本退出的重要方式之一。

三、回购退出

回购退出是指创业公司的管理层通过购回投资人手中的股份，使资本退出的一种方式。从实际效果来说，回购退出也属于并购退出的一种，只不过回购的行为人是创业公司的内部人员。回购的最大优点是创业公司能被熟悉公司的人完整地保存下来，创业者可以掌握更多的主动权和决策权，有利于今后公司的可持续经营和决策，因此回购对创业公司更有利。

四、破产清算退出

破产清算退出是针对风险投资失败项目的一种退出方式。风险投资是一种风险性高的投资行为，失败率非常高。对于投资人来说，如果所投资的创业公司经营失败，就不得不采取这种方式退出。尽管采用清算退出有不可避免的损失，但还是可以收回一部分投资，以便用于下一个投资循环。因此，清算退出虽然是迫不得已，却是避免投资人深陷泥潭的最后选择。

风险投资的整体运作步骤见图9-2。

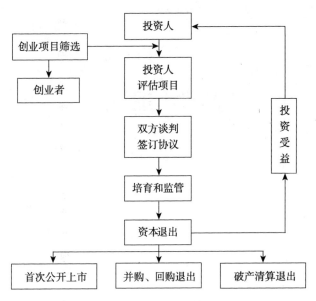

图 9-2　风险投资整体步骤

　　资本退出是商业计划书中必须包含的内容，需要撰写者足够重视，在创业项目初期就应拟定好资本退出计划和方式。本书第四部分沈阳森之高科科技有限公司商业计划书的 7.2 给出了该公司的四种资本退出预案，包括 IPO 上市、并购、管理层回购和清算，并依次详细说明了面临这四种情况时可以采取的具体措施。这种撰写方式是值得参考和借鉴的，但如果在商业计划书中补充风险投资的流程图，会令投资人更加清晰明了地把握合作的整体过程。

课后习题

　　1. 请列出商业计划书中的所有风险，并将它们进行分类（包括政策风险、技术风险、市场风险、财务风险和管理风险）。
　　2. 根据上题所列风险，针对每个风险说明如何管控。
　　3. 请依次每种资本退出方式分别的适用情况。

即测即练

第十章

摘要与附录

【重点问题】

1. 摘要包括哪些基本内容？
2. 附录包括哪些基本内容？
3. 附录的核心功能是什么？

【学习目标】

1. 了解摘要的主要内容。
2. 了解附录的主要内容。
3. 掌握附录撰写的原则。

第一节 摘要撰写：浓缩全书之精华

摘要，又称概要、内容提要，是以提供文章内容梗概为目的，不加评论和补充解释，简明、确切地记述文章重要内容的短文。商业计划书的摘要就是以简明、精练的语言全面而准确地介绍公司即将展开的商业项目的短文。

摘要是投资人、专家评委阅读商业计划书时首先看到的内容。一篇文章的摘要是全文中所要阐述问题的关键，商业计划书自然也不例外。商业计划书的摘要必须能够让投资人对公司计划进行的商业项目有一个大致的了解。它浓缩商业计划书之精华，反映商业计划书之全貌，是商业计划书的核心所在。它能够吸引各类投资人的兴趣，并让他们渴望得到更多的项目信息，产生继续阅读商业计划书后文的欲望。

商业计划书的摘要应涵盖商业计划书的要点，一目了然，要求撰写者对其所要展开的商业项目有深刻的理解。如果撰写者对自己所做的事情有充分且清晰的认知，摘要通常为1~2页的篇幅、6~8个段落；如果撰写者不够了解自己正在做什么，可能要写9~20页，会使摘要变得冗长复杂，从而影响投资人的阅读兴趣。因此有人认为商业计划书的摘要就是让投资人能够在最短的时间内、用最快的速度"把珍珠从沙砾中挑选出来"，然后再评价这些"珍珠"的质量如何。

一、摘要的内容

虽然摘要是商业计划书的迷你版本，但它并非要事无巨细地包含商业计划书的方方面面，基本只需要包括以下几个方面的内容：

（一）公司的基本信息

如公司全称、地理位置、成立时间、深耕领域、行业地位等。为了使公司或者商业项目更加可靠可信，公司介绍就具有非常重要的作用。在介绍公司时，除了介绍上述内容外，还应该介绍公司的品牌标识、荣誉及认证等信息。一个强大的公司在进行市场营销、品牌推广和介绍公司的基本情况时，一定要注意品牌标识，这有助于投资人更真实地了解公司的实力；公司荣誉及认证则能够提高投资人对公司的信任度。总之，一份详细的公司资料将为公司赢得更多的商机和客户，让外界初步了解该公司。

（二）创业者和核心管理团队

介绍创业者和核心管理团队的背景信息或者辉煌履历，包括学历背景、职业经验等。在介绍时应尽量避免使用一些标准的套话，例如"CEO有十年的互联网、新媒体运营管理经验"之类，而是要具体到"CEO曾在某某公司从事三年数据存储方面的研究"。

（三）公司的产品与服务

这部分不仅要介绍产品与服务，还需要介绍它解决了客户的什么问题。首先，需要清楚地描述当前已经存在的重大问题或者未来可能出现的重大问题；其次，介绍公司的产品与服务是如何解决这个重大问题的，这部分应尽量使用通用的语言，尽量降低各种专业术语的使用频率，具体描述公司的产品与服务。另外，如果有一个客户是知名的大公司，撰写者可以在商业计划书中予以重点说明，这会提高投资人对本公司产品与服务的信任程度。

（四）公司的投资亮点

创业者应该用最具诱惑力的话解释为什么公司的产品或者商业项目是个大买卖。通常情况下，可以直接、简练地说明公司的产品与服务解决了什么重大问题，未来将会对行业或者客户产生什么样的积极影响。另外，可以提到一些重量级或者知名度高的名字，如重量级的顾问、合作伙伴、知名的投资人等，这会大幅增强投资人对公司或者商业项目的投资信心。

（五）公司的商业模式

商业模式是指公司或者该商业项目的盈利模式。创业者需要明确公司在产业链、价值链上有什么样的合作伙伴，他们为什么要跟公司合作？如果已经有收入了，有多少？如果没有收入，那么什么时候会有？

（六）行业细分、市场规模和行业驱动因素等

这部分的介绍尽量不要使用空洞、宽泛的语句来描述市场机会。有些创业者可能认为商业计划书所描述的市场规模越宏大，其对于投资人就越有吸引力，公司就越有可能获得

融资。然而，部分规模小但处于快速成长期的市场，有时甚至会比相对较大而稳定的市场更有吸引力。

（七）公司相对于竞争对手的优势

无论如何，公司都有竞争对手：至少公司是在跟其目标客户当前使用的产品与服务提供商在进行竞争，而更常见的是公司正面对一些直接竞争者。要用正面的、积极的词语来描述公司的目标和竞争优势。这里需要注意的是，投资人更加看重的是公司的产品与服务能做到什么，而不是竞争对手做不到什么，因此在撰写这部分内容时应重点突出自己的竞争优势而非竞争对手的缺陷。例如，"相对于某某的产品与服务，我们的产品与服务可以……"。

（八）公司本轮期望的融资计划

融资计划是商业计划书中的重量级部分，一份清晰明了的融资计划主要包括自有资金投入情况、本轮融资的目标金额及资金的使用计划等，其中本轮融资的目标金额是比较关键的一部分，需要创业者根据自己实际资金缺口进行估算。融资目标金额的确定，不仅要体现创业者的战略规划能力，还要体现创业者合理使用资金的能力。

需要注意的是，上面的提纲并不需要完全呆板地照搬，没有一个模板是可以适用于所有公司的，在撰写时尽量把每个要点都照顾到即可。创业者需要考虑的是，对自己的公司而言，哪些内容需要重点强调，哪些内容可以一笔带过。

二、摘要撰写的纲领

摘要是投资人打开商业计划书后映入眼帘的第一部分内容，代表了商业计划书给投资人留下的第一印象，因此撰写者在书写摘要时一定要字斟句酌、反复推敲，以写出一篇完美的摘要。在撰写摘要时应尽量符合以下几个要求：

（一）摘要尽量简明、生动

摘要部分不容赘言，因此在撰写时需要逐字推敲，用最精练的语言有重点地概括整个商业计划书的内容。特别要详细介绍公司自身的产品与服务，以及公司获取成功的市场因素。如果公司对自身所经营的业务有较为清楚的认知，摘要的篇幅就不会很长；反之，篇幅就会十分冗长。因此，有些投资人就可能会按照摘要的长短"把麦粒从谷壳中挑出来"。

（二）摘要应具有相对独立性和自明性

摘要是商业计划书的精华、浓缩版，因此应该拥有和全文同等的信息量。所谓摘要的相对独立性是指摘要应独立于正文之外，投资人通过阅读摘要便可以快速获取全文信息，从而节省大量的时间成本；所谓摘要的自明性是指只需通过阅读摘要便可精确提取相关信息，而无须通过正文或其他部分内容的辅助。

（三）摘要必须完整具体，使人一目了然

虽然商业计划书的摘要是全文的精华和浓缩版本，但这并不能理解为摘要部分可以笼

统或空洞。相反，摘要的撰写人必须字斟句酌，用尽可能精炼的文字全面而详细地对正文各部分进行提炼总结，使投资人一目了然。这样既可以给投资人提供清晰的思路，又可以让摘要读起来言之有物，有理有据，使投资人对公司或者商业项目有完整清晰的了解。

（四）注意摘要的写作顺序

摘要涵盖了商业计划书正文的核心内容，是全书最精简的部分，因此是投资人花费最大精力去阅读的部分。这要求撰写者应尽力保证摘要部分的质量，而提高其质量的一个重要方法就是注意摘要的写作顺序。摘要一般在正文部分完结之后再写，换言之，摘要应该是最后撰写的部分。这是因为在完成整个商业计划书的撰写后，撰写者对计划书的内容和目的有了更清晰的认识，能够更好地概括和总结计划书的核心内容。

第二节　认识附录：正文的重要补充

一、什么是附录

一般情况下，一份内容完整、结构系统的商业计划书中都会包含附录。附录是商业计划书正文内容的有力补充和说明，旨在完整地介绍创业者的商业计划。附录包括比计划书正文更加详尽的数据资料、市场调研报告等内容，是附在正文之后的参考资料。这些细节性的内容编入正文可能会影响商业计划书的逻辑，并且使商业计划书变得冗长乏味，影响投资人的阅读感，所以一般放在商业计划书的最后加以补充。

（一）附录的要点

有些资料可以使商业计划书的内容更加完整，但放在正文中又会影响叙述条理，这部分内容便可以考虑放在附录中。这类资料包括比正文更加详细的信息研究方法和技术特点介绍，其对正文内容有重要的解释说明作用。

较为冗长的内容不适合放在商业计划书的正文，但是可以放在附录中。正文过于冗长的商业计划书会占据投资人的大量时间，投资人往往要阅读多份商业计划书，因此可能不会花费太多的时间在一份计划书上。

需要补充的重要原始数据、数学推导过程、计算程序、数据统计图、打印机输出样本、逻辑结构图和备注等内容，一般具有较强的专业性，较为深奥，放在正文中会影响阅读。然而为了增强计划书的可信性，此类内容又不可直接删除。因此放于附录中是一个比较好的选择。

（二）附录的种类

（1）规范性附录。即正文的增加或补充条款被添加到附录中。在商业计划书的正文中提及时会标注"见附录A"或者"遵循附录B的规定"。附录中的规定性条例与商业计划书的正文规定同样有效，包括商业计划书的投资回报、股权分配等，以使投资人意识到创业者做好了充足的准备。

（2）资料性附录。提供附加信息是为了帮助投资人更好地理解正文内容。在正文中提到的表达通常是"参见附录A"。商业计划书的资料性附录包括财务报表、公司的信用报告、公司营业执照或经营许可证、相关的法律文件和合同及核心团队成员的个人简历。资料型附录的内容细节性较强且篇幅较长，并不适合放在商业计划书的正文部分。撰写者一般将这些资料放在正文之外的附录中进行展示，这样既不浪费投资人的时间，又能够保证有意向的投资人可以看到。

二、附录的作用

附录的作用之一是对商业计划书中的部分内容或数据进行解释、说明或汇总，使整个商业计划书的内容更容易被投资人理解。此外，附录可以起到精简正文的作用：撰写者可以考虑将哪些篇幅较长但又不可草率删除的内容放在附录中展示，这样可以精练正文内容，从而方便投资人阅读。虽然附录不是商业计划书必备的组成部分，但大多数商业计划书中都包含附录部分。然而在现实中，部分撰写者并未充分重视这部分的内容，认为附录和附件可有可无。

其实投资人将在这里悄悄剖析公司：①评估公司的能力是否满足发展需要；②审视公司的战略跟实际是否相符；③观察公司的实际行为与所拟订的发展规划是否一致；④公司在实际的市场环境里是否有计划地向目标迈进；⑤观察公司是否在尝试跟客户、供应商及合作伙伴等利益相关者建立良好的关系网络；⑥评估公司关注的是眼前的蝇头小利，还是长远的健康发展。

三、附录应包括的内容

本书认为，一份优秀的商业计划书附录应大致包括财务报表、重要合同、信誉证明、图片资料、分支机构列表、市场调研结果、主要创业者履历、技术信息、形象与宣传资料、关键解释、相关获奖和专业证明、授权使用书等内容。

（一）财务报表

商业计划书不是流水账，不要把报表简单地一贴了之。完整的财务报表占用篇幅较长，如果放在商业计划书正文部分，投资人难以发现重要的财务数据。因此，正文可以对项目优势的重点数据进行展示。对于早期项目而言，利润可能是一个弱项指标，大多数项目都处于亏损的状态，对于此类项目，创业者要展示的不是亏损多少，而是项目的成长性在哪里，要重点发掘能够体现项目优势的数据，如现金流很好、营收增长很快等，并配合相关的市场拓展数据（如用户数量在逐渐增长、市场占有率在逐渐提高、市场份额在逐渐扩大等）来说明这一问题，此类展示对于投资人判断项目的前景是非常有帮助的。对于较为成熟的项目而言，重点则要放在项目利润的构成和规模上。创业者可以将完整的财务报表放在附录，让投资人一目了然。

（二）重要合同

这部分是附录的主要内容。主要客户签订的大宗订货合同是对商业计划书可信性的重要证明，它可以向投资人证明公司的产品与服务拥有较好的市场前景。此外，本部分还可以附上原材料采购合同、厂房租赁合同、市场营销代理合同等相关文件，以证明商业计划的实践性。

（三）信誉证明

信誉证明是可以证明创业公司信誉的相关报刊文章、技术专利证明、检测报告、银行和客户证明等资料，它可以向投资人展示公司有能力提供优质的产品与服务、经营好公司并创造出丰厚的利润。公司的产品与服务如果曾经被国内外主流报纸、杂志或电视台报道过，或者公司曾经或正在与一些知名公司合作，这就更加表明本公司非常有潜力、具有良好的信誉。

（四）图片资料

与正文内容有关联但联系并不紧密的图片，一般不放在商业计划书正文中，而应放在附录部分。图片内容一般包括生产工艺流程图片、相关专利和获奖图片、经营地点规划图、重要的基础设施和生产设备图等。

（五）分支机构列表

分支机构是常设机构的一种，是指总公司所属的不具有独立法人地位的派出机构，与总公司属同一法人实体，受总公司支配和控制。如果公司有一些分支机构，如分店、分公司、分厂、办事处等，可以用列表的方式附在附录部分。分支机构的展示可以使投资人对公司的全貌有更加清晰的认识。

（六）市场调研结果

市场调研是一种把消费者及公共部门和市场联系起来的特定活动，从中得到的信息主要用于识别和界定市场营销机会和问题，产生、改进和评价营销活动，监控营销绩效，增进对营销过程的理解。如果创业者已经进行了大量的市场调研工作，那么可以将市场调研结果放在正文中阐述，而把调研分析过程和问卷列在附录部分。市场调研结果的展示不仅表明公司已经较为清楚地了解了市场现状和动向，而且可以使投资人增强对商业项目可行性的信任。

（七）主要创业者履历

如果公司领导者或关键人物的经历对投资人特别有吸引力，那么可以把这些主要人物的详细履历附在附录部分。在撰写这部分内容时，有几点注意事项需要重视（见表10-1）。

表 10-1　撰写创业者履历的注意事项及正确思路

注意事项	正确思路
篇幅的长短	履历不宜过长，关键在于匹配。专业人员需要展示其专业技能、学历背景和工作经历等；管理人员则需要展示其在最近几年内所服务过的公司和担任过的职务
个性化程度	创业者履历的语言、内容和形式等可以带有一定的个性化色彩，但过犹不及，切勿哗众取宠以给投资人留下华而不实的印象
内容实用性	履历不仅是一张列举工作和求学经历的清单，更应该强调创业者在求学和任职期间学到过什么知识，所学知识和担任职务对创业公司有何支持和帮助
内容逻辑性	履历在内容上要具有逻辑性。例如，创业者声称自己有过市场营销的成功经验，却未能列出与之相匹配的职位，可能会让人生疑

（八）技术信息

如果创业者开发和使用了新技术，而投资人对这些新技术非常陌生，或不熟悉这个领域，那么就需要在附录部分提供这些技术的详细资料，有时还需要提供图纸供投资人查看。但是要注意进行保密处理，让投资人看到确实有相关文件即可。

（九）形象与宣传资料

公司形象是公司的无形资产，是公司价值理念的集中体现，是公司开拓占领市场的标签和通行证，是一个公司产品的质量、性能、设计、价格等各种要素在社会公众心中的整体表现。形象与宣传资料包含标志、说明书、出版物、包装说明等。

（十）关键解释

通常情况下，商业计划书的附录中涉及一部分关键解释。例如，正文中可能出现一些外行人无法理解的专业性术语，撰写者需要对此进行解释；或者创业公司实施商业计划书的依据是重大的政策背景或特殊的行业背景，撰写者也需要清楚地描述这些情况，以免引起某些不必要的误解。具体的关键解释及其原因见表 10-2。

表 10-2　关键解释应包括的内容及原因

内容	原因
专业术语	融资也要人性化，要用通俗的语言说专业的事，让外行人看懂行内事。投资人未必理解专业术语，解释一下不得不提及的专业术语，以使投资人理解
会计准则	因国家政策的变动，不同时间所使用的会计准则也不同。有时候，同一个时间、同一个区域甚至同时并行两种会计准则，撰写者需要特别说明这个问题，以免造成误会
市场背景	详细说明所在市场或行业中正在发生或已经发生的重大事件及其对市场或行业造成的影响，这可以对投资人的投资决策起到一定的辅助作用
公司或项目现状	详细描述有关公司或商业项目的一切真实情况，可从战略、融资、营销等入手，从而让投资人更加全面地了解公司或项目的目前情况

（十一）相关获奖和专利证明

部分创业公司可能拥有大量的产品专利和获奖材料。在展示此类内容时可以把奖项和专利的名称、获得时间等以列表的形式放在正文中，而证明文件放在附录中，此类内容的展示可以彰显公司的专业性和实力。需要注意的是，如果只是简单地在附录里罗列证书，有可能产生廉价感，不利于公司实力的彰显。因此在撰写这部分内容时，可以通过一些文字或图片美化技巧将其有重点地展现出来。

（十二）授权使用书

如果创业者所使用的专利技术不是自己研发的，而是他人的研究成果，如高校的科研成果和专利，那么就需要把带有签名的专利或成果授权书放在附件中，从而让投资人明白公司使用该技术是获得了合法授权的，以消除投资人的顾虑和疑问。

四、附录撰写的原则

撰写商业计划书附录时应遵循以下三条原则：

（一）商业计划书正文需要与附录分开

首先，如果商业计划书的正文内容没有与附录内容相分离，这可能使整个计划书十分冗长。而冗长的商业计划书会使投资人产生厌倦的心理，抓不住商业计划书想要表达的主要内容。其次，投资人在第一次阅读商业计划书时其实不太关注附录的内容，如果商业计划书正文不与附录分开，投资人会认为创业者并不熟悉所运营的项目，而需要用大量的篇幅去描述它。最后，如果附录内容较多，创业者可以按主题将附录内容分类，使附录更加清晰，并达到突出正文主体的作用。

（二）不必把所有资料都放入附录

附录部分为商业计划书提供必备的补充资料，但这并不是说需要把所有收集到的信息和资料都放在商业计划书的附录中，只需要放那些真正能增强正文说服力的资料，让附录对商业计划书正文内容确实起到补充和支撑作用。

（三）附录要尽可能短，避免长篇大论

附录的长度一般不能超过正文长度。撰写附录应该遵循少而精的原则，避免长篇大论、不突出重点。在撰写这部分内容时需要注意，并不是附录内容越多越好，只有在附录内容对正文的某些内容起必要的支撑、说明或帮助作用的时候，才需要提供这些内容。否则，附录内容太多反而可能起反作用，投资人可能会认为创业者自信心不够才会无节制地提供附录中的内容。

商业计划书的附录部分能够提供对正文起到重要支撑作用的资料，这部分的内容应该受到撰写者的足够重视。本书附录2沈阳森之高科科技有限公司商业计划书的附件部分为我们提供了撰写思路，该商业计划书的撰写者将营业执照副本、组织机构代码证和两份客户反馈意见表的清晰图片资料放在附件部分进行展示。这类细节性的资料放在正文中展示可能会影响正文的行文逻辑和投资人的阅读感，但是如果不予展示，又会缺乏能够对正文起到重要支撑作用的资料，因此该撰写者将其作为附件进行展示。另外，舞指科技商业计

划书的撰写者亦是将能对正文起到补充作用的资料放在了正文之后，如公司营业执照、专利、合同信息和获奖情况等。但是，这个案例的附录部分如果能够提供更多的支撑材料，效果将会更好。

课后习题

1. 如何理解商业计划书摘要的相对独立性与自明性？
2. 哪些财务数据可以放在商业计划书正文，哪些财务数据可以放在附录？
3. 如何理解附录是商业计划书不可缺少的一部分？
4. 为什么市场调查报告、市场容量测算模型、获奖证书照片等内容必须放在附录中，而不是商业计划书正文中？

即测即练

第十一章

商业计划书的撰写技巧

【重点问题】

1. 撰写商业计划书时需要关注哪些问题?
2. 一份优秀的商业计划书的特点是什么?

【学习目标】

1. 掌握撰写商业计划书的注意事项。
2. 掌握优秀商业计划书的共性特点。
3. 了解商业计划书的制作模板与内容要点。

第一节 关键复盘：撰写商业计划书的注意事项

与其说一本商业计划书是写出来的，不如说是修改出来的。当商业计划书的初稿完成时，仅完成了50%工作，后续还需要花大量的时间进行修改。在检查和修改商业计划书时会涉及商业计划书是否完整、原理运用是否合理、核心问题是否回答准确、文章修辞是否妥当等问题。总结而言，撰写者在检查商业计划书时需要注意八点问题（见图11-1）。

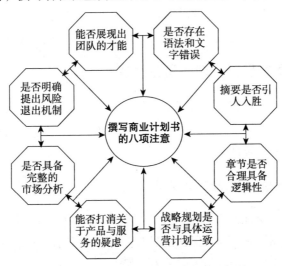

图11-1 撰写商业计划书的注意事项

一、商业计划书能否显示出团队的才能

商业计划书中人的因素非常重要，许多重要岗位都需要相关领域的专业人才，如市场营销、财务报表分析等。如果公司缺乏这类人才，可以留出相应的岗位去聘请相关领域的专业人士参与其中，以弥补知识和经验的不足。

二、商业计划书中是否明确提出风险投资的退出机制

投资人是没有兴趣长时间把资金放在一家公司运行的，许多投资人看完摘要后的第一件事情就是看资本如何退出，并且这种退出预期是否合理和有保障。

三、商业计划书是否具备完整的市场分析

产品只有满足消费者需求才能给公司带来利润，这就需要创业者进行市场调研，熟悉市场，设计合理的市场营销方案。一份完备的市场分析报告会让投资人坚信商业计划书中阐明的产品与服务需求是确实和可行的。

四、商业计划书能否打消投资人对产品与服务的种种疑虑

产品与服务的独特性、新颖性、完备性是投资人进行投资的前提，如果不能阐述清楚产品与服务的功能特点或技术的优越性，投资人会举棋不定。因此，有时可以准备好产品模型或图片进行详细剖析。

五、商业计划书中公司战略规划和具体运营计划是否保持一致

商业计划书通常会提出公司的3~5年发展战略规划，而后续的营销计划、生产运营、人力资源、财务计划都应该与之相匹配。劣质的商业计划书经常会出现前后相矛盾的地方。例如，市场需要在第三年向全国扩张，而在具体的人员配置和成本中却没有体现出销售人员和营销费用的增加。诸如此类问题在撰写商业计划书时一定要注意，避免错误的发生。

六、商业计划书章节是否合理，具备逻辑性

商业计划书的内容应该很容易被投资人领悟。因此，需要具备索引和目录，以便投资人可以较容易地查阅各个章节。此外，还应保证目录中的信息传递具有逻辑性，章节和内容设计应体现合理性与完整性。

七、商业计划书的摘要是否引人入胜

商业计划书首先要保证摘要放在全文的最前面。摘要相当于公司商业计划书的门面，投资人首先会认真地阅读它。为了保证投资人有兴趣继续阅读下去，摘要需要引人入胜。因此，摘要应经过多次反复修改与打磨，力求完美。

八、商业计划书是否存在语法和文字错误

文如其人,如果有较多语法与文字方面的低级错误,那么很难让投资人相信创业者能够成功地运行该商业计划。因此,撰写者最好在初稿的最后阶段再进行一次逐句校对,确保语句通顺、用词正确。

九、其他问题

在撰写商业计划书时,还存在着众多忌讳:①忌用过于技术化和专业化的用语。表达产品和生产运营过程,尽可能使用通俗易懂的语言。②忌用含糊不清或无根据的陈述或数据。例如,不要仅粗略表达"销售额在未来两年会翻两番"而没有任何数据或其他证据支撑,或是在没有详细陈述原因的情况下就说"要增加生产线"等。③忌隐瞒事实真相。例如,在分析竞争对手时,为了体现自身产品竞争优势而隐瞒对手的实际技术水平。④忌数据没有出处。数据是支撑商业计划书的基石,任何没有可信度的数据都有可能成为投资人拒绝项目的关键原因。

第二节　再度升华:优秀商业计划书的必备亮点

投资人看每份商业计划书的时间是有限的,而一份没有逻辑和重点的商业计划书很容易会被直接过滤掉。投资公司每天会收到大量的商业计划书,经验丰富的投资人十秒内就可以决定一个项目是否值得投资。因此,一份优秀的商业计划书应从整体定位、观点论述、逻辑结构、实质内容及排版美化方面倾注精力,吸引、打动投资人(见图11-2)。

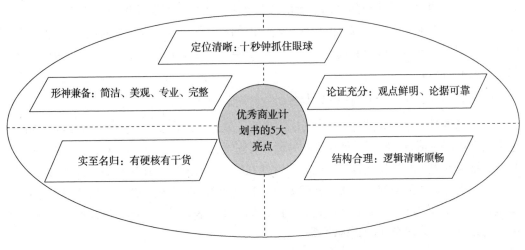

图 11-2　优秀商业计划书的必备亮点

一、定位清晰:十秒钟抓住眼球

专业的投资人都有着极为丰富的项目考察、评估和投资经验。他们通常会高强度地考

察大量项目,而在考察项目的过程中,他们对大部分项目都是一笑置之,对少数感兴趣的项目会完整地了解其商业计划书,只有极少数项目会得到他们不同程度的跟进。一般来说,专业投资人投资决策可总结为四个过程。①判断是否契合自己感兴趣的投资方向。专业投资人都有自己熟悉和聚焦的一个或几个投资方向。拿到一个项目的商业计划书后,他们首先会判断该项目是否契合自己的投资方向,如果项目不在自己感兴趣的投资范围内,他们通常就没有兴趣继续了解下去了。②初步判断项目是否有投资价值。如果对项目方向感兴趣,那么接下来专业投资人会与创业者简单交流或快速浏览商业计划书,初步判断项目价值,决定是否进一步深度交流和考察。③持续跟进交流考察,启动内部投资决策流程。如果觉得某项目值得深入了解,后续专业投资人会多次与创始人或核心团队详细约谈交流并进行现场考察。这时,投资机构内部会启动投资决策流程。④做出投资决策。经过详细的尽职调查和内部投资决策流程,最终由投资机构的投资决策委员会或其他有决定权的负责人来决定是否投资。

因此,一份成功的商业计划书必须在 10 秒钟内抓住投资人、评委及阅读者的眼球,激发他们继续阅读做深入了解的兴趣。投资人或评委在看商业计划书时,最不想遇见的就是没有在最短的时间内看到最想看到的内容和最直接有效的信息。同理,创业者在路演开场时,如果做不到在最短的时间内说清楚项目的核心定位和方向,后续可能也很难再得到投资人的认可。

二、形神兼备:简洁、美观、专业、完整

商业计划书之"形",是指商业计划书直观呈现出来的内容和表现方式,能体现制作商业计划书的方法、技术和标准,包括思维框架、要素结构、基本特征和路演技巧等。形式与内容的正相关背后体现的是创业者的认真和努力程度。商业计划书之"神",是指并非由商业计划书本身直接呈现,但蕴含于其中的创业认知、创业方法与商业逻辑。一份好的商业计划书一定是"形神兼备"的,既要有坚实经得起推敲的商业逻辑,也要有可持续执行的创业行动。

(一)简洁是商业计划书的风格

一份商业计划书的长度一定不要超过 50 页,最好控制在 30 页左右。如果超过 30 页还无法介绍清楚项目,那么不是叙述有问题,就是项目本身有问题。通篇大段的文字论述,缺乏关键词的提炼和结构性的美感,是非常糟糕的商业计划书。在撰写商业计划书时要避免一些与主题无关的内容,需直接开门见山。商业计划书要在最短的时间内传递最有效的信息,任何没有实际意义的表达都是冗余的,都会影响表达效果,同时给投资人、评委或阅读者留下"不够出色"的直观印象。

(二)美观是商业计划书的形象

是否美观关乎商业计划书给人的直观第一印象,从感性上会影响投资人或评委对项目的判断。需要强调的是,PPT 页面的美观离不开结构化、逻辑化、纲领化的要点呈现和图文并茂的展示。

(三)专业是商业计划书的底色

不管用什么方式呈现商业计划书,都是创业者思维方式、认知能力、行为方式等综合创业能力的体现。所以,创业者的商业计划书可以很简单,可以有个性,但不能不专业。

(四)完整是商业计划书的底气

所谓完整,一是指商业计划书的构成要素要完整,概要、市场分析、公司简介、组织和管理、营销和销售管理、服务或产品线、融资需求等内容一个都不能少。二是指要全面真实地披露与投资有关的所有信息。法律规定,申请风险投资的公司必须将与公司业务有关的所有重要信息都用书面形式体现出来。如果公司披露得不完全,有些风险没有提前告知投资人,那么在投资失败后,投资人有权利收回投资并起诉公司。

三、实至名归:有硬核有干货

对于初创公司来说,商业计划书最可能出现的问题是"假大空"和理想化。"假大空"是指商业计划书中虚假、夸大和空谈的成分相对较多。理想化是指创业者沉迷于自认为完美的逻辑推演中,对真实情况了解不多,对困难和问题的估计严重不足,商业计划书经不起实践的检验。

从创业者的角度看,商业计划书难免有不同程度的包装和理想化的成分,但不择手段、弄虚作假、缺乏诚信历来是被投资机构厌恶和唾弃的方式。当有明确的投资意向后,投资机构会按照自己的标准对被投资项目做详细的"尽职调查",尽职调查解决的就是信息不对称问题,创业项目中是否存在重大问题及是否有欺骗行为基本会被调查清楚。因此,商业计划书要真实,要扎实,要有硬核,要有干货。此外,商业计划书的功能性、实用性是绝对重要的。投资人或评委在看商业计划书的时候,只想在最短的时间内获得最简洁、最清晰、最直接的信息。一知半解、虚张声势、夸大其词抓人眼球的创业项目是经不起推敲的,更经不起创业实践的检验,会迅速地在创业浪潮中被淹没和淘汰,这样的项目通常也难以得到专业投资人的投资。

四、结构合理:逻辑清晰顺畅

制作商业计划书需要有一个清晰顺畅的逻辑脉络。商业计划书的每一页及每一个模块、要素、要点都不是随便组合排列的,背后都应有贯通的、顺畅的结构逻辑做支撑。这个结构逻辑越简洁明了越好,并且一定是自洽的。一份高水平的商业计划书,就如行云流水一般,起承转合,层层递进,不露痕迹,让人读起来毫无突兀之感。

此外,结构合理的一个重要表现就是重点突出、详略得当。从内容上讲,商业计划书可覆盖的要点非常多,但这些要点的重要性并不一样。切忌对所有要点事无巨细、面面俱到、平均用力,这样会大大淡化一个创业项目的特色和价值。因此,在检查商业计划书时要注意一些细节问题。例如:①第一时间让投资人知道公司的业务类型。②要声明公司的目标,并阐述为达到目标所制定的策略与战术。③关于产品与服务、行业与市场分析的内容可以详细阐述,而生产运营和财务数据可以简短精练。④要在商业计划书中详细阐述公司如何使用资金。总之，一定要运用商业思维将投资人关心的重要部分阐述清楚。

五、论证充分：观点鲜明、论据可靠

制作商业计划书的过程就是创业项目论证的过程，是提出观点和认知然后进行证明的过程。在这个过程中，首先要提出鲜明的观点，让人一目了然。其次要证明观点的正确性，需要提供充分、可靠、有力的证据。避免只说观点，不说证据，或者即使说证据，也没有可靠数据支撑的情况，拒绝泛泛而谈、大而无当的逻辑推导。对此，创业者需要进行深度调查研究，形成深刻贴近实际的创业认知。

此外，创业者要注意避免另外一种倾向——滥用分析工具，以为使用各种名目的分析框架就能提高项目的可信度，重分析轻实战、重工具轻逻辑、重过程轻结果都是不成熟的表现。创业者在商业计划书中最喜欢用的分析工具有 SWOT 分析、波特五力分析、商业模式画布等。实际上，这些分析工具的使用尽量不要在项目路演的 PPT 中出现。创业需要的是简单、直接、有效的分析，不需要华而不实、理论性过强、生搬硬套的分析。思维方式或思维模型可以作为分析工具使用，但不需要在向投资人展示的过程中呈现，否则容易留下死板且脱离实际的印象。

课后习题

1. 撰写商业计划书忌讳哪些事情？
2. 何种商业计划书容易受到投资人的青睐？
3. 列出你的商业计划书中真正核心且出彩的内容，把它放在最显眼的位置。

即测即练

自学自测　扫描此码

第三部分

商业计划书的演示与路演

第十二章

商业计划书的演示模块

【重点问题】

1. 投资人在阅读商业计划时最关注哪些问题？
2. 商业计划演示 PPT 的制作有哪些步骤？
3. 商业计划演示 PPT 的设计主要包括哪些内容？
4. 制作商业计划演示 PPT 时应该注意哪些细节？

【学习目标】

1. 理解投资人关注的三大问题。
2. 掌握商业计划演示 PPT 的制作步骤。
3. 掌握商业计划演示 PPT 的基本内容。
4. 掌握并应用商业计划演示 PPT 的制作要点。

第一节 逻辑思路：回答问题的思维规律

在商业计划书的撰写基本完成后，创业者需要着手准备商业计划的演示，向投资人推荐创意、传递信息、表达观点。虽然每个商业计划书中的产品和领域各有不同，但要表达的商业逻辑总体上是类似的。因此，创业者在准备演示前，可以先模仿已有的商业计划演示逻辑模板，再根据项目具体情况和特点及个人表达习惯进行调整补充，最后形成符合创业项目本身特点的逻辑思路。

一、投资人关注的三个问题

从投资人对商业计划认知的角度来考虑，投资人最想梳理清楚的问题分别为：这个项目提出什么样的产品与服务来满足消费者的哪些需求？如何将项目真正落地？项目怎样融资？资本如何撤退？进而可以概括为"解决什么""如何实现""如何退出"三个方面。因此，一套完整的商业计划演示逻辑需要围绕这三个方面进行思路梳理。

从"解决什么"的角度来说，这类问题解决的是让投资人对创业项目有一个初步认知和基本判断。比如，创业项目是解决什么人的什么"痛点"问题，采取什么解决方案，是否有投资价值等。该类问题可以说是商业逻辑中最重要的问题，它可以让投资人决定是否有兴趣与创业者进一步深入沟通。

此外，"如何实现"可以调整，而"解决什么"即项目的想法和创意是轻易不能改变的。如果"解决什么"获得了投资人的肯定，那么我们就可以继续提出"如何实现"的一系列问题，包括团队、产品、商业模式等内容。

如果"解决什么"和"如何实现"部分的内容具有可行性，再明确投资人"如何退出"的问题，这一部分具体涉及发展规划、财务预测、融资规划、资本退出方式等。

二、商业计划演示逻辑分析

如果仅按照"解决什么→如何实现→如何退出"基本商业演示逻辑进行演示是远远不够的，需要进一步具体细化，具体见图12-1。

（一）解决什么

这一步主要是确定创业项目的方向性问题，主要包括三部分内容。

1. 发现消费者的"痛点"

创业者应当向投资人明确自己的项目可以为消费者创造哪些价值，具体如何提供这种价值。首先要从分析消费者的痛点切入，使投资人认可创业者指出的消费者存在的痛点。如果产品或服务的提供对象是公司或组织，可以将待解决的需求称为客户痛点；如果对象是消费者个人，则称为用户痛点，如果项目是平台性质，那么需要描述供给方和需求方双方的痛点。既然把发现的问题称为"痛点"，就要体现有多"痛"，创业者可以通过前期调研或收集二手数据，向投资人展示具体客观的分析结论。

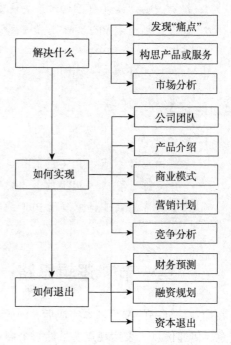

图 12-1　商业计划的演示逻辑

2. 构思产品或服务去解决"痛点"

发现了痛点，就要针对痛点提出解决方案。创业者在讲解时要注意两点：一是要尽可能提供一个简单直接的解决方案，因为投资人通常相信简单、直接、有效的产品容易实现商业闭环，并且容易被快速放大；二是解决方案要跟前面提到的痛点在商业逻辑上形成映射关系，即所提出的方案能够解决前面提出的痛点问题。

3. 市场分析

完成产品或服务的初步构想后，还需要进一步回答有多少人需要解决这个痛点，即市场规模究竟有多大,未来扩展的可能性有多大。因为投资人可能会担心这个需求的市场前景未必可观,可以理解为虽然很"痛"但是需求量不大。这里主要描述对市场机会的预估,可以展示市场调研的相关数据及分析结论。

(二)如何实现

这一步主要回答如何将项目落地执行。主要包括以下内容:

1. 公司团队

宁要一流的人才加二流的创意,也不要一流的创意加二流的人才。投资人不仅关注团队的经历和背景,也会关注这些成员之间是否能够优势互补、最大限度挖掘出创意的价值。在这部分的介绍中,创业者应尽量突出团队成员之间的互补性,以及每个成员拥有的丰富经验,增强投资人对团队的信心,而不是单纯地向投资人展示每个成员曾经的履历。

2. 产品介绍

在引入商业模式之前,创业者要先向投资人描述产品或服务的具体形态,有利于投资人更准确地理解商业模式。具体是什么样的产品?是否会受到消费者的青睐?有多少人会购买?为了便于投资人理解,产品或服务的介绍要尽可能直观,如多展示产品图片或场景图。此外,也要介绍产品的功能和使用方法,复杂的产品可以通过一些核心功能的辅助图来描述产品如何解决消费者的"痛点"。

3. 商业模式

在产品或服务介绍的基础上,创业者应提出项目的商业模式。这部分主要介绍产品或服务背后是一个怎样的价值系统在支撑用户体验,这个价值系统由哪些要素构成,如何形成商业的闭环。同时,还需要向投资人描述在整个价值系统中,项目的盈利点在哪里。也就是说,价值系统加上盈利点,两者相结合才是关于商业模式的完整介绍。

4. 营销计划

如果产品创意和商业模式是可行的,投资人进一步关心的就是执行问题。具体包括如何推广公司的产品或服务,提高知名度,简单介绍产品或服务的营销策略组合。假如项目在推广上已经产生一定的效果,建议放一些能够证明推广能力的数据,如用户量、获取客户成本、用户活跃程度等相关数据,这些对证明创业团队的执行力非常有说服力。

5. 竞争分析

投资人会关注创业团队能否在激烈的竞争中一直立于不败之地。为了弄清这个问题,投资人需要知道该项目所阐述的产品或服务都有哪些有代表性的竞争对手,凭什么存活下来并且还能做大做强,产品或服务到底具备哪些核心竞争力和优势。大部分创业者在竞争分析时通常做得不够深入,建议把竞争分析的功课做得越到位越好。

(三)如何退出

"如何退出"主要阐述项目的融资和退出问题。如果前面的内容叙述得清晰易懂,并且项目足够好,那么投资人应该已经对创业项目产生了浓厚的兴趣。在"如何退出"部分,创业者首先应描述公司的发展规划与财务预测，其次向投资人明确需要的投资金额、投资用途以及预期产出，最后在上述基础上说明资本退出计划。

1. 发展规划与财务预测

投资人会关心项目的发展规划和财务信息。这部分内容应包含四个关键指标，分别是公司有哪些关键的发展指标、公司成立之后不同阶段的发展情况如何、未来目标的阶段性分解情况、与项目发展规划匹配的财务计划。

这些信息可以提高项目未来价值实现的可信度。创业者应认真评估过每个目标的实现可能性再呈现给投资人，切忌过于激进，否则可能会引起投资人的质疑。

2. 融资规划

创业者应向投资者明确需要多少投资，这笔资金的具体用途、能维持多久，以及能实现何种程度的产出。不同阶段和不同领域的项目达成的目标和产出各有不同，可以告知投资人公司拿到这笔钱后预计产生多少交易量或获取多少客户，以及可以占据多少市场份额。

3. 资本退出

依据发展规划、财务预测及融资方案，告知投资人所设计的退出计划。资本退出可以是某种具体的方式，也可以是有选择性的方案。

第二节　基本框架：演示 PPT 的核心内容

一、演示 PPT 的制作步骤

演示 PPT 是创业者向投资人传递商业计划信息的最佳媒介，在创业团队融资的过程中具有非常重要的作用，PPT 的质量好坏在一定程度上能够决定创业团队能否获得投资人的认可。因此，如何把 PPT 做好是创业团队需要深思熟虑的重要任务。一般来说，商业计划演示 PPT 制作可以分为三步，即梳理逻辑、构思版面、制作与完善。

（一）梳理逻辑

制作之前首先要充分理解商业计划书的全部观点，把握商业计划逻辑。依据本章第一节提出的商业计划演示逻辑思路，创业者很容易就能梳理清楚各项具体分支和它们之间的逻辑关系，顺利搭建出具有创业项目特色的商业计划演示逻辑图。一个演示 PPT 的各个逻辑点在起始阶段由负责商业计划书各个制作部分的人员分工完成之后，商业计划演示者一定要把握总体，按照商业计划的总体逻辑来完成商业计划 PPT 的制作。

（二）构思版面

完成 PPT 制作逻辑的梳理后，下一步即考虑每张 PPT 的文字、图片、图表等内容的排版。构思时要注重把握内容的详略及图文比例。例如是只放文字，还是放一些图片，还是图文结合。这个环节可以在脑海里完成，也可以借助草图。此外，还需要构思如何运用图表和数据去表达每一页演示 PPT 的主题。

(三) 制作与完善

制作演示 PPT 可以分为三个小步骤: 搜集提取图文素材、制作 PPT、调整完善 PPT。根据公司 LOGO 风格和团队偏好,选取或制作一个有主要色调的偏商务型的演示 PPT 模板,然后搜集需要的图文资料进行制作。制作完 PPT 初稿还远远不够,调整和完善是耗时最长的阶段,演示者需多次反复检查 PPT 的逻辑、内容、图片、字体、表格、线条等细节。最后,不断地将演示 PPT 和讲解内容进行磨合,调整到相对合适的详略比例。

二、演示 PPT 的主要模块

PPT 的内容可以由很多种逻辑构成,其主要模块包括导入、解决方案、行业背景与市场现状、商业模式、管理团队、财务预测与融资计划、结尾。

(一) 导入

这一部分主要和"痛点"问题相关,需要讲清楚用户存在怎样的"痛点"问题,而自己的创业项目能为他们创造什么价值。这里就涉及发现了用户的什么"痛点"问题、有多少用户有同样的问题、是否急需解决这个问题、目前如何解决这个问题、目前的解决方案存在什么问题。本部分内容可以用 1~2 页 PPT 阐述。

(二) 解决方案

这一部分要讲清楚项目准备用什么方案或产品来解决用户的这些"痛点",解决方案具备哪些优势,解决方案进行到了哪一步。此外,还需要对解决方案所依附的产品或服务进行详细介绍。本部分内容可以用 3~5 页 PPT 阐述。

(三) 行业背景与市场现状

演示者可以通过图表、数据来分析现在的行业背景、市场发展趋势、市场空间,要让投资人看到项目的广阔市场,相信创业者有足够的实力在同行竞争中占绝对优势,说明自己在正确的时间做正确的事。市场大,不代表有需求。创业者要描述在目前的市场背景下,项目可以为用户带来更高性价比的产品或服务。尽量列出与竞争对手的对比分析,表明当前的商业机会。本部分内容可以用 2~3 页 PPT 阐述。

(四) 商业模式

对有颠覆性创新的项目,一定要花心思把商业模式表述清楚。处在天使阶段和种子阶段的项目中最核心的部分通常也是商业模式。此外,还要向投资人说明在整个价值系统中的哪些环节赚钱,也就是盈利点在哪里,以及未来收入的延伸。本部分内容可以用 1~2 页 PPT 阐述。

(五) 管理团队

这一部分要讲清楚团队的股份和分工,以及团队主要成员的背景和特长。团队要有合理的分工,个人的能力适合该岗位,团队的组合适合创业项目。项目是靠人来执行的,不同的团队做出来的效果不同。要让投资人知道这个项目不是只有一个人在战斗，有没有团队也从侧面说明了个人领导能力。本部分内容可以用1~2页PPT阐述。

（六）财务预测与融资计划

这一部分主要向投资人展示创业者的融资计划，包括股权和债权方式、融资期限和额度、风险分析、退出机制等。特别是要解释清楚股权比例和融资额度之间的关系，以及说明为何需要这个额度的资金，目的是要让投资人知道自己的资金用在什么地方。本部分内容可以用3~4页PPT阐述。

（七）结尾

如果一个创业项目能为用户解决"痛点"问题，那就一定存在商业价值和社会价值。在结尾处最好抒发一下情怀和抱负，升华投资人对创业项目和团队的认知。本部分内容可以用1页PPT阐述。

由于时间限制，路演PPT不可能做到面面俱到，只要把以上内容展示在PPT上就不失为一份优秀的商业计划书。创业者在向投资人展示时，采用直入主题的形式，在较短时间内有理有据地展现所有精华内容。

第三节　制作要点：突出PPT的媒介优势

一、简洁明了，避免过于专业化

投资人在阅读PPT时，希望看到的是用尽可能少的篇幅表达最多信息的PPT，而不是十几张PPT却只包含两三个重点。因此，创业者在制作商业计划书时，必须注意内容的分配。商业计划书并不是内容越详尽就越受欢迎，而是有取有舍，把最重要的内容展示出来。创业者应该明白，一张图片只需要表达一个内容，PPT的页数不宜过多，而且不要将公司所有的内容都展示在PPT中。在PPT中，可以展示商业计划书中最重要的内容，也能够保证投资人有足够的耐心。

除了避免过长，演示PPT中还要避免过多的专业术语，虽然投资人往往都博闻强识，但创业者所在的行业投资人未必了解得很透彻，也有可能完全不了解。因此在与投资人进行沟通时，创业者需要做到的是将专业术语转化成通俗易懂的话语，以便外行的投资人也能容易理解。一份好的商业计划书应该让普通大众也能看明白，所以尽量避免术语和缩写词的使用。

二、注重视觉直观设计，提高可视性

1. 多用图形展现逻辑

与长篇累牍的文字叙述相比，图形能展现逻辑与凸显重点。在商业计划书中，图形的作用主要表现在两个方面：一是辅助作用。辅助商业计划书中的其他信息达到排版上的美化效果，突出商业计划书的重点。二是演示作用。图形作为商业计划书的演示主体，能

够展示数据信息和创业者的逻辑思维，向投资人传达逻辑情况。商业计划书图形的常见形式有以下几个方面。

（1）并列。在商业计划书中常用于列举同一类型的事物或信息（图12-2）。

图12-2　并列关系图形示例

（2）递进。在商业计划书中常用于说明项目进展的顺序或公司发展的时间关系（见图12-3）。

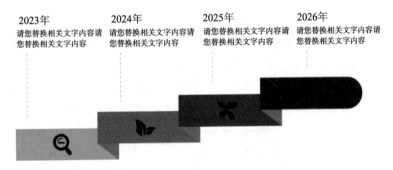

图12-3　递进关系图形示例

（3）扩散包含。商业计划书中的扩散包含常用于列举某个模块的组成部分，如产品或服务的组成部分、盈利模式的具体要素等（见图12-4）。

图12-4　扩散包含关系图形示例

（4）循环。循环图形在商业计划书中常用于展示闭环流程，如产品或服务的运营流程、PDCA 循环等（见图 12-5）。

图 12-5　循环关系图形示例运营流程

（5）层级。层级的逻辑在商业计划书中常用于公司组织架构展示，或对存在差异的同类产品进行比较分析（见图 12-6）。

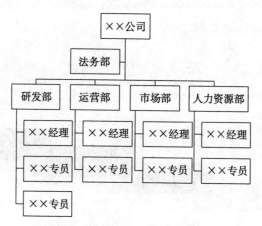

图 12-6　层级关系图形示例组织架构

虽然上述每种逻辑情况都有不同的图形，但是仔细分析就会发现，这些图形的布局虽然不同，但它们的共同点是都遵循线形和环形两种规则。创业者在撰写商业计划书时要善于利用图形展现自己的逻辑，突出想要表达的重点。

2. 少用文字多用图表

在投资人眼中，最具说服力的不是辞藻华丽的文字叙述，而是真实可信的数据。创业者在制作演示 PPT 时要获取准确的行业数据，了解投资人的阅读习惯。事实胜于雄辩，用数字来说实话，可以在短时间内给投资人留下深刻印象。为了更好地表达结论，在文字描述的基础上还需要添加一些更加直观的图表，将实验数据、论证材料、计算结果等以图片或表格的形式呈现在 PPT 上，以增强商业计划书报告的说服力（见图 12-7）。

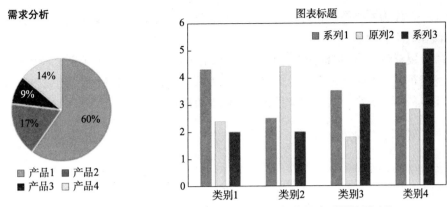

图 12-7　演示 PPT 图表示例

尽可能多用图表，少用文字。虽然大段的文字描述看起来更容易把一件事情讲清楚，但一页 PPT 上存在大量文字会让投资人抓不住重点，冗长的叙述也会令投资人失去耐心。相比文字，图表的可视性更强，可以更直观、简洁地表达出想要重点突出的信息。

3. 正确使用高对比度背景

PPT 的背景对于商业计划书来说也非常重要，但有的创业者并不重视背景的使用，直接将内容放到了空白的背景中。投资人在看商业计划书时，会认为创业团队前期工作不充分，没有充分重视融资，自然不会对这份商业计划书留下好印象。因此，创业者应该注重背景图的使用，给投资人留下一个好印象。

选择背景时，应该注意内容与背景的对比度。一般情况下，对比度越高，PPT 内容展示得越清晰，投资人看起来也会越轻松。公司要想达到内容与背景的高对比度，可以重点考虑浅色的背景。背景切忌花里胡哨，简洁、素雅的背景才会让投资人感到舒服。

4. 常见的配色方案

不同的色彩能够给人不同的感觉，对商业计划演示 PPT 而言，可以根据一定的配色方案来确定整体的色彩搭配。常见的配色方案有单色搭配、近似色搭配、互补色搭配、分裂补色搭配。

（1）单色搭配。单色搭配是指仅使用一种颜色，通过调节饱和度与亮度来搭配出深浅不一的效果。这是一种相对安全和谐的配色方法，适用于绝大多数的商务场合，可以保证商业计划书的简洁和专业，操作上也更为省时省力。

（2）近似色搭配。近似色搭配方案的取色要点是，取色轮任意一点上的颜色，然后再取左、右各 30 度处的色彩。使用这种取色法取出的颜色既有合适的对比度又具有和谐的美感。许多专业财经类杂志的图表配色，都源于此取色法。采用相近色的 PPT 比较正式、严谨，画面看起来也比较统一，又比仅使用一种颜色更富有变化，不易使画面产生呆滞感。

（3）互补色搭配。在色轮上直线相对的两种颜色被称为互补色。互补色搭配可以使画面形成强烈的反差和对比，能够吸引投资人的注意。但是使用互补色时要有主次之分，两种颜色中一个作为主要颜色，另一个作为辅助颜色，这样才能在体现对比效果的同时不至于让画面显得不协调。

（4）分裂补色搭配。同时用互补色及近似色的方法来确定的颜色关系，称为分裂补色。这种颜色搭配方式既具有近似色的低对比度的美感，又具有互补色的力量感，是一种既和谐又有重点的颜色关系，其应用于投影环境效果表现较佳。

三、重点清晰，主次分明

根据相关数据统计，创业者在介绍商业计划时，投资人倾听的时间只有3分钟。而在这短暂的3分钟内，投资人也可能会分心、走神，很容易错过商业计划书中的亮点，从而在很大程度上影响投资人最后的决策。因此，在制作PPT时，创业者要将商业计划书展现清楚，重点清晰，让人一眼就分得清主次。在短短的3分钟内，创业者要将重点清晰地表达出来，需要做到以下几点：

（1）突出重点，详细介绍。创业者要根据PPT中的重点内容做出详细介绍，并且尽可能多地将重点突出，吸引投资人。

（2）根据内容控制语速。创业者介绍时应该选择恰当的语速，重点内容可放慢语速，让投资人听清楚，其他次重点内容则语速加快。

（3）对于简单的问题一带而过。创业者应随时观察投资人的状况，如果是投资人能够看懂的问题，大可一带而过，不再赘述。如果投资人存在疑问或没有理解，一般会自己提问，创业者再进行解答即可。

课后习题

1. 简述商业计划演示PPT的制作步骤。
2. 商业计划演示PPT主要包括哪些内容？
3. 简要说明投资人从商业计划演示的逻辑中可以获得哪些信息。
4. 制作商业计划演示PPT的过程中需要注意哪些问题？

即测即练

自学自测　扫描此码

第十三章

完美路演的实战技巧

【重点问题】

1. 商业计划书的路演过程分为哪些核心环节?
2. 在路演的演示环节要注意哪些细节?
3. 如何在沟通中保持正确的心态?
4. 在路演的退场环节应该关注哪些细节?
5. 如何撰写一篇优质的路演稿?
6. 完美路演的秘诀是什么?

【学习目标】

1. 了解商业计划演示三大核心环节的基本内容。
2. 掌握入场时需要关注的细节。
3. 掌握商业计划演示过程中需要把握的要点。
4. 掌握退场环节需要注意的细节。
5. 掌握撰写路演稿的技巧。
6. 了解完美路演的关键要素。

第一节 核心环节:"走进听众"的阶梯

路演(Road Show)是现场演示的一种方法,即一个人或者一个团队(演示者)在公共场所进行演说、演示产品、推介理念,以此引起目标人群的关注,使他们对自己演示的内容产生兴趣,最终达成宣传、推广、销售等目的。商业计划书路演是向投资人推广自己的公司、产品和想法的重要方式,是拉近自己与投资人距离,让投资人了解产品与服务的重要途径。商业计划书的路演就如同一场精彩的演出,在前期要进行精细的演示逻辑设计和精美的演示PPT制作,然后才能在路演环节拥有精彩绝伦的呈现。在路演的过程中,演示者就是舞台上的演员,不仅需要在演示PPT营造的氛围和背景下把属于自己公司的产品与服务内容讲得流畅,还要讲得精彩,将自己公司的创业项目和想法与投资人、其他评审和现场观众分享,把投资人带入演示PPT营造的场景中,一步步走进听众,让听众拥有良好的体验感,并尽可能赢得他们的共鸣。

演示者在正式的商业计划书路演前需要进行专业的训练和准备,才能将创业项目充分展现给投资人、其他评审和现场观众。商业计划书路演主要包括三个核心环节:入场、演示与沟通、退场(见图13-1)。每一个环节都是走进听众的阶梯。这三个核心环节都非常重要,因为从演示者入场到退场的过程中,投资人和其他评审会一直观察演示者的表现,并对演示的项目进行全方位评判。因此,要想完成一次完美的路演,就要掌握这三个核心环节的主要内容。

图13-1 路演的三大核心环节

一、入场

入场环节是指从商业计划书的团队进场到第一位演示者开始讲解的过程。商业计划书演示入场环节经常被忽视,一般情况下,大家都认为当演示者开口讲解时才是演示过程的真正开始。其实不然,当商业计划书的团队进场时,演示的第一个核心环节就已经开始了,这时投资人和其他评审就已经开始观察和评判团队成员的行为举止。在入场环节中,需要做一些准备工作并了解一些注意事项,主要有以下三个方面:

(一)团队成员各司其职

商业计划书的创业团队入场后,负责演示的成员需要面带微笑、保持站姿、平稳心情,然后准备演示。其他成员也需要相互配合做一些相应的幕后工作,需要安排专门负责"技术运营"的成员来保证PPT的正常播放,电脑设备、麦克风设备及激光笔等演示工具的正常运作,以确保PPT演示顺利进行;需要安排负责"安全保障"的成员携带好备用PPT等备份材料,以确保在出现PPT无法打开等特殊情况时及时补救;需要安排"替补"成员,其应全面了解产品与服务,并且熟练掌握演讲稿等内容,随时做好登台做"替补演员"的准备。

(二)不可匆忙开始演示

在商业计划书的路演现场,往往会有多个团队进行演示讲解。在入场后不要马上开始演示,要先观察投资人和其他评审是否还在讨论上一个项目,或者是否正在低头查看材料。在投资人和其他评审处于"忙碌"状态时不可匆忙开始演示,要确保投资人和其他评审已经准备好"全心全意"观看自己的演示PPT之后才可以开始演示。如果发现投资人和其他评审处于"忙碌"状态,演示者可以通过提问或静候等方式将他们"唤醒"。例如,可以直接提出我们是否可以开始某项目的介绍,或者通过大声地介绍团队项目名称、团队成员等信息来引导投资人和其他评审进入自己的演示环节。

（三）注意着装问题

在商业计划书的路演现场，着装问题是十分值得注意的细节问题。在演示环节的着装具体是正装好，还是便装好？是素净淡雅一点好，还是明亮艳丽一点好？这些都要遵守着装的核心原则，即庄重大方，不宜过于浮华。不管演示者选择西装革履还是运动休闲，只要能够给投资人和其他评审一种干净大方、积极向上的感觉就可以了。同时，在选择着装时还需要注重一些细节：要清洁、舒适、整齐（如服装的质地要优良，具有穿着舒适、挺括、大方等特点）；要把握身份、场合、不盲从流行（如男性演示者不可穿休闲短裤，女性演示者不可穿时尚短裙等）；整体搭配要有自己的独特风格，身上携带的饰物必须少，更要精致、清洁美观、整体协调（如可以佩戴一两件设计或者配色不是特别夸张的手表、项链等饰品）。这样才能给投资人和其他评审留下"得体""可靠"的好印象。

二、演示与沟通

商业计划书的演示与沟通环节包括从第一位演示者开始讲解到最后一位演示者完成讲解，以及从第一位投资人和其他评审开始提问到最后一位演示者完成回答的全过程。演示者代表的是整个团队，演示者的演示状态会直接影响投资人和其他评审对项目发展的想法，所以在商业计划书的演示与沟通过程中，演示者必须注意一些细节内容，以更好地展示商业计划书的内容，并且争取赢得投资人和其他评审的肯定。

（一）演示

1. 时间把控

在商业计划书的演示环节，演示者一定要对各个环节的演示时间做到精准的把控。根据不同的比赛或者创业项目推荐会要求，演示时间各有不同，常见的演示时间多为 10 分钟、15 分钟和 30 分钟。如果给予的演示时间较长，演示者可以按照商业计划书的撰写逻辑来安排演示内容，以便向投资人和其他评审充分展示自己的创业项目。如果给予的演示时间较短，那么就不需要讲解多个问题和内容。可以根据商业计划书的演示逻辑，着重讲解 3~5 个核心问题（如"痛点"需求、产品与服务、市场、融资等问题），切记演示时宁愿对几个问题深入讲解，也不要对许多问题一笔带过。

2. 脱稿讲解

在商业计划书的演示环节，最好做到脱稿讲解（包括不照读 PPT 的内容）。在路演的演示环节，有时由于过度紧张，担心遗漏讲解内容，演示者往往会选择携带演讲稿登台，或者直接将讲解内容大量搬运到演示 PPT 上，然后按照演示 PPT 去陈述，这些都是不可取的行为。在以上情景下，投资人和其他评审会认为演示者对自己的产品与服务不熟悉，无法精准地呈现公司的创业项目。因此，演示者要对每一页演示 PPT 的内容和演讲稿都烂熟于心，必须做到脱稿讲解。演示者也可以尝试一些有助于自己熟悉演示内容的方法。例如，演示者可以总结出每页演示 PPT 需要讲解的核心要点，在每页演示 PPT 上只设计 2~3 个要点。在看到每页演示 PPT 时，都能够根据核心要点阐述需要表达的内容，做到心中有点、心中有稿。

3. 辅助语言

在商业计划书的演示环节，一定要注重辅助语言的使用。辅助语言是指说话过程中的音量（响度）、音质（悦耳或令人不舒服）、声调（高低）、语速（快慢）等要素，这些是语言表达的一部分，对语言表达起辅助作用。一句话的含义不仅取决于词语本身的意义，而且受到词语表达方式及弦外之音的影响，即平时总说的"听话要听音"。沟通中含义的表达会受辅助语言的影响，如说话的语速快、声音响亮并且有节奏感的人会被评价为更有能力、威信和吸引力。语调的变化可以使字面相同的一句话具有完全不同的含义（声音暗示），语调抑扬顿挫，可以让演示更富有感染力和吸引力。

4. 把握重点

在商业计划书的演示环节，演示者要把握重点，明确投资人最关注的产品与服务的介绍和市场分析这两个逻辑点。这两个点也被称为支撑起商业计划的两条腿，应该花费较多的时间和精力去讲解。在商业计划书的演示环节，演示者需要用50%以上的时间去讲解这两部分内容。此外，如何通过商业计划书的演示环节有节奏地表达这些重点内容也是一个比较难把握的问题，可以通过导入"痛点"问题引发投资人的兴趣，对产品与服务、市场分析、结尾部分的商业价值和社会价值总结进行着重讲解，而且最好可以引起共鸣，给投资人和其他评审留下深刻的印象和长久的回味。

5. 应变得当

在商业计划书的演示环节，经常会出现一些意料不到的"小麻烦"，如嵌入演示PPT的一些视频在播放时出现问题，麦克风没有声音等。这个时候非常考验团队的应变能力。如果出现上述问题，不宜大声讨论和喧哗，而是应快速与工作人员一起解决。如果整个团队都没有这种应变能力，很容易被投资人和其他评审认为不具备应变和解决问题等这种最基本的创业能力。

（二）沟通

1. 保持正确的心态

商业计划书路演的沟通环节有助于进一步补充和完善创业项目，是最后争取让投资人和其他评审支持自己、帮助自己项目的机会。演示者必须清楚在沟通过程中投资人和其他评审不是来批判自己、难为自己的"敌人"，而是来帮助自己发现不足改进创业项目的"良师益友"。因此，演示者在沟通过程中要做到有答有辩，并且有坚持真理、修正错误的勇气，既敢于阐述自己独到的新观点和新见解，又要勇于承认自己的不足，改正错误。

在沟通环节，演示者必须保持正确的心态，即要明确与投资人和其他评审进行沟通的态度。不同的投资人和其他评审都有其独特的知识结构和思维方式，对于同一个问题会存在不同观点，往往投资人和其他评审的知识和经验都在演示者之上，这时候演示者应该保持谦虚学习的态度，并且把握住这么好的沟通机会。同时，演示者要保持良好稳定的积极情绪，首先感谢投资人和其他评审的每一次提问，对于他们"不理解"的问题，应进行详细耐心的补充解释,避免使用过于晦涩难懂的专业术语来解释,要善于从原有的、大众比较熟悉的概念出发来解释自己的观点;对于他们感兴趣的部分,要捕捉到兴趣的核心内容,进行细致阐述,放大其闪光点;对于自己无法理解的问题,应该先尝试用自己的话阐释一遍问题,得到投资人和其他评审的肯定意见后,再进行尝试性或者学习性的"探讨",切记不可以直接否认投资人和其他评审的观点或者认为他们的提问是没有意义或毫无价值的。

2. 沟通要注重礼节

在商业计划书路演的沟通环节,演示者要注重礼节,礼节是一个团队应该具备的基本商业素质,也是投资人进行投资决策的关键影响因素。在演示的沟通环节经常会出现一些下意识的争执和不礼貌的行为。例如,当团队对所提问题不太熟悉时,可能每个人都会有自己的想法和观点,这个时候切记不可以自顾自地交叉轮流回答,这样会让投资人和其他评审感觉到突兀并留下一种不团结的印象。正确的做法是首先让熟悉该领域的团队成员回答,其他成员很有礼貌地问投资人和其他评审"我能不能再做一点补充呢",得到肯定答复之后才继续回答,并且要做到彬彬有礼。

3. 听清楚后再回答

商业计划书路演的沟通环节是大量知识和信息交流的过程,在沟通过程中,许多团队的演示者往往由于过于紧张,在没听清楚或者没有理解投资人和其他评审所提问题的具体含义时就开始盲目回答,最终导致答非所问,影响投资人和其他评审对创业项目的理解。这样导致的后果是既浪费了宝贵的沟通时间,又让投资人和其他评审满头雾水,沟通效果很差,得不偿失。正确的做法是在投资人和其他评审提出问题后,冷静思考,搞清楚他们的真实意图,如果问题确实很难理解,可以按照自己的理解把问题复述一遍,请投资人和其他评审确定问题,或者是把该问题拆分为几个熟知的小问题来回答。

4. 实事求是的回答

在商业计划书路演的沟通环节,实事求是的回答尤为重要,这是关乎演示者甚至整个团队是否诚信,是否具备良好的创业品质的直接体现。因为,不同专业和领域的投资人和其他评审经常会从自身的角度提出一些团队从未考虑过的问题,有时这些问题需要更多的数据和材料进行辅助支持,或者需要花费大量时间进行深入思考。在这个时候,演示者切记不可以任意编造或者答非所问,一定要记住,一个谎言还需要多个谎言来弥补,谎言越多漏洞就越多。一旦开始一个谎言,投资人和其他评审对团队的信任就会大打折扣,甚至直接否定整个创业项目。其实,在沟通环节遇到这类问题即使回答不出来也不必过于担忧,可以尝试用其他方式化解。例如可以说:"非常感谢您的提问,您说的这个问题特别重要,这个问题我们之前确实没有考虑过,后期我们会深入研究,继续改善我们的项目,并与您继续沟通。"总之要实事求是地回答。

三、退场

商业计划书路演的最后一个环节是退场,退场环节是指从致谢投资人和其他评审到最后一名成员离开演示场所的全过程。和入场环节一样,许多演示者会忽视退场环节。事实上,当演示和沟通环节完毕,整个路演并未结束。此时,演示团队需要保持礼貌且有序地退场,切记不可以大声喧哗,不可以急于讨论演示效果,或者沉浸在刚刚存在争议的问题中急于寻求解决办法,这样会给投资人和其他评审留下一种零零散散、毫无斗志的负面印象,要知道这个时候可能会有投资人和其他评审依然在关注整个团队的一言一行。此外,还有许多细节需要关注,如大家可以一起感谢投资人和其他评审的建议和支持,在出门时最后一名成员需要尽量小声关门等,别看这些细节事小,有时候最后的印象可能会直接影响全局。

第二节 路演讲稿:"讲好故事"的工具

一、路演稿的三大内容构成

怎样把公司的创业项目完整地展示给投资人和其他评审?怎样把公司的商业模式清晰地呈现出来?怎样为投资人和其他评审勾勒公司宏伟的商业蓝图?一场成功的路演就是解决这一切的重要途径。成功的路演必须兼具完美的演示技巧与扎实的计划内容,所以在开始正式演示之前,准备一份精心设计好的路演稿是极其重要的,一份优质的路演稿是讲好"自己创业故事"的必备工具。路演稿主要由三部分构成:开场词、项目介绍、结尾词。

(一)开场词

路演的开场十分重要,好的开场可以给投资人和其他评审留下深刻的第一印象。什么是好的开场呢?好的开场一定能立马吸引投资人和其他评审的注意,将他们从其他思绪中拉回"自己创业故事"情景并愿意继续沉醉其中。因此,要对路演的开场词进行精心的设计,主要有以下三种方式:

1. 开门见山式

开门见山式的开场词就是演示者在问好之后只进行简单的自我介绍,然后立马切入主题介绍项目情况。开门见山式的开场词是最常见也最普通的,它不会十分出彩,但可以保证不会出错。一般采用的格式是"问好—演示者姓名—公司名称—项目介绍",即"尊敬的评委们大家好,我是谁(姓名、职位等),来自哪里(公司名称),带来什么内容(项目介绍)",以此用最少的时间进入商业计划书的内容介绍环节。

2. 设置悬念式

设置悬念式的开场词就是演示者要通过抛出引人深思或者令人产生好奇感的悬念设置来牢牢抓住投资人和其他评审的注意力。悬念可以是一个问题或者一句有趣的话,也可以是现场做一个简短的互动小实验,说明实验结果在路演结束时再公布。这些都有助于引起投资人和其他评审的好奇心,进而更加投入地听完后续的创业项目介绍,增加对商业计划书的了解。

3. 视频导入式

视频导入式开场词就是演示者在简单问好后，指引投资人和其他评审观看一段相关视频，以视频内容作为开场进行介绍。视频导入式的开场词比前两种方式更加生动，更容易引起投资人和其他评审的兴趣，也可以使投资人和其他评审对项目整体内容有更加直观的了解，后续进行创业项目介绍时也会更得心应手。但是，要注意并不是所有的开场都适合这种方式。例如，商业计划书的项目还没有运行，或者市场运行刚刚起步效果还不是很好时，建议慎选这种方式。

（二）项目介绍

路演稿的项目介绍是最重要的内容，是投资人和其他评审了解创业项目的主要依据。好的项目介绍，能让投资人和其他评审对商业计划书有清晰明确的了解。路演稿的项目介绍内容需要与演示 PPT 相对应，并且要保证语言精准、逻辑清晰，其内容必须包括市场痛点、商业模式、项目亮点、现状及规划、团队介绍五个方面。

1. 市场痛点

市场痛点是路演稿项目介绍不可或缺的部分，要做到让投资人和其他评审认可创业项目存在的价值和意义，从而对后续的演示内容有一定的期待。市场痛点部分可以通过报告或者数据等统计信息突出说明项目背景，明确指出行业存在的问题，并阐述解决问题的必要性和急切性，最后引出项目的解决方案及优势。

2. 商业模式

商业模式是决定项目能否长远发展的要素之一。在路演稿的项目介绍部分可以把项目运营模式、盈利模式等元素向投资人和其他评审进行详细介绍。值得注意的是，有些项目的商业模式在演示 PPT 中是以模型进行展示的，应该在路演稿中对此部分进行精心的准备，以保证阐述时逻辑清晰、表达精准无误，避免出现"看图忘字"、不得不"即兴发挥"的突发情况。

3. 项目亮点

项目亮点是项目能脱颖而出的重要条件之一，是路演稿中必须准备的内容。在路演稿中项目亮点主要可以从四个方面来撰写：①竞品分析凸显项目亮点，如产品与服务的性能领先竞争对手，价格低于竞争对手等；②核心技术阐明项目亮点，如项目具有的核心技术等；③专利证书侧面凸显亮点，如已有跟产品与服务相关的核心专利发明或者在申请核心专利等；④获奖情况放大项目亮点，如项目曾经获得的创新创业大赛奖项等。

4. 现状及规划

现状及规划是能让投资人和其他评审清晰地看到创业项目已获得价值和团队已做出努力的重要内容，也可以侧面反映团队成员是否具备商业思维。路演稿的现状及规划部分主要包括以下内容：融资需求、股权分配、盈收现状、未来规划等。值得注意的是，大多融资情况均以图示表达，路演稿中要针对这些图示进行细致的准备。

5. 团队介绍

路演稿中的团队介绍是不可或缺的亮点内容，一个优秀、凝聚力强的团队是创业项目核心竞争力的来源，也是创业项目中唯一不能复制的存在，其重要性不言而喻。如果团队有首席科学家、创业顾问等人员，且有较契合项目的身份背景、工作经历，建议详细介绍以凸显创业项目的专业性。

（三）结尾词

路演稿的结尾词与开头词类似，它的作用也不容忽视，一场完美的路演一定是有头有尾、首尾呼应的。路演稿的结尾词一定要和开头词一样使人记忆深刻，要做到气势磅礴，掷地有声。因此，可以选择在介绍结束时采用以下三种方式来进行完美的结尾：

1. 总结式

总结式的结尾词是对全篇讲话内容的高度概括。但值得注意的是，结尾词不要"老调重弹"地去重复之前的观点，而应该增加一些新的想法和元素，从而形成一个具有真正意义的总结。如果讲话目的是向投资人和其他评审提供一种信息，那么这种概述性总结是非常合适且必要的，可以帮助填补一些前面他们没有完全领会的信息空白，从而加深印象。

2. 故事式

故事式的结尾词是结束的时候讲一个有深意的故事，让投资人和其他评审对演讲的内容感觉意犹未尽，也可以利用故事的含义，升华演示 PPT 的全部内容，让投资人和其他评审深刻地体会商业计划书的内涵。

3. 幽默式

在多种多样的演讲结束语中，幽默式的结尾词可以算是其中最有意思的一种。如果想要在路演的结尾赢得笑声，不仅要掌握十分娴熟的演讲技巧，更要通过语言的魅力使听众双方都留下愉快美好的回忆。

二、路演稿的六大撰写技巧

逻辑清晰且内容完整的路演稿能够清晰明了地呈现商业计划书的内容，并且更好地实现路演目标。如何撰写一份成功的路演稿？可以参考以下六个技巧：

（一）加入时间限制

路演一般有严格的时间要求，但很多团队会因为对时间把控失误，讲得太慢，导致出现内容未讲完，出彩的部分还没完美呈现，只能草草结尾的情况，这其实非常影响投资人和其他评审对创业项目的印象。同样，也会出现因为讲得太快留下大量的空白时间的情况。因此，演示者需要在准备路演稿前先明确路演限制时间，一般为 5~8 分钟，再对每页演示 PPT 的演讲时间按照重要性进行初步规划（如在核心技术、商业模式等项目重点、亮点部分可多花时间讲解），在每页演示 PPT 的路演稿部分加入演讲用时，让演示者开展时间及内容的辅助练习，避免正式路演时出现突发状况。

（二）进行动作语气标注

路演是一场有感情的演讲，而不是演示者的独白。要想有一场完美的路演，可以通过语气、语调、肢体动作来调动现场情绪，这样会给路演加分。准备时可根据演示 PPT 的对应内容，对情绪要求、肢体动作等进行标注。例如，讲到创业项目的独特性、愿景等亮点时，音量可以适当提高，情绪可以适当激昂，辅以手部动作，以更加自信的语气进行讲解；讲到商业模式时，可适当放慢语速，给投资人和其他评审一定时间思考。

（三）避免照搬 PPT 内容

路演稿切记不要照搬演示 PPT 的内容，因为路演时间有限，不用将演示 PPT 的全部内容都照搬复述一遍，将每页重点总结出来放置在路演稿里即可。路演会考验演示者在有限时间内传达重点信息的能力，因此路演稿的内容要有详有略。例如，讲到竞品分析时，可直接将自己的产品优势用百分比、提高倍数等数据表示出来，不用逐项进行对比再得出结论，避免浪费时间。

（四）呈现事实依据

路演稿中必须呈现大量的事实依据，切记不可出现虚假信息，因为诚实是投资人和其他评审尤为看重的，要相信投资人和其他评审的知识或经验会更丰富，如果存在虚假信息，肯定会在答辩环节原形毕露。例如，在竞品分析部分，实事求是地展示出自己的优势即可，不要出现过分比较、夸大数据、试图猜测等情况。

（五）反复修改

在正式路演前，演示者及团队其他成员要对路演稿进行反复修改，优质的路演稿都是修改出来的。因为商业计划书是一个不断优化的过程，演示 PPT 也会因此做出修改，演示者练习过程中团队其他成员反馈等内容都会使路演稿反复修改、不断优化。要在准备路演稿的过程中精益求精，这样才能保证在路演时将最好的项目内容呈现给投资人和其他评审。

（六）熟记于心

演示者对路演稿的内容一定要熟记于心，在正式路演前要反复背诵和练习，以熟练地掌握每一页演示 PPT 的具体内容、所需时间、衔接语句、肢体动作和语音语调等关键点，达到看见演示 PPT 的页面，就能想起当前页面所要传达的重点要求。

第三节　完美路演："实现目标"的诀窍

在商业计划书的路演环节，要想取得成功就必须明确演示者和演示 PPT 的重要地位。演示者是路演环节当之无愧的主角，演示 PPT 是用来配合演示者完成完美路演的辅助工具。好的创业项目不能只通过演示 PPT 来展示，更需要优秀的演示者声情并茂地讲出来。如果将路演简单地理解为演示者对演示 PPT 进行讲解，会使路演环节变得非常生硬，对投资人和其他评审缺乏一定的吸引力和感染力。若想实现完美路演的目标，就要掌握完美路演的诀窍，主要包括内容全面、注重细节、简单易懂、精准表达、令人信服和真情实感六个方面。

一、内容全面

内容全面是指在路演过程中要保证演示创业项目的商业模式的全面，即市场、产品与服务、渠道、盈利模式等要讲全。主要包括：主要市场、具体数据、产品与服务中的产品与服务介绍、核心技术、具备优势等；渠道中的运营渠道、具体成效等；盈利模式中的利润来源等。此外，演示者还需要保证路演故事的全面，演示者要用有感染力的演讲技巧，保证路演过程有开头，有结尾，有高潮。

二、注重细节

注重细节就是要相信细节可以打动投资人和其他评审，唯有细节更加能够体现演示者的细心程度、投入程度等。在路演过程中对创业项目不仅要讲全还要讲细，需要注意把调研的细节、研发的细节、奋斗的细节、突破困难的细节、客户使用的细节、公益对象的细节等内容进行展示。

三、简单易懂

简单易懂主要体现为表达的简洁，在路演过程中不要拖泥带水，而是直入主题针对项目背景进行叙述，不会过多描述其他无效信息。此外，在路演中演示者要尽量减少专业词汇的使用，尽可能换成通俗易懂的表达，最好做到深入浅出，把高深的、晦涩难懂的专业词汇，用普通人能听得懂的词汇表达出来，这种简单明了的表达，也恰恰表现出演示者对创业项目的深度理解。

四、精准表达

精准表达是指演示者应该用精准的数据来保障路演的质量。在路演中要学会数字表达，尽量少用形容词来模糊表达，只有数字是最精准的。成本低，效益好、速度快、难度大，可以改成精准的数字表达，如成本降低60%，效益提升80%，速度快了两倍，难度增加三个数量级等，更能让人直观地感受到演示者想表达的意思。

五、令人信服

令人信服就是要取得投资人和评审的信任。若想投资人和评审相信演示者说的话，就必须把证据拿出来，即"有图有真相"。例如，可以通过专利证书、权威鉴定报告、科技成果奖励等来表达创新性，不仅直观还更加专业，还可以通过竞品对比、官方检验、行业推荐、客户证言等"有理有据"的信息来体现产品质量。

六、真情实感

真情实感就是要兼具真实性和情感。真实性是路演能否成功的关键所在，情感上令人感动是路演的最高境界。投资人和其他评审会考察创业项目团队和创业项目之间的真实性，即创业项目是否是真的想解决某个问题，还是为了获得投资或者赢得比赛而去解决某个问题？是真正地深入创业项目，不断推动创业项目落地，还是为了获得投资或者赢得比赛只做表面文章？"讲你所做，做你所讲"才能取得投资人和评审的信任。此外，在创业项目质量较高、内容相差不大时，投资人和评审会关注情感，可以用感人的故事、精神、情怀、品格等传达情感，引起投资人和评审情感上的共鸣。

课后习题

1. 如果需要设计一个十分钟的商业计划书演示，应该如何把握演示节奏？
2. 作为演示者，应该如何搭配着装？
3. 在沟通中必须保持的正确心态有哪些？
4. 如果撰写一份完美的路演稿，应该如何设计框架？

即测即练

自学自测　扫描此码

第四部分

案例分析

第十四章 综合案例与分析

在本书前文中,我们深入讲解了商业计划书的写作与技巧。为了方便读者学习和实践,第四部分特别设置了两个实用案例。您将能够阅读到首届互联网+国赛金奖(沈阳森之高科科技有限公司商业计划书)和第十二届"挑战杯"中国大学生创业计划竞赛金奖(舞指科技商业计划书)这两份优秀的作品。

通过阅读这些案例,您可以深入了解成功的商业计划书是如何构思、组织和呈现的。您将学习到如何清晰地阐述市场、竞争、团队和财务等方面的内容,以及如何有效地使用图表和数据来支持您的商业计划。

这两个案例不仅提供了宝贵的写作灵感,还展示了不同行业和规模的商业计划的多样性。无论您是初创企业还是成熟企业,都可以从这些案例中找到有用的信息和启示。

希望通过阅读这些案例,您能够进一步增强商业计划书的写作能力,并成功地将您的想法转化为具有吸引力和说服力的商业计划。

舞指科技商业计划书

沈阳森之高科科技商业计划书

参 考 文 献

[1] 李海燕. 基于产品生命周期理论的中央空调营销策略研究[D]. 杭州：浙江理工大学，2021.

[2] 沈睿，郑玮，路江涌，等. 创始团队职业背景对天使投资意向的影响[J]. 管理评论，2020，32(8)：76-90.

[3] 方富贵. 设计一份好的商业计划书[J]. 大众理财顾问，2019，(3)：50-54.

[4] 秦艺芳，邓立治，邓张升. 大学生商业计划书演示课程模块设计与关键环节研究[J]. 大学教育，2018，(7)：14-16.

[5] 王雷震，罗国锋，张文亭，等. 创新创业的关键知识结构与教学设计[J]. 创新与创业教育，2014，5(3)：10-13.

[6] 桂曙光. 风险投资的十个真相[J]. 国际融资，2013，(11)：44-47.

[7] 崔毅，李卫强. 我国中小企业吸引风险投资的对策研究[J]. 价值工程，2012，31(23)：151-152.

[8] 马介强. 战略性产品创新管理[J]. 企业管理，2009，(4)：88-91.

[9] 陈晓莉. 商业计划书编写指南[M]. 北京：电子工业出版社，2003.

[10] 张进财. 打动投资人直击人心的商业计划书[M]. 北京：清华大学出版社，2019.

[11] [美]杰斯汀·隆内克，卡罗斯·莫尔，威廉·彼迪. 开发商业计划[M]. 郭武文，译. 北京：华夏出版社，2002.

[12] 奥斯特扬，吕晓娣. 商业计划书写作指南[M]. 北京：清华大学出版社，2005.

[13] [美]迈克尔·波特. 竞争战略[M]. 陈小悦，译. 北京：华夏出版社，2005.

[14] [美]斯蒂芬·A. 罗斯. 公司理财[M]. 吴世农，沈艺峰，王志强，译. 北京：机械工业出版社，2007.

[15] 孟繁玲. 商业计划书里必备的"2H6W"[J]. 成才与就业，2020，(10)：36-37.

[16] 朱素阳. 大学生创新创业大赛商业计划书设计关键技术研究[J]. 文化创新比较研究，2019，3(34)：190-191.

[17] 张玲. 如何写出吸引投资者的商业计划书[J]. 住宅与房地产，2015，(20)：24-27.

[18] 桂曙光. 商业计划书要向 VC 说清三个问题[J]. 国际融资，2014，(7)：59-60.

[19] 史琳，宋微，李彩霞，等. 量身定制商业计划书[J]. 价值工程，2013，32(28)：182-184.

[20] 郑磊. 商业计划书的"死穴"[J]. 理财，2009，(5)：81-82.

[21] 孔蕾蕾，邵希娟. 商业计划书财务分析中的常见问题及对策[J]. 财会月刊，2008，(36)：1-2.

[22] 汪延. 商业计划书暗藏四大陷阱[J]. 中小企业科技，2006，(7)：28.

[23] 白洁. 财务计划与商业计划书[J]. 理论学习，2004，(3)：36-37.

[24] BURKE A, FRASER S, GREENE F J. The Multiple Effects of Business Planning on New Venture Performance[J/OL]. Journal of Management Studies, 2010, 47(3): 391-415.

[25] 马士华. 供应链管理[M]. 北京：高等教育出版社，2015.

[26] [美]罗伯特·雅各布斯，理查德·莱斯. 运营管理[M]. 任建标，译. 北京：机械工业出版社，2019.

[27] [美]哈罗德·科兹纳. 项目管理，计划、进度和控制的系统方法[M]. 杨爱华，王丽珍，洪宇，等，译. 北京：电子工业出版社，2018.

[28] 孙明武. 项目管理中的成本控制[J]. 城市建设理论研究，2018(35)：66.

[29] 岳小越. S-Green 轻食项目商业计划书[D]. 大连：大连理工大学，2022.

[30] 王戈. 精酿啤酒项目商业计划书[D]. 成都：电子科技大学，2022.

[31] 宫淑瑰，张英泽，苏新民. 大学生创新创业基础[M]. 苏州：苏州大学出版社，2022.

[32] 张鲲. 大学生商业计划书教学设计重点和路演核心要素分析[J]. 科教文汇（下旬刊），2021，(9)：27-28.

[33] 邹艳芬，胡宇辰. 运营管理[M]. 南京：南京大学出版社，2019.

[34] 张庆丰. 浅谈撰写创业融资商业计划书的一些误区及建议[J]. 现代经济信息，2018, (13): 100.

[35] 彭四平，伍嘉华，马世登，等. 创新创业基础[M]. 北京：人民邮电出版社，2018.

[36] 曹旭平，黄湘萌，汪浩，等. 市场营销学[M]. 北京：人民邮电出版社，2017.

[37] 万朝阳. 智能手环商业计划书[D]. 兰州：兰州大学，2015.

[38] 丛翔媛. 浅谈市场细分原理与企业目标市场的选择[J]. 商场现代化，2014, (14)：69-71.

[39] 焦晓波，杨伟保. 基于动态环境背景的营销组合分析——创业营销组合与传统营销组合之差异[J]. 南京财经大学学报，2012，(1)：38-45.

[40] 严鸿祎. 打造完美商业计划书别人投资你发财[J]. 现代营销（经营版），2012, (1)：64.

[41] 郭莉. 撰写商业计划书应注意哪些问题?[J]. 投资北京，2010, (3)：55-56.

[42] [美]劳伦斯·F. 洛柯，维涅恩·瑞克·斯波多索，斯蒂芬·J. 斯尔弗曼，等. 如何撰写研究计划书[M]. 李英武，译. 重庆：重庆大学出版社，2009.

[43] 湛永平. 编好商业计划书提高中小企业融资能力[J]. 企业科技与发展，2009，(16)：264-267.

[44] 高立琦，兰峰. 高新技术风险投资项目评估[J]. 合作经济与科技，2008, (5)：36-37.

[45] 徐本亮，刘夏亮. 商业计划书：你的创业通行证[J]. 成才与就业，2006, (23)：62-65.

[46] 李彦亮. 企业市场定位及其营销战略[J]. 金融与经济，2006, (7)：55-57.

[47] 徐斌，宋伟. 高科技产业商业计划书的编写[J]. 科技成果纵横，2006, (4)：61-62.

[48] 张倩. 浅谈商业计划书[J]. 特区经济，2005, (7)：343-344.

[49] 贾旭东. 现代企业战略管理——思想方法实务[M]. 兰州：兰州大学出版，2009.

[50] 李涛，张莉. 项目管理[M]. 北京：中国人民大学出版社，2005：25-45.

[51] 雷亮，苏云. 市场营销学——论实践与新[M]. 苏州：苏州大学出版社，2012：4-62.

[52] 田中禾，张涛. 财务管理——理论与实务[M]. 兰州：兰州大学出版社，2012：3-169.

[53] 吴泗宗，盛敏. 市场营销学[M]. 北京：清华大学出版，2008：149.

[54] 梁银霞. 试论风险投资中的风险控制[J]. 财会学习，2020, (9)：217-219.

[55] 郑金华. 大学生创新创业项目计划书写作探讨[J]. 江西电力职业技术学院学报，2019, 32(9)：69-70.

[56] 莫静玲. 高校学生商业计划书编写技能培训综述[J]. 现代经济信息，2017, (13)：383-384.

[57] 罗晨，魏巍. 提高大学生创业融资能力的关键工具——商业计划书的编写[J]. 中国高新技术企业，2013, (4)：158-160.

[58] 张项民. 创业从商业计划书开始[J]. 中国人才，2012, (6)：46-47.

[59] 李爱民. 创投项目财务风险防范与控制[J]. 经济视角（下），2011, (6)：103+85.

[60] 提姆·贝利. 投资人要一份什么样的商业计划书[J]. 中国市场，2009, (29)：31.

[61] 徐本亮. 成功创业的基石——商业计划书[J]. 成才与就业，2008, (23)：18.

[62] 周勇. 商业计划书写作刍议[J]. 应用写作，2008，(4)：18-20.
[63] 陈潇潇，刘夏亮. 绘制你的创业蓝图——如何撰写商业计划书[J]. 成才与就业，2007，(23)：14-16.
[64] Guglielmo J W，欧睿杰. 怎样撰写商业计划书[J]. 当代医学，2007，(11)：86-90.
[65] 王海东，李晓永. 论商业计划书在创业投资策划中的应用[J]. 职业时空，2007，(17)：25-26.
[66] 李开孟. 企业投资项目商业计划书的编制和评估[J]. 中国投资，2007，(8)：102-105.
[67] 李月川. 一份成功的商业计划书是怎样炼成的[J]. 科技创业，2003，(7)：71.
[68] 陈文梅. 对商业计划书的认识[J]. 企业经济，2003，(5)：62-63.
[69] 周文建. 写好国际商业计划书[J]. 新闻与写作，2003，(3)：41.
[70] 董守胜，黄松琛，王其藩. 风险投资申请项目商业计划书评估模式探讨[J]. 管理工程学报，2002，(2)：10-13.

教师服务

感谢您选用清华大学出版社的教材！为了更好地服务教学，我们为授课教师提供本书的教学辅助资源，以及本学科重点教材信息。请您扫码获取。

≫ 教辅获取

本书教辅资源，授课教师扫码获取

≫ 样书赠送

企业管理类重点教材，教师扫码获取样书

清华大学出版社

E-mail: tupfuwu@163.com
电话：010-83470332 / 83470142
地址：北京市海淀区双清路学研大厦 B 座 509

网址：https://www.tup.com.cn/
传真：8610-83470107
邮编：100084